# Die Reitabzeichen
## der Deutschen Reiterlichen Vereinigung

– Gut vorbereitet für die Prüfung –

**IMPRESSUM**

Die Deutsche Bibliothek – CIP-Einheitsaufnahme

**Deutsche Reiterliche Vereinigung:**
Die Reitabzeichen der Deutschen Reiterlichen Vereinigung: gut vorbereitet für die Prüfung / Michaela Otte-Habenicht. – Warendorf: FN-Verl. der Dt. Reiterlichen Vereinigung, 2000
ISBN 3-88542-324-3

| | |
|---|---|
| Herausgeber: | Deutsche Reiterliche Vereinigung e.V. - Bereich Sport - Hauptverband für Zucht und Prüfung deutscher Pferde, Fédération Equestre Nationale (FN), Warendorf. |
| Text: | Zusammenstellung aus den Richtlinien für Reiten und Fahren der Deutschen Reiterlichen Vereinigung e.V., erstellt und bearbeitet von Michaela Otte-Habenicht, Selm-Bork. |
| Fragen/Antworten: | Michaela Otte-Habenicht, Selm-Bork |
| Beratung: | Abteilung Ausbildung der Deutschen Reiterlichen Vereinigung e.V. (FN), Warendorf |
| Lektorat: | Dr. Catharina Veltjens-Otto-Erley, Warendorf |
| Korrektorat: | Christine Große, Münster und Stephanie Neve, Ahlen |
| Zeichnungen: | Claudia Richter, media team, Duisburg sowie Abdrucke aus den Richtlinien für Reiten und Fahren, Bd. 1 - 6 und anderer FN-Fachliteratur. |
| Umschlagfotos: | Thoms Lehmann, Warendorf: Titelfoto und 3 Fotos 4. US Norbert Schamper, Telgte: Foto 4. US unten rechts |
| Gestaltung: | media team Duisburg |
| Umschlag: | mf grafics, Marianne Fietzeck, Gütersloh |

Digitale Bogenmontage, Druck und Verarbeitung: Clausen & Bosse, Leck

© 2000 FN*verlag* der Deutschen Reiterlichen Vereinigung GmbH, Warendorf. Alle Rechte vorbehalten. Nachdruck, auch auszugsweise, nur mit Genehmigung des Verlages und des Herausgebers gestattet.
1. Auflage 2000

ISBN 3-88542-324-3

# VORWORT

Die Deutsche Reiterliche Vereinigung e.V. (FN) hat im Laufe von Jahrzehnten ein Abzeichenwesen entwickelt, das kaum Wünsche offen lässt. Es entspricht genau den Bedürfnissen der Reiter. Die FN verfolgt das Ziel, mit Hilfe der Abzeichenprüfungen, die Ausbildung in den Reitvereinen sowie Pferdebetrieben weiter zu verbessern.

Der theoretische Unterricht, der in der Reitausbildung eine besondere Bedeutung hat, soll mit Hilfe dieses Buches wirkungsvoll unterstützt werden. Wer die hier vermittelten Inhalte beherrscht, wird mit den theoretischen Prüfungen vom Basispass Pferdekunde bis hin zu den Deutschen Reitabzeichen Klasse IV - I kaum Probleme haben.

Die Grundlage für diese Veröffentlichung bieten die „Richtlinien für Reiten und Fahren, Band 1-6" der FN sowie die Ausbildungs- und Prüfungsordnung (APO) und die Leistungs-Prüfungs-Ordnung (LPO) der FN, die ab 1.1.2000 in neuer Fassung gültig sind. Das vorliegende Abzeichenbuch ergänzt in besonderer Weise die von der FN herausgegebene Folienmappe „Lehren und Lernen rund ums Pferd", in der der Ausbilder all die wichtigen Informationen findet, die er für seinen theoretischen Unterricht benötigt.

Ich möchte dieses Buch auch den vielen Fahrern, Voltigierern, Pferdezüchtern und anderen Pferdefreunden empfehlen. Sie werden viele nützliche Informationen finden, die auch für Sie von Bedeutung sein werden.

Allen Prüflingen wünsche ich „Hals- und Beinbruch" bei der Absolvierung ihrer Abzeichenprüfungen. Allen anderen Lesern viel Freude bei der Lektüre! Berücksichtigen Sie die zentralen Aussagen und wichtigsten Informationen, die sie hier finden – Ihre Pferde werden es Ihnen danken!

*Ihr Christoph Hess*
Leiter der Abteilung Ausbildung der Deutschen Reiterlichen Vereinigung e.V. (FN)

## Inhaltsverzeichnis

Vorwort ........................................................................................................... 3
Zur Autorin .................................................................................................... 6
Erläuterungen zur Handhabung des Buches ........................................... 7
Die Reitabzeichen der Deutschen Reiterlichen Vereinigung ................ 8

### Pferdehaltung/Fütterung ........................................................................ 9
**Bedürfnisse des Pferdes** .......................................................................... 9
   Ethologie und Verhalten ........................................................................ 9
**Unterbringung** ....................................................................................... 12
**Pferdepflege** ........................................................................................... 15
**Fütterung und Futtermittel** ................................................................. 17
   Anatomische und physiologische Grundlagen ................................. 17
   Futtermittel ............................................................................................. 19
   Fütterung ................................................................................................. 21
**Fragen** ...................................................................................................... 22

### Reitlehre ................................................................................................... 28
**Ausrüstung von Reiter und Pferd** ....................................................... 28
   Ausrüstung des Reiters ......................................................................... 28
   Ausrüstung des Pferdes ........................................................................ 29
**Bahnordnung** ......................................................................................... 38
   Bahnbezeichnung .................................................................................. 38
   Hufschlagfiguren ................................................................................... 39
   Bahnregeln .............................................................................................. 41
**Die Grundausbildung von Reiter und Pferd** ..................................... 42
   Ausbildung des Reiters ......................................................................... 42
   Sitz des Reiters ....................................................................................... 43
   Hilfen, Gefühl, Einwirkung .................................................................. 51
   Grundübungen im dressurmäßigen Reiten
   und Lektionen bis zur Kl. S .................................................................. 58
   Grundübungen im Reiten über Hindernisse
   und Springen bis zur Kl. S ................................................................... 85
   Grundübungen im Geländereiten ....................................................... 95
   Reiterliches Verhalten auf der Straße und in Feld und Wald ..... 98
   Longieren .............................................................................................. 101
   Ausbildungsskala des Pferdes .......................................................... 103
**Geschichte des Reitsports** ................................................................. 118
**Fragen** .................................................................................................... 124

### Gesundheit/Zucht ................................................................................ 150
**Anatomie und Physiologie** ................................................................ 150
   Skelett und Muskulatur ...................................................................... 150
   Gliedmaßen .......................................................................................... 152
   Haut und Huf ....................................................................................... 153
   Herz-Kreislauf-System, Atmungsorgane ........................................ 156
   PAT-Werte ............................................................................................. 157
   Nervensystem, Sinnesorgane ........................................................... 158

Erkrankungen (und erste Hilfe bei Pferden) ....................160
   Erste Krankheitsanzeichen ............................................160
   Erkrankungen ...................................................................161
   Für Pferde giftige Pflanzen ............................................175
   Gewährsmängel ...............................................................177
   Impfungen .......................................................................178
Zucht ..........................................................................................179
   Beurteilung von Pferden ................................................179
Fragen ........................................................................................187

## Unfallverhütung/Erste Hilfe .......................................................198
Unfallverhütung ........................................................................198
   Sicherheit durch richtigen Umgang mit dem Pferd ..................198
   Sicherheit durch Kenntnis der Verhaltensweisen .....................201
   Sicherheit durch qualifizierte Ausbildung .........................201
   Sicherheit durch geeignete Ausrüstung ............................202
Erste Hilfe-Maßnahmen ...........................................................203
   Sofortmaßnahmen .........................................................203
   Weitere Maßnahmen .....................................................204
Fragen ........................................................................................205

## Tierschutz ....................................................................................208
Tierschutz im Pferdesport .......................................................208
Gesetze, Regelungen ................................................................210
Fragen ........................................................................................212

## LPO/Organisation/Versicherungsfragen ....................................214
LPO ............................................................................................214
   Gliederung .......................................................................214
   Vorschriften der Allgemeinen Bestimmungen ................215
   Vorschriften der Besonderen Bestimmungen .................221
Organisation .............................................................................225
Versicherungsfragen rund ums Pferd ....................................230
   Haftpflichtversicherung ..................................................230
   Unfallversicherung .........................................................233
   Tierversicherung .............................................................233
Fragen ........................................................................................234

## Ethische Grundsätze ...................................................................238
Warum ethische Grundsätze? .................................................238
Die Ethischen Grundsätze und ihre Bedeutung ....................239
Fragen ........................................................................................246

## Lösungen .....................................................................................248
## Verzeichnis des FN-Lehrmaterials ............................................262

## Zur Autorin

Michaela Otte-Habenicht, Jahrgang 1964, ist im Besitz des Deutschen Reitabzeichen in Gold und als Turnierrichterin bis zur Klasse M aktiv.
Die Diplom-Sportlehrerin hat im FN*verlag* bereits den Titel „Geschichte des Reitens" veröffentlicht und ist derzeit als projektbezogene Mitarbeiterin für die Deutsche Reiterliche Vereinigung (FN), Abteilung Ausbildung, tätig.

# ERLÄUTERUNGEN ZUR HANDHABUNG DES BUCHES

Wie die nebenstehende Grafik verdeutlicht, können die Reitabzeichen der Deutschen Reiterlichen Vereinigung bis hin zum DRA I in Form von Prüfungen absolviert werden.

Grundlage aller Abzeichen ist der Basispass Pferdekunde, der grundlegende Kenntnisse und Fertigkeiten im Umgang mit dem Pferd beinhaltet. In diesem Buch werden die theoretischen Kenntnisse vom Basispass Pferdekunde, die entsprechend andersfarbig (grün) gekennzeichnet sind, über das DRA IV (Klasse E-Niveau) bis hin zu den DRA I (Silber mit Lorbeer/Klasse M-Niveau) bzw. DRA I (Silber mit Lorbeer Dressur/Silber mit Lorbeer Springen/Klasse S-Niveau) vermittelt (s. Einzelhinweise). Alle Bereiche, die nicht höher gekennzeichnet sind, sind für alle Reitabzeichen relevant. Die mit Einzelhinweisen versehenen Themenbereiche sind für die entsprechenden Reitabzeichen verpflichtend, dabei bauen die umfassenderen Kenntnisse auf dem Basiswissen auf. Dabei spielen die ethischen Grundsätze für **alle**, die mit Pferden zu tun haben, eine herausragende Rolle.

Die Darstellung gliedert sich in die Vermittlung der prüfungsrelevanten Themen mit Text- und Bildteilen und in einen Fragenkatalog. Die Fragen in Form von Lückentexten, Multiple-Choice, Kennzeichnungen sowie offenen Fragen am Ende eines jeden Kapitels dienen der Eigenkontrolle. Am Ende des Buches befinden sich die Lösungen.

Während beim Basispass Pferdekunde Grundlagenwissen abgefragt wird, sind für die einzelnen Reitabzeichen DRA IV-I vertiefende Kenntnisse, die auf dem Basiswissen aufbauen, erforderlich. So wird z.B. beim Basispass Pferdekunde allgemein nach der Ausrüstung des Pferdes (Sattel und Trense) gefragt, im DRA II dagegen werden für die Prüfung umfassende Kenntnisse auf dem Gebiet der Reitlehre einschließlich Verpassen und Auflegen einer Kandare verlangt.

Mit der neuen APO 2000 ist es möglich, nur in einer Disziplin (Dressur oder Springen) eine Reitabzeichenprüfung zu absolvieren. Dabei ist im Rahmen der theoretischen Prüfung zu beachten, dass in der Reitlehre beim DRA III Dressur bzw. DRA III Springen erweiterte Kenntnisse diziplinübergreifend (Dressur und Springen) entsprechend der Kl. L, beim DRA II/I Dressur bzw. DRA II/I Springen dagegen disziplinspezifische Kenntnisse (Dressur oder Springen) entsprechend den Anforderungen der KL. M/S - basierend auf dem Grundlagenwissen - verlangt werden.

# Die Reitabzeichen der Deutschen Reiterlichen Vereinigung

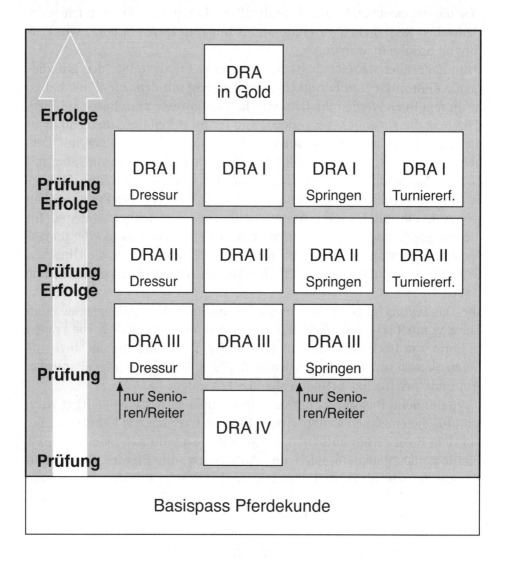

# PFERDEHALTUNG/FÜTTERUNG

## Bedürfnisse des Pferdes

Die artgerechte Haltung und Betreuung trägt in großem Maße zur Gesunderhaltung und zur Leistungsbereitschaft des Pferdes bei. Um mit einem Pferd möglichst artgerecht umgehen zu können, ist es notwendig, Kenntnisse über die Lebensbedingungen und die Lebensweise sowie das Verhalten des Pferdes sowohl als ursprüngliches Wildtier als auch als Haustier zu erlangen.

## Ethologie und Verhalten

Viele Verhaltensmuster, die das „Haustier Pferd" zeigt, lassen sich auf die folgenden Grundverhaltensmuster des „Wildtieres Pferd" zurückführen:

- Fluchttier
  Fluchtinstinkt (Fluchttrieb) als Schutz vor plötzlich auftretenden Gefahren und kein bösartiges, gegen den Reiter gerichtetes Verhalten ➪ Vertrauensbildung zum Reiter wichtig, Vermeidung von Überforderungen.

- Herdentier
  Kontakt zu anderen Artgenossen wichtig ➪ mangelnde Sozialkontakte und Langeweile zeigen sich in Verhaltensstörungen, z.B. Koppen oder Weben; Sozialkontakte ermöglichen durch Weidegang, Paddock; Herdentrieb zeigt sich u.a. im Fluchtverhalten.

- Steppentier
  - *Bewegungsbedürfnis:* Das Pferd ist als Steppentier daran gewöhnt, sich den ganzen Tag zu bewegen (ca. 16 Std. Schritt/Tag) ➪ ausgeprägtes Laufbedürfnis; Bewegungsmangel oder Übermut des Pferdes sind häufige Ursachen für Erkrankungen des Bewegungsapparates.
    Reiter kommt Bewegungsbedürfnis des Pferdes nach, indem er
    - täglich reitet,
    - für möglichst viel zusätzlichen Auslauf sorgt (Weide, Paddock),
    - keine Stehtage einlegt,
    - die Führmaschine/das Laufband nur zusätzlich einsetzt.
  - *Futteraufnahme:* Pferd ist als Pflanzenfresser den Hauptteil des Tages mit der Futteraufnahme beschäftigt (Dauerfresser).
    Die Fütterung muss sich danach richten, um Erkrankungen und Mangelzustände zu vermeiden.
    Bei der Fütterung ist zu beachten:
    - größere Kraftfuttergaben mindestens auf drei Mahlzeiten verteilen,

- Fütterung von Heu und Stroheinstreu zur Bedarfsdeckung an Raufutter,
- ständig frisches Wasser zur Bedarfsdeckung an Wasser zur Verfügung stellen, z.B. durch Installation von Selbsttränken.

➠ *Ansprüche an Licht, Luft, Temperatur* des Pferdes als Steppentier: Bei der Stallhaltung sollte berücksichtigt werden:
- Stall, der Temperaturschwankungen folgt und nur Extreme abmildert,
- möglichst viel frische Luft,
- möglichst viel Licht.

## Verhalten

Pferde zeigen sowohl Aufgrund ihres Ranges in der Herde (Rangordnung, die durch Machtkämpfe bestätigt oder verändert wird) als auch Aufgrund ihres Geschlechts unterschiedliche Ausdrucksmerkmale, die der Reiter/ Betreuer richtig deuten muss, um spätere Reaktionen voraussehen zu können. Die verschiedenen Stufen der Verhaltensweisen (vertrauensvolle Zuwendung ⬌ höchste Aggression) sind nicht nur im Umgang mit dem Pferd am Boden, sondern auch unter dem Sattel zu erkennen. Ihre Kenntnis ist eine wichtige Voraussetzung zur Vermeidung von Unfällen. Falsch verstandene Tierliebe, bei der sich der Reiter unterordnet, kann dazu führen, dass das Pferd unkontrollierbar und gefährlich wird.

Das Ausdrucksverhalten beinhaltet Gesichtsausdruck, Lautäußerungen, Schweifhaltung und Form der Fortbewegung.

○ Gesichtsausdruck:
- ➠ Dösen, Gähnen, Flehmen, Drohgesicht, Schmerzgesicht, Putzgesicht bei der sozialen Hautpflege, Unterlegenheitsgebärde des nicht erwachsenen Pferdes.

○ Lautäußerungen:
- ➠ Wiehern, Stöhnen, Blasen, Schnauben, Quieken/Quietschen.

○ Körperhaltungen:
- ➠ von absoluter Entspannung (Ruhestellung) bis zur höchsten Anspannung (Achtungstellung).

○ Fortbewegung als Ausdrucksverhalten:
- ➠ Hengst gegenüber Stuten: Imponiertrab, Umkreisen einer Stutengruppe usw.,
- ➠ Hengst gegenüber Hengsten: Steigen, Beißen und Schlagen mit der Vorhand, begleitet von Wiehern, Schreien, Grunzen, Trompeten,
- ➠ Stuten gegenüber Stuten: Anlegen der Ohren, Beißen, Schlagen mit der Hinterhand.

Ausdrucksverhalten von Pferden

# UNTERBRINGUNG

## Haltungsformen

Es werden folgende Aufstallungsarten unterschieden.

○ Laufstall:
- ⇒ Mehrere Pferde werden in einem großen Stall gehalten.
- ⇒ Er wird häufig in der Aufzucht eingesetzt.
- ⇒ Er muss in den Abmessungen der Anzahl und Größe der Pferde entsprechen.

| Vorteile | Nachteile |
| --- | --- |
| + soziale Kontakte<br>+ Bewegungsmöglichkeit<br>+ kostengünstiger als Boxenhaltung | − individuelle Fütterung problematisch, Tiere müssen hierzu getrennt oder angebunden werden<br>− Verletzungsgefahr<br>− Überwachung<br>− Ansteckungsgefahr |

○ Gruppenauslaufhaltung:
- ⇒ Variante des Laufstalls mit getrenntem Fress- und Liegebereich.
- ⇒ Für 4 - 8 Pferde konzipiert, meist als Offenstall.
- ⇒ Pferde müssen aneinander gewöhnt sein und zueinander passen.
- ⇒ Entspricht am ehesten der artgerechten Haltung, da Bewegung und Fressen jederzeit möglich.

○ Einzelaufstallung:
- ⇒ Boxenunterbringung, meist als geschlossener Stall.
- ⇒ Wird oft für Sportpferde gewählt.
- ⇒ Nach Möglichkeit Außenbox mit Sichtkontakt.

| Vorteile | Nachteile |
| --- | --- |
| + individuelle Fütterung<br>+ geringere Verletzungsgefahr<br>+ leichtere Überwachung | − wenig Sozialkontakte |

Die Aufstallungsarten sind in Form des **Offenstalls** sowie in Form des **geschlossenen Stalls** möglich.

Der Offenstall ist an einer Gebäudeseite teilweise offen; das Stallklima entspricht den Außenverhältnissen, Außenwände und Dach dienen zum Schutz vor Wind, Regen und Sonne.

Der geschlossene Stall ist wärmegedämmt und mäßigt Außentemperaturschwankungen.

## Stallklima

Um gesundheitliche Probleme zu vermeiden, ist es unbedingt notwendig, für ein gutes Stallklima zu sorgen.
Das Stallklima wird im Wesentlichen durch folgende Faktoren bestimmt:

- **Temperatur:** soll der Außentemperatur folgen, nur Extreme sollen abgemildert werden.
- **Luftfeuchtigkeit:** relative Luftfeuchtigkeit zwischen 60 - 80 %; besonders ungünstig feuchte und zugleich warme Luft (Gefahr von Atemwegserkrankungen, begünstigt Vermehrung von Schimmelpilzen, Parasiten, Krankheitserregern).
- **Luftbewegung** (Luftaustausch): beständige Zufuhr von Frischluft muss gewährleistet sein (Lüftungen); notwendige Luftgeschwindigkeit ist temperaturabhängig.
- **Lichtbedarf:** Lichtverhältnisse im Stall sollten in etwa den Außenverhältnissen entsprechen, mind. 1 m² Fensterfläche/Pferd.
- **Schadgaskonzentration:** Durch Ausscheidungen und Fäulnisvorgänge entsteht Ammoniak. Das Gas reizt die Schleimhäute und bewirkt eine erhöhte Empfänglichkeit für Atemwegserkrankungen. Entstehung des Gases einschränken durch häufiges Wechseln der Einstreu (regelmäßiges Entfernen der Pferdeäpfel und nasser Stellen).
- **Luftraum:** pro Pferd 28 - 40 m³.

## Stalleinrichtungen

Die Stalleinrichtungen müssen den Grundsätzen der Unfallverhütung und des Tierschutzes entsprechen.

- **Box:**
  - *Flächenbedarf* wird nach der Faustformel $(2 \times \text{Widerristhöhe})^2$ errechnet. Beispiel: Pferd 1,70 m groß ⇨ $(2 \times 1{,}70\ \text{m})^2$ = ca. 12 m².
  - *Gitter* zwischen den Boxen längs verstrebt und so schmal, dass kein Pferdehuf dazwischen passt (5 cm); im Kopfbereich so weit, dass ein Pferdekopf gefahrlos hindurch passt.
  - *Tür* für Großpferde ca. 2,50 m, für Ponys ca. 2,00 m hoch.
  - *Krippe* und *Tränke* diagonal anbringen (Verhinderung des Einweichens des Futters).
  - Beschaffenheit des *Boxenbodens* widerstandsfähig, eben und rutschfest.

○ Stallgasse:
- ➠ rutschfest, mindestens 2,50 m breit (zweireihiger Stall 3,00 m) mit geeigneten Anbindemöglichkeiten.

○ Sonstige Einrichtungen zur Bewegung der Pferde:
- ➠ Benutzung von Paddock, Weide und Führanlage nur möglich, wenn die Umzäunung pferdegerecht gebaut (Holzumzäunung, Elektrobandzäune, Zaunpfähle mit Bändern aus Förderbandgummi) und beständig nachkontrolliert wird (sonst große Verletzungsgefahr).
- ➠ Weidezaunhöhe je nach Pferdebestand (Ponys, Großpferde, Hengste) 1,20 m - 2,00 m.

○ Putz- und Waschplatz:
- ➠ geeignete Anbindevorrichtungen,
- ➠ Anbindeplätze weit genug auseinander,
- ➠ Boden griffig und leicht zu reinigen,
- ➠ Einrichtungen müssen technischen Sicherheitsbestimmungen entsprechen, z.B. Verlegung von Strom- und Lichtleitungen,
- ➠ *grundsätzlich:* Säubern des Platzes nach jeder Benutzung.

○ Sattelkammer:
- ➠ dient zur Aufbewahrung aller Ausrüstungsgegenstände (Sattel, Zaumzeug, Hilfszügel, Longen, Führstricke etc.) incl. Putzzeug und Pferdedecken,
- ➠ groß genug, im Winter beheizbar.

## Der optimale Stall

| | |
|---|---|
| Temperatur | ähnlich der Außentemperatur |
| Luftfeuchtigkeit | 60 – 80 % |
| Luftbewegung | ständige Frischluftzufuhr |
| Lichtbedarf | mind. 1 m² Fenster pro Pferd |
| Schadgaskonzentration | Einstreu oft wechseln |
| Luftraum | 28 – 40 m³ pro Pferd |
| Boxengröße | (2x Widerristhöhe)² |
| Boxentür | ca. 2,50 m für Großpferde ca. 2,00 m für Ponys |
| Boxenboden | widerstandsfähig, trocken, eben, rutschfest |
| Stallgasse | rutschfest, mind. 2,50 m breit |

# PFERDEPFLEGE

Das Putzen (Pferdepflege im engeren Sinne) dient nicht nur der Reinigung der Haare und Haut von Staub, Schmutz und Schweiß, sondern auch der Massage, welche die Durchblutung der Haut und die Hautatmung fördert. Dadurch wird das Wohlbefinden des Pferdes gesteigert. Zudem kann sich bei der Pferdepflege ein Vertrauensverhältnis zwischen Mensch und Pferd aufbauen, welches sich positiv auf das Reiten auswirkt.

Ein einmaliges, tägliches und gründliches Putzen ist neben dem regelmäßigen Abwarten (Säuberung) nach der Arbeit erforderlich. Ein geputztes Pferd ist am ganzen Körper sauber, auch unter der Mähne, dem Bauch, an den Beinen, am Kopf und am Schweifansatz. Die Hufe müssen ausgekratzt sein. Zum Putzen wird das Pferd aus der Box herausgeholt und angebunden.

Dadurch wird vermieden, dass der Stall mit Feinstaub verunreinigt wird. Das Anbinden kann mittels dünner Stricke erfolgen. Dabei muss die Strickbefestigung am Halfter (Panikhaken) und am Haltering (s. Anbindeknoten) leicht zu lösen sein.

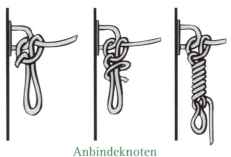

Anbindeknoten

Folgende Grundausrüstung wird für die tägliche Reinigung benötigt:

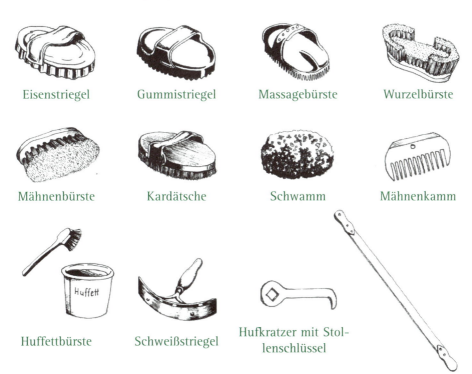

| Eisenstriegel | Gummistriegel | Massagebürste | Wurzelbürste |

| Mähnenbürste | Kardätsche | Schwamm | Mähnenkamm |

| Huffettbürste | Schweißstriegel | Hufkratzer mit Stollenschlüssel | Schweißmesser |

# Pflege des Deckhaares, Langhaares und der Körperöffnungen

Das Putzen sollte zügig und gründlich erfolgen. Dabei beginnt man auf der linken Seite von vorne nach hinten.

Zunächst werden die Deckhaare der bemuskelten Körperteile mit einem Striegel aufgeraut (Striegel niemals für unbemuskelte Körperteile wie Kopf, Beine, Hüftknochen verwenden). Auf der linken vorderen Hälfte des Pferdes wird der Striegel zweckmäßig in der linken Hand, beim Putzen der linken Hinterhälfte in der rechten Hand gehalten (entsprechend umgekehrt auf der rechten Seite).

Nach dem Durchstriegeln nimmt man die Kardätsche auf der linken Seite in die linke, den Striegel in die rechte Hand und entfernt den Staub in langen, ruhigen Strichen mit der Kardätsche aus dem Fell. Dabei wird die Kardätsche jedes Mal am Striegel abgestreift, der von Zeit zu Zeit am Boden ausgeklopft wird.

Mit einer Wurzelbürste werden die nichtbemuskelten Körperteile (z.B. Beine) gesäubert, der Kopf vorsichtig mit der Kardätsche gereinigt und mit einem weichen Tuch der restliche Staub abgewischt.

Augen, Nüstern und Maul werden täglich mit einem Schwamm gesäubert, ebenso die Unterseite der Schweifrübe und der After mit einem weiteren Schwamm gereinigt.

Der Schweif wird mit der Hand verlesen, die Mähne erst mit einer Mähnenbürste durchgebürstet, dann mit dem Mähnenkamm durchgekämmt. Wenn es warm ist, kann das Pferd auch abgewaschen werden (Brust, Rücken, Gurtlage), eine vollständige und gründliche Trocknung muss jedoch gewährleistet sein.

 *Die Stellen, an denen das Lederzeug aufliegt, müssen ganz besonders sorgfältig gereinigt werden, um Druck- und Scheuerstellen zu vermeiden.*

# Hufpflege und Hufbeschlag

Die Hufe sind das Fundament eines Pferdes, sie müssen täglich gründlich gepflegt werden. Ein englisches Sprichwort besagt: „No hoof, no horse". Vor und nach dem Reiten werden die Hufe mit einem Hufkratzer ausgekratzt, die Hufe möglichst nach dem Reiten mit Wasser gereinigt und nach dem Abwaschen die Hufwand mit Huffett eingefettet. Zudem sind die gesunden (fäulnisfreien) Hufe regelmäßig im Sohlenbereich zur Erhöhung der Festigkeit mit Hufteer einzustreichen.

Neben der Hufpflege ist auch der korrekte Hufbeschlag für die Gesunderhaltung des Pferdes wichtig. Beschlagene Pferde müssen ca. alle 6 Wochen neu beschlagen werden, ebenso sollten auch Pferde ohne Hufbeschlag in diesem Rhythmus ausgeschnitten werden, um eventuelle Stellungsfehler zu vermeiden.

# Fütterung und Futtermittel

Für die Gesunderhaltung und die Leistungsfähigkeit des Pferdes ist eine richtige Fütterung erforderlich.

## Anatomische und physiologische Grundlagen

Das Futter dient der Nährstoffversorgung des Pferdes. Damit das Futter seinen Zweck erfüllen kann, muss es in einen nutzbaren Zustand umgewandelt werden. Dies geschieht in den einzelnen Phasen der Verdauung.

### Die Verdauungsabläufe

○ Im Bereich des Maules:

- Futteraufnahme mit Lippen, Zunge und Schneidezähnen.
- Zerkleinerung des Futters mit den Backenzähnen.
- Beim Kauvorgang wird das Futter gleichzeitig eingespeichelt durch die Produktion von Speichel in den Speicheldrüsen; Speichelproduktion bis zu 30 l/Tag beim Großpferd.
- Die Nahrung gelangt über Maulhöhle und Rachen in die Speiseröhre. Am Übergang der Speiseröhre zum Magen befindet sich ein Schließmuskel, der die Nahrung nur portionsweise in den Magen lässt. Er verhindert die Möglichkeit des Erbrechens beim Pferd.

○ Im Bereich des Magens:

- Der Magen ist mit ca. 15 l Fassungsvermögen im Verhältnis zu den einzelnen Darmabschnitten sehr klein (Fassungsvermögen des Darmkanals 200 l).
- Im kleinen Anfangsteil des Magens sorgen Bakterien für die Umwandlung von Stärke und Zucker in Milchsäure.
- Im großen Hauptmagen wird das Futter mit Magensäure (Salzsäure) zersetzt. Die Salzsäure tötet Bakterien ab und sorgt für eine gewisse Desinfektion des Futters. Mineralien, Spurenelemente und Vitamine werden gelöst, teilweise Verdauung des Futtereiweißes.
- Es entsteht der Magenbrei, der durch den Magenpförtner (Schließmuskel) an den Dünndarm abgegeben wird.

○ **Im Bereich des Darmes:**

⇒ Hauptort der Verdauung ist der Dünndarm, bestehend aus dem Zwölffingerdarm, dem Leerdarm und dem Hüftdarm: Im Dünndarm – ca. 24 m lang – wird der salzsäurehaltige Magenbrei durch in der Bauchspeicheldrüse produzierten Bauchspeichel neutralisiert. Von der Leber produzierte Gallenflüssigkeit (das Pferd hat keine Galle) und Darmsäfte sorgen für die weitere Verdauung von Zucker und Stärke (energieliefernde Brennstoffe), Eiweiß (zerlegt in Aminosäuren ⇨ energieliefernder Brenn- und muskelaufbauender Baustoff) und Fett (zerlegt in Fettsäuren ⇨ Brennstoff).

⇒ Der Dickdarm besteht aus dem Blinddarm, dem großen und kleinen Grimmdarm und dem Mastdarm. Im Blinddarm und im großen Grimmdarm verarbeiten Mikroorganismen die Rohfaser. Im kleinen Grimmdarm kommt es schließlich unter Wasserentzug zur Kotbildung. Die Ausscheidung erfolgt über den Mastdarm.

⇒ Wasser und die in ihre Grundbausteine zerlegten Nährstoffe werden über die Darmwände aufgenommen und über die Blutgefäße weitergeleitet.

⇒ In den Nieren findet die Harnbildung statt.

## Baucheingeweide

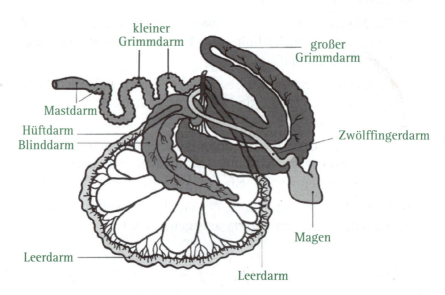

# FUTTERMITTEL

Die Futtermittel lassen sich in verschiedene Gruppen aufteilen:

- **Saftfutter (hoher Wassergehalt):**
  - Grünfutter (z.B. Gras): im Frühjahr hoher Eiweißüberschuss bei gleichzeitig niedrigem Rohfaseranteil ⇨ vorsichtige Gewöhnung des Pferdes an Weide, um Koliken, Rehe etc. vorzubeugen.
  - Silage: Konservierung von Futtermitteln durch Gärprozesse, z.B. Anwelksilage (Gras- oder Kleegrasgemisch), Maissilage.
  - Wurzel- und Knollenfrüchte (z.B. Möhren).

- **Raufutter (geringer Wassergehalt):**
  - Heu: Kriterien für die Auswahl: Farbe, Aussehen (frisch und grün), Geruch (frisch), Griff (rau), evtl. Verunreinigungen durch Erde, Steine, Staub.
  - Futterstroh (z.B. Weizen- und Haferstroh); Streustroh (Roggen- und Gerstenstroh); Kriterien für die Auswahl: s. Heu.

- **Einzelfuttermittel:**

  *Kraftfutter (Energie- und Nährstoffversorgung)*
  - Hafer (besonders gut geeignet durch günstiges Verhältnis von Rohfaser- und Energieanteil),
  - Gerste,
  - Körnermais,
  - Roggen,
  - Weizen.

  *Weitere Einzelfuttermittel*
  - Viehsalz (hoher Natriumgehalt),
  - Kleie (ungünstiges Kalzium/Phosphorverhältnis),
  - Trockenschnitzel (wichtig: Einweichen der Trockenschnitzel in ausreichend Wasser, um Schlundverstopfungen vorzubeugen),
  - Melasse (hoher Kalzium-, Natrium- und Kaliumgehalt),
  - Leinsamen (wichtig: größere Mengen (> 100 g) müssen aufgekocht werden, um Blausäurevergiftung zu verhindern),
  - Bierhefe (hoher Vitamin-B-Anteil),
  - Pflanzenöle (energiereich),
  - usw.

○ Mischfutter:
➠ Ergänzungsfuttermittel: Mischungen aus Einzelfuttermitteln, angereichert mit Mineralien und Vitaminen.
➠ Mineral-/Vitaminfutter.

Mash:
Diätisches Futtermittel, wird vor allem nach großen Anstrengungen, bei Krankheit oder Schwächezuständen warm verfüttert. Mash kann aus verschiedenen Zutaten bestehen, z.B.: gequollener Leinsamen, gequetschter Hafer, Kleie, Melasse, Salz.

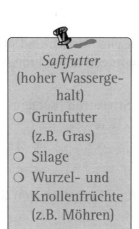

*Saftfutter*
(hoher Wassergehalt)
○ Grünfutter (z.B. Gras)
○ Silage
○ Wurzel- und Knollenfrüchte (z.B. Möhren)

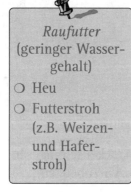

*Raufutter*
(geringer Wassergehalt)
○ Heu
○ Futterstroh (z.B. Weizen- und Haferstroh)

*Einzelfuttermittel*

Kraftfutter
(Energie- und Nährstoffversorgung)
○ Hafer (besonders gut geeignet)
○ Gerste
○ Körnermais
○ Roggen
○ Weizen

Weitere Einzelfuttermittel
○ Viehsalz
○ Kleie
○ Trockenschnitzel
○ Melasse
○ Leinsamen
○ Bierhefe
○ Pflanzenöle
○ usw.

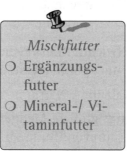

*Mischfutter*
○ Ergänzungsfutter
○ Mineral-/ Vitaminfutter

# FÜTTERUNG

Bei der Fütterung sind einige Grundsätze zu beachten:

- Das Pferd sollte möglichst oft mit kleinen Mengen gefüttert werden. Die Raufutterzuteilung sollte mindestens 2-mal täglich, die Kraftfutterzuteilung mindestens 2 - 4-mal täglich und jeweils zur gleichen Zeit erfolgen.
- Die Pferde während der Fütterung nicht stören und ihnen mindestens 1 Stunde nach Futteraufnahme Ruhe gönnen.
- Wasser (klar, frisch, sauber, geruchsfrei und nicht zu kalt) oft genug anbieten, falls keine Selbsttränken installiert sind. Erhitzte Pferde nicht direkt tränken.
- Selbsttränken nicht in der Nähe der Tröge anbringen (Verminderung der Einspeichelung des Futters) und auf Funktionstüchtigkeit und Sauberkeit, ebenso wie die Tröge, überprüfen.
- Raufutteranteil möglichst hoch, um Hakenbildung auf den Zähnen vorzubeugen.
- Heuaufnahme sollte vom Boden erfolgen. Heu: mindestens 6 Wochen gelagert, staubfrei, gute Farbe, guter Geruch.
- Wichtig: Futtermittelqualität immer wieder kontrollieren.

## Rationsgestaltung

Die Rationsgestaltung für ein Reitpferd mit durchschnittlicher Arbeitsbelastung gibt nur einen Anhaltspunkt für eine mögliche Fütterung. Aufgrund der individuellen Bedürfnisse der Pferde kann es durchaus sein, dass das eine Pferd mit dieser Futterration unterversorgt, das andere Pferd überversorgt ist. Deshalb sollte jedes Pferd entsprechend seiner individuellen Ansprüche und seines Arbeitspensums gefüttert werden (bedarfsgerechte Ration).

Durchschnittliche Futterration sowie Wasserbedarf für ein Sportpferd:
- Kraftfutter: 0,5 kg - 1 kg Futter/100 kg Pferdegewicht
  = 2,5 kg - 5 kg Futter/500 kg Pferdegewicht,
- 5 kg Heu,
- 1 kg Futterstroh,
- 100 g Mineralstoff-/Vitaminfutter,
- Leckstein,
- Wasser nach Bedarf (max. 40 - 70 l/Tag).

Ponys sind meist sehr leichtfuttrig. Die Futterration sollte deshalb eiweiß- und energiearm sein.
(Vorsicht bei jungem Weidegras: Gefahr von Koliken, Rehe.)
Falls ein Pferd krankheitsbedingt nicht gearbeitet werden kann, wird Stehfutter verabreicht: Kraftfutter reduzieren und Raufutter erhöhen.

# ❓ Fragen zu Pferdehaltung/Fütterung

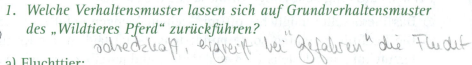

1. Welche Verhaltensmuster lassen sich auf Grundverhaltensmuster des „Wildtieres Pferd" zurückführen?

   a) Fluchttier: _schreckhaft, ergreift bei "Gefahren" die Flucht_

   b) Herdentier: _braucht soziale Kontakte, sonst Verhaltensstör_

   c) Steppentier: _kann sich den ganzen Tag bewegen und fressen_

2. Benenne folgende Mienenspiele des Pferdes und deute sie!

_Aufmerksamkeit_ — _Aggression_

_Müdigkeit_ — _Leiptrauen_

_neugierig_

_Verteidigung_

3. Nenne Verpflichtungen des Pferdehalters gegenüber seinem Pferd!

artgerechte Haltung, vor Schaden bewahren, nicht wissentlich + absichtlich Leid zufügen

4. Charakterisiere folgende Haltungsformen:

Laufstall mehrere Pferde, Anzahl in der Aufsicht, Größe Areal und Größe der Pferde entsprechend

Gruppenauslaufhaltung an einer Seite offen, für mehrere Pferde, Bewegung möglich, Pferde müssen sich verstehen

Einzelaufstallung Box, rund (2x Stockmaß)², hell, luftig, Einzelfüttern möglich, gute Überwachung

5. Wie soll der optimale Stall beschaffen sein bezüglich

Temperatur: den Außentemperaturen angepasst, Extreme abgemildert

Luftfeuchtigkeit: 60–80 %

Luftbewegung: ständig zugfrei

Schadgaskonzentration: regelmäßiges Lüften, Ammoniak-Bildung durch Nässe + Faulen zu verhindern

Luftraum: rund 28–40 m³ pro Pferd

Boxengröße: rund (2x Widerristhöhe)²

Boxentür: 2 m (Pony) – 2,50 m Pferd hoch

Boxenboden: eben, trocken, rutschfest, sauber, widerstandsfähig

Stallgasse: s. Boxenboden, Stall: einreihig 2,50 m breit, zweireihig 3 m breit

6. Bezeichne folgende Pflegegegenstände!

Eisenstriegel   Gummistriegel   Nadelstriegel/Reitkarda...

Mähnenbürste   Kardätsche   Schwamm

Wurzelbürste   Schweifstriegel   Mähnenkamm

Huffett + Bürste   Hufkratzer   Schweifmesser

7. Was bedeutet Pferdepflege? Kreuze an!

- ☒ Säuberung der Haut
- ☒ Massage der Haut
- ☒ Durchblutung und Hautatmung werden gefördert
- ☒ Wohlbefinden des Pferdes gesteigert
- ☒ Gesunderhaltung des Pferdes
- ☒ regelmäßige Hufpflege/Hufbeschlag

8. Beschreibe die Pflege des Deckhaares, Langhaares und der Körperöffnungen!

   _____

   _____

   _____

   _____

   _____

9. Wie oft soll ein Pferd geputzt werden? Kreuze richtig an!
   - ① 4-mal im Monat
   - ② 1-mal täglich gründlich ✓
   - ③ 1-mal in der Woche
   - ④ 3-mal täglich

10. Wozu verwendet man

    Striegel: _____

    Kardätsche: _____

    Tuch: _____

    Schwämme: _____

    Wurzelbürste: _____

11. Wie sollen die Hufe gepflegt werden?

    _____

    _____

    _____

    _____

12. Beschreibe die Technik des Putzens (Haltung von Striegel und Kardätsche)! (Linke Seite soll geputzt werden.)

13. Beschreibe den Weg des Futters von der Aufnahme bis zur Ausscheidung!

14. Nenne Grundsätze, die bei der Fütterung zu beachten sind!

15. Wie viele Rationen sollen pro Tag gefüttert werden? Kreuze an!
    ① maximal 2 Rationen
    ② mehrere kleine Rationen (3 - 4 Rationen)
    ③ mindestens 5 Rationen
    ④ nur je einmal pro Tag Kraftfutter und Rau-/Saftfutter

16. Warum sollen mehrere kleinere Rationen gefüttert werden?

_____

_____

17. Wie sollen Futterrationen für Pferde, die nicht bewegt werden dürfen, beschaffen sein? Kreuze an!
    ① das Kraftfutter wird erhöht, das Raufutter reduziert
    ② das Kraftfutter wird reduziert, das Raufutter erhöht
    ③ die Futterrationen bleiben gleich
    ④ kein Kraft- und Raufutter, sondern nur Saftfutter

18. Nenne die vier Futtermittelarten und gib einige Beispiele!

    1. _____

    _____

    2. _____

    _____

    3. _____

    _____

    4. _____

    _____

19. Wie hoch ist der Futterbedarf eines volljährigen Sportpferdes? Kreuze richtig an!
    ① 0,5 - 1 kg Kraftfutter je 100 kg Pferdegewicht
    ② 5 kg Heu
    ③ 4 kg Futterstroh
    ④ 40 - 70 l Wasser
    ⑤ 1 kg Futterstroh
    ⑥ 8 - 10 kg Kraftfutter
    ⑦ Mineralstoffe/Vitamine/Leckstein
    ⑧ Saftfutter (ca. 2 kg/Tag)

# REITLEHRE

## Ausrüstung von Reiter und Pferd

Die geeignete Ausrüstung ist für Reiter und Pferd eine der Grundvoraussetzungen für erfolgreiches Reiten. Sie hat sowohl den Regeln des Tierschutzes als auch der Sicherheit zu entsprechen.

### Ausrüstung des Reiters

Eine sachgemäße und den Sicherheitsanforderungen entsprechende Reitausrüstung besteht aus:

- einer bruch- und splittersicheren **Reitkappe** bzw. einem **Reithelm**. Sie sollte beim Reiten immer getragen werden. Für **Junioren** ist der **Reithelm** mit Drei- bzw. Vierpunktbefestigung in Wettbewerben der Kat. C und bei jedem Reiten über Hindernisse auf Turnieren vorgeschrieben. Außerdem ist das Tragen der Reitkappe bzw. des Reithelms mit Drei- bzw. Vierpunktbefestigung für **alle** Reiter beim Springen auf Turnieren (auch auf dem Vorbereitungsplatz) grundsätzlich Pflicht.
- einer gut passenden **Reithose**;
- **Reitstiefeln** mit langem Schaft und bis zum Absatz durchgehender Sohle (gilt auch für Stiefeletten, die zur Jodhpur-Hose getragen werden);
- **Reithandschuhen**.

Zusätzlich für den **fortgeschrittenen** Reiter:

- eine elastische, aber nicht zu weiche Gerte (Dressurgerte bis 1,20 m lang, Springgerte bis 0,75 m lang)
- Sporen, die ca. 4 - 5 Finger breit über dem Absatz fest angeschnallt werden.

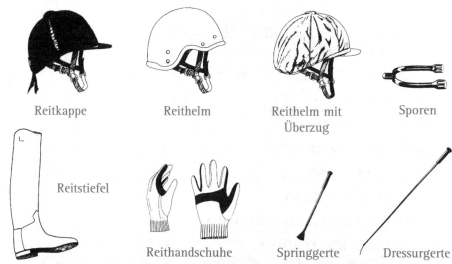

Reitkappe — Reithelm — Reithelm mit Überzug — Sporen

Reitstiefel — Reithandschuhe — Springgerte — Dressurgerte

## Ausrüstung des Pferdes

Die Grundausrüstung eines Reitpferdes besteht aus dem **Sattel** und dem **Zaumzeug**, also Trense oder Kandare.
**Zubehör** bilden ggf. Ausbindezügel, Martingal, sonstige Hilfszügel, Bandagen, Gamaschen, Vorderzeug und Vorgurt.

### Der Sattel

Es gibt für die einzelnen Disziplinen verschiedene Sattelformen:

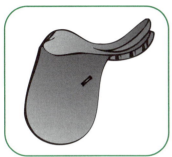

*Dressursattel*
- liegt dicht am Pferderücken,
- lange seitliche Sattelblätter.

*Springsattel*
- länger im Sitz,
- weit vorgebaute Sattelblätter,
- ggf. zusätzliche Pauschen.

*Vielseitigkeitssattel*
- Zwischenform der beiden oben aufgeführten Sättel,
- geeignet für Grundanforderungen in Dressur, Springen und Gelände,
- zweckmäßig für die Grundausbildung.

Der tiefste Punkt beim Sattel sollte in der Mitte der Sitzfläche sein. Ein nicht passender Sattel kann Scheuerstellen hervorrufen.

## Bestandteile des Sattels

Grundlage des Sattels ist der Sattelbaum. Er kann aus Stahl, Leder, Holz, Fischbein oder Kunststoff sein. Der vordere hochgewölbte Teil bildet die Sattelkammer. Sie muss so hoch sein, dass auch bei belastetem Sattel kein Druck auf die am Widerrist sehr langen und unmittelbar unter der Haut liegenden Dornfortsätze der Rückenwirbel des Pferdes ausgeübt wird.

Die Bestandteile des Sattels sind:

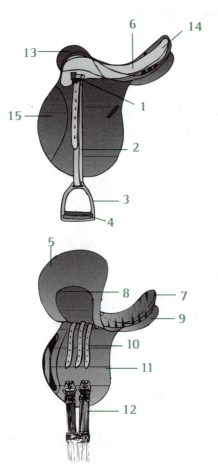

1 Steigbügelfeder
2 Steigbügelriemen
3 Steigbügel
4 Steigbügeleinlagen
5 Sattelblatt
   vom Spezialzweck des Sattels bestimmt
6 Sitzfläche
7 Sattelkranz
8 Deckblatt
9 Sattelkissen (Polster)
10 Sattelgurtstrupfen
11 Schweißblatt
12 Sattelgurt mit Schnallen
13 Sattelkammer
14 Sattelbaum
15 Sattelpauschen

Die Steigbügelriemen sollten aus geschmeidigem, haltbarem Leder hergestellt sein (⇨ Sicherheit). Die Steigbügel müssen genügend breit und schwer sein, damit der Fuß ihn schnell aufnehmen und loslassen kann. Gummieinlagen erleichtern den Halt des Fußes.

Der Sattelgurt muss breit genug sein, um genügend Auflagefläche zu haben.

Die Satteldecke hat den Zweck, den Schweiß des Pferdes vom Sattelpolster abzuhalten. Sie sollte stets sauber und faltenfrei auf das Pferd gelegt werden, um Druckstellen zu vermeiden.

## Die Trense

Die Trense ist für die Grundausbildung die geeigneteste Zäumung. Dies gilt sowohl für die dressurmäßige Arbeit als auch das Springen und das Reiten im Gelände. Die Trensenzäumung besteht aus zwei Hauptteilen:

○ dem Trensenzaum mit Gebiss und Zügeln,

○ dem Reithalfter.

**Die einzelnen Bestandteile der Trense sind:**

1 Genickstück
2 Backenstück
3 Kehlriemen
4 Stirnriemen
5 Nasenriemen
6 Kinnriemen
7 kleine Ringe
8 Trensengebiss
9 Zügel
10 Martingalschieber

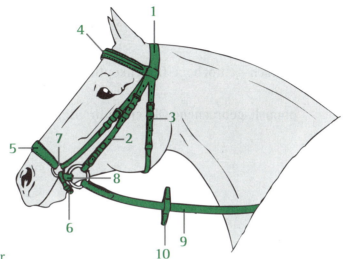

## Das Gebiss

Trensengebisse wirken über die Zunge auf die Kinnladen des Pferdes. Der Raum, der für das Gebiss (bzw. die beiden Gebisse bei der Kandare) Platz bietet, sind die Laden, d.h. der zahnlose Zwischenraum im Unterkiefer.
Im Allgemeinen gilt, dass ein Gebiss um so schärfer wirkt, je dünner es ist. Das Gebiss sollte eine Mindestdicke, am Maulwinkel gemessen, von 14 mm haben (laut LPO). Ein dickes Mundstück ist angenehm und wird, falls es nicht zu dick ist, um angenehm im Maul zu liegen, von den meisten Pferden problemlos angenommen.
Trensengebisse unterscheiden sich in der Dicke, der Form und im Querschnitt. Sie können einfach-gebrochen oder doppelt-gebrochen sein. Die Länge des Gebisses (handelsübliche Längen von 12,5 - 15 cm für Pferde, für Ponys entsprechend kürzer) muss in jedem Fall der Breite des Maules entsprechen. Ein zu schmales Gebiss klemmt die Maulwinkel ein, zu lange Gebisse können den Unterkiefer einklemmen („Nussknackereffekt").
Außerdem dürfen Gebisse nicht rostig, abgenutzt oder ausgeschlagen sein.

Die Wassertrense ist das gebräuchlichste Gebiss und wird bei jungen Pferden, aber auch in der weiteren Ausbildung genommen, weil sie zwar weich wirkt, aber doch eine gute Kontrolle erlaubt.
Über die im Turniersport erlaubten Gebisse gibt die LPO Auskunft.

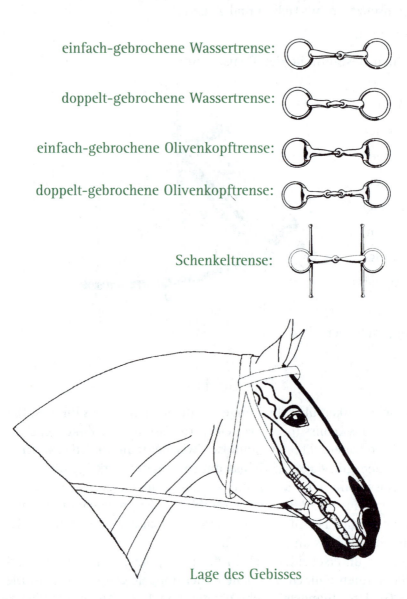

einfach-gebrochene Wassertrense:

doppelt-gebrochene Wassertrense:

einfach-gebrochene Olivenkopftrense:

doppelt-gebrochene Olivenkopftrense:

Schenkeltrense:

Lage des Gebisses

*Für die Auswahl von Gebissen gilt grundsätzlich, dass ein schärferes Gebiss die mangelnde Durchlässigkeit nicht ausgleichen kann.*

## Die Reithalfter

Ein Reithalfter vervollständigt die Zäumung. Durch ein korrekt verschnalltes Reithalfter werden die Laden des Pferdes bei der Einwirkung mit dem Gebiss entlastet, weil ein Teil des Druckes indirekt auf den Nasenrücken übertragen wird. Außerdem wird verhindert, dass sich das Pferd durch Aufsperren des Maules den Zügelhilfen entzieht. Die Auswahl des Reithalfters ist vom Pferd abhängig.

Die beiden gebräuchlichsten Reithalfter sind:

❍ das hannoversche Reithalfter,
❍ das kombinierte Reithalfter.

Beim hannoverschen Reithalfter soll der Nasenriemen etwa 4 Finger breit über dem oberen Nüsternrand auf dem knöchernen Teil der Nase liegen. Der Kinnriemen soll so unterhalb des Trensengebisses geschnallt sein, dass zwischen den Kieferästen des Pferdes etwa 2 Finger breit Platz ist. Die Atmung des Pferdes darf auf keinen Fall beeinträchtigt werden.

Das kombinierte Reithalfter ist eine Weiterentwicklung des englischen Reithalfters (Anwendung vorwiegend bei Kandarenzäumung). Der Nasenriemen wird so oberhalb des Trensengebisses geschnallt, dass er knapp unter dem Jochbein liegt und nicht auf dieses aufdrückt. An dem Nasenriemen wird am vorderen Teil ein dünner Riemen durch eine kleine Schlaufe geführt und unterhalb des Trensengebisses am Unterkiefer zugeschnallt (erst Nasenriemen, dann Zusatzriemen zuschnallen!).

Kombiniertes Reithalfter

Hannoversches Reithalfter

Englisches Reithalfter

Mexikanisches Reithalfter

Bügel-Reithalfter

## Hilfszügel

Die Anwendung von Hilfszügeln wird im Kap. „Hilfen" (S. 51 ff) beschrieben.

# Zubehör

Es gibt verschiedenes Zubehör, das je nach Bedarf Anwendung findet:

## Schutz der Pferdebeine

- **Bandagen:** geben den Beinen Stütze, weniger Schutz; nicht für das Gelände geeignet (ziehen sich bei Nässe zusammen). Sie müssen faltenfrei angelegt werden und an Verschnürungen sicher weggesteckt sein.

  *Anlegen der Bandagen:* Anlegen der Bandage an das Bein (Pferd belastet Bein), Wickeln von oben nach unten und von rechts nach links bis um den Fesselkopf und wieder aufwärts, Fesselbeuge bleibt frei.

  1 Lage von Knoten und Bandenden zwischen Griffelbein und Sehne

- **Gamaschen:** je nach Material stabiler Schutz vor Verletzungen; für Vorder- und Hinterbeine möglich; besonders für Springen und Gelände geeignet; Verschlüsse liegen außen am Bein und zeigen nach hinten.

- **Springglocken:** verhindern das Greifen der Hinterbeine in Kronränder und Ballen der Vorderbeine.

- **Streichkappen:** Schutz für die hinteren Fesselköpfe, werden wie Gamaschen angelegt.

## Stabilisierung der Lage des Sattels

- **Vorderzeug, Vorgurt, Schweifriemen:** stabilisiert bei schlechter oder wenig ausgeprägter Sattellage die Lage des Sattels.

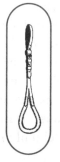

**Vorgurt** verhindert ein Nachvornerutschen des Sattels

**Vorderzeug** verhindert ein Zurückrutschen des Sattels

**Schweifriemen** verhindert ein Nachvornerutschen des Sattels (in erster Linie bei Ponys angewandt)

# Kandare

**Ab DRA III Dressur/Springen**

Die Kandare dient der Verfeinerung der Hilfen. Die Ausbildung des Pferdes erfolgt aber in erster Linie mit Trensenzäumung. Die Kandarenzäumung besteht aus zwei Gebissen, sodass der Reiter zwei Zügelpaare gleichzeitig handhaben muss.

**Die einzelnen Bestandteile der Kandare sind:**

1 englisches Reithalfter
2 Backenstück der Kandare
3 Backenstück der Unterlegtrense
4 Trensenzügel
5 Kandarenzügel
6 Unterlegtrense
   Mindestdicke 10 mm
7 Kandarengebiss
   Mindestdicke 14 mm
8 Kinnkette

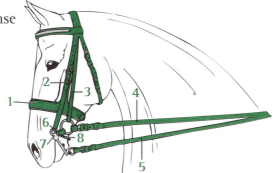

Das **Kandarengebiss** ist ein ungebrochenes Mundstück mit seitlichen Hebeln. Die Länge der Hebel bestimmt in Verbindung mit der Kinnkette die Stärke der Wirkung. Je kürzer die Hebelarme (Anzüge) sind, desto geringer ist die Hebelwirkung.

Die Länge der Kinnkette ist für die Wirkung des Kandarengebisses entscheidend: Das Kandarengebiss liegt richtig im Maul, wenn bei eingehängter Kinnkette die Schenkel des Gebisses mit der Maulspalte einen Winkel von 45° bilden.

### Einhängen der Kinnkette

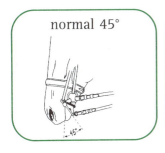
normal 45°

„fällt durch"

„strotzt"

Bei Wettbewerben und Leistungsprüfungen ist die Länge der Anzüge (Unterbäume) in der Dressur auf 5 - 10 cm, in allen anderen Disziplinen, in denen Kandarenzäumung erlaubt ist, auf maximal 7 cm festgelegt.

**Das Kandarengebiss besteht aus:**

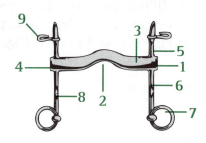

1 Mundstück
2 Zungenfreiheit
3 Ballen
4 Kappe
5 Obergestell
6 Anzug
7 Zügelring
8 Scherriemenlöcher
9 Kinnkettenhaken

## Reiten auf Kandare

*Voraussetzungen für das Reiten auf Kandare:*

○ Das Pferd beherrscht sicher die Lektionen und Anforderungen der Klasse L auf Trense.
○ Der Reiter ist ebenfalls in der Lage, die typischen L-Lektionen mit einem ausgebildeten Pferd auf Trense zu reiten. Er muss besonders über eine ruhige, unabhängig von der Bewegung seines Rumpfes getragene Hand verfügen.

Das Verpassen der Kandare, die Auswahl der Gebisse und das Einhängen der Kinnkette sollte nur durch einen erfahrenen Reiter/Ausbilder vorgenommen werden. Nicht richtig verpasste Kandaren können für das Pferd unangenehm sein.

Wie die Kandare wirkt, hängt in erster Linie von der Handhabung und der Zügelführung ab:

• Soll die Kandare weicher wirken, sind die Anzüge kürzer (mind. 5 cm lang) und die Zungenfreiheit gering.
• Bei einer schärfer wirkenden Kandare sind die Anzüge etwas länger (max. 10 cm lang) und die Zungenfreiheit größer.

### Gebräuchliche Zügelführungen beim Reiten auf Kandare

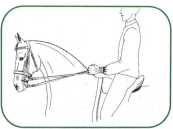

geteilte Zügelführung
Trense unterhalb des Ringfingers, Kandare zwischen Ring- und Mittelfinger

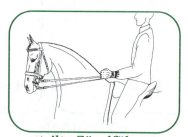

geteilte Zügelführung
Trense unterhalb des Ringfingers, Kandare unterhalb des kleinen Fingers

Grundsätzlich muss beim Reiten auf Kandare die Trense vorherrschen, d.h. die Trense steht an – die Kandarenzügel federn. Durch einen klemmenden äußeren Kandarenzügel verwerfen sich viele Pferde im Genick, besonders in Wendungen.

Eine zu hohe Handhaltung wirkt Aufgrund der Hebelwirkung vermehrt beizäumend und macht das Pferd im Hals eng. Geht das Pferd auf Kandare in korrekter Versammlung, tritt es an das Trensengebiss heran. Das Kandarengebiss dient lediglich zur vorübergehenden Feinabstimmung. Mit der Kandare kann niemals eine „direkte" Versammlung erzwungen werden. Die falsche Anwendung führt immer zu einer verringerten Lastaufnahme der Hinterhand.

Um für das Reiten in Dressurprüfungen der Klassen L und aufwärts mit Kandarenzäumung die nötige Routine zu haben, sollte 1 - 2-mal die Woche auf Kandare geritten werden.

*Die wichtigste Voraussetzung für das Reiten mit Kandare ist ein korrekter, ausbalancierter und losgelassener Sitz, der es dem Reiter ermöglicht, vom Sitz unabhängige Zügelhilfen zu geben.*

## Pflege der Ausrüstung

Zur Pflege der Ausrüstungsgegenstände gehört:

- das Säubern nach jedem Gebrauch (Metallteile mit Wasser, Lederteile mit Sattelseife),
- Konservierung der Lederteile je nach Nutzung etwa alle 8 - 14 Tage (besonders die Nähte ⇨ Einfetten oder Einölen),
- dabei gründliche Kontrolle auf Schäden bei beweglichen Teilen und Nähten,
- weiterhin etwa zweimal jährlich Generalreinigung aller Gegenstände,
- Aufbewahrung in einem staubfreien, nicht zu trockenen, im Winter beheizbaren Raum.

# BAHNORDNUNG

## BAHNBEZEICHNUNG

Einheitliche Bahnbezeichnungen und Regeln dienen der allgemeinen Verständigung.

Ein Reitviereck für Dressurprüfungen kann zwei verschiedene Größen haben: 20 x 40 m oder 20 x 60 m.

In der Grundausbildung und für das Reiten von Aufgaben der Klassen A - L wird üblicherweise auf einem Viereck 20 x 40 m geritten.

- Die Markierungen des Vierecks 20 x 40 m:
  Die Buchstaben A und C kennzeichnen jeweils die Mitte der kurzen Seite, B und E (auch HB-Punkte = halbe Bahnpunkte) die Mitte der langen Seiten. Die vier Wechselpunkte (M, F, K, H) sind jeweils 6 m von der kurzen Seite entfernt.
  Zusätzlich müssen die Zirkelpunkte (jeweils 10 m von der kurzen Seite entfernt) mit einem Punkt (●) gekennzeichnet werden. D und G befinden sich jeweils zwischen den Wechselpunkten auf der Mittellinie, der Mittelpunkt wird mit X bezeichnet (gleichzeitig 7. – unsichtbarer – Zirkelpunkt).

- Bei einem Viereck 20 x 60 m (ab Dressurprüfung Kl. L 9, Kl. M und höher sowie Dressurpferdeprüfungen Kl. L/M, Dressurreiterprüfung Kl. M und internationale Aufgaben der FEI (Prix St. Georges, Intermédiaire I und II, Grand Prix, Grand Prix Special) sowie Vielseitigkeitsaufgaben Kl. M - S) kommen an den langen Seiten die Punkte R, S, P und V hinzu, auf der Mittellinie die unsichtbaren Punkte L und I.

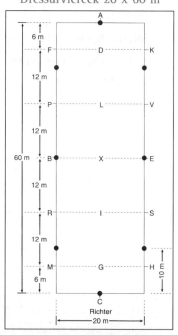

Dressurviereck 20 x 40 m

Dressurviereck 20 x 60 m

# HUFSCHLAGFIGUREN

Hufschlagfiguren sind Arbeitslinien, die sich im Laufe der Jahrhunderte bewährt haben. Ein Reiten auf diesen Linien trägt dazu bei, ein Pferd zu lösen, die Durchlässigkeit zu verbessern und die Versammlungsbereitschaft zu fördern (z.B. durch Reiten von Volten 10 m, 8 m, 6 m Ø).

In den einzelnen Dressurprüfungen werden Hufschlagfiguren in Verbindung mit Lektionen gefordert, um Reiter und Pferd im Vergleich zu sehen, z.B. auf dem Zirkel geritten im Trab, bei X angaloppieren ⇨ Hufschlagfigur (Zirkel) verbunden mit Lektion (bei X angaloppieren).

Die Hufschlagfiguren, die auf **gerader** Linie geritten werden, sind:
- halbe Bahn,
- ganze Bahn,
- Länge der Bahn,
- Wechsellinie durch die halbe Bahn,
- Wechsellinie durch die ganze Bahn,
- Wechsellinie durch die Länge der Bahn.

Hufschlagfiguren auf **gebogener** Linie:
- auf dem Zirkel geritten,
- auf dem Mittelzirkel geritten,
- aus dem Zirkel wechseln,
- durch den Zirkel wechseln,
- einfache Schlangenlinie an der langen Seite (tiefster Punkt vom Hufschlag 5 m),
- doppelte Schlangenlinie an der langen Seite (tiefster Punkt vom Hufschlag jeweils 2,5 m),
- Schlangenlinie durch die Bahn, 3 und mehr Bogen,
- Volten (10 m Ø in Kl. E/A, 8 m Ø in Kl. L/M, 6 m Ø in Kl. S),
- Kehrtvolte bzw. aus der Ecke kehrt (geforderter Ø wie bei Volten in einzelnen Klassen),
- Acht (Volte auf der linken/rechten Hand, direkt anschließend Volte auf der rechten/linken Hand),
- halbe Volte links/rechts, halbe Volte rechts/links (Ø von 10 m).

Die einzelnen **Hufschlagfiguren** sind den nachfolgenden Abbildungen zu entnehmen.

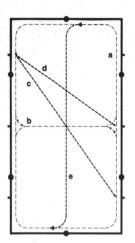

ganze Bahn a

halbe Bahn b

durch die ganze Bahn wechseln c

durch die halbe Bahn wechseln d

durch die Länge der Bahn wechseln e

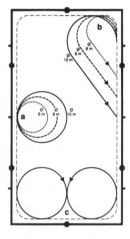

Volte a

aus der Ecke kehrt (Kehrtvolte/Kehrtwendung) b

Acht c

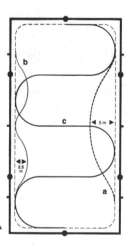

einfache Schlangenlinie an der langen Seite a

doppelte Schlangenlinie an der langen Seite b

Schlangenlinie durch die Bogen (4 Bogen) c

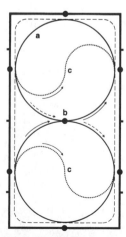

Zirkellinien a

aus dem Zirkel wechseln b

durch den Zirkel wechseln c

# BAHNREGELN

Jeder Reiter sollte die Bahnregeln kennen, um ein ordnungsgemäßes und gefahrloses Reiten sicherzustellen.

## Bahnregeln

1. Bei Betreten oder Verlassen der Bahn ist „Tür frei" zu rufen und die Antwort „Ist frei" abzuwarten.
2. Während der für Ausbildungsstunden festgelegten Zeiten ist den Weisungen des Reitlehrers Folge zu leisten.
3. Das Auf- und Absitzen von Einzelreitern erfolgt entweder vor der Reitbahn oder in der Mitte eines Zirkels.
4. Wenn sich mehrere Reiter in der Bahn befinden, ist im Schritt und im Halten der Hufschlag ca. 2 m freizuhalten. Ganze Bahn hat gegenüber dem Zirkel Vorrecht.
5. Wenn auf beiden Händen geritten wird (bis zu 4 Reiter), muss immer genügend Sicherheitsabstand und Zwischenraum eingehalten werden. Entgegenkommenden Reitern ist nach rechts auszuweichen.
6. Wenn junge oder ängstliche Pferde in der Bahn sind, sollte immer auf einer Hand geritten werden.
7. Befinden sich mehr als ca. 4 Reiter in der Bahn, wird der Handwechsel etwa alle 5 Min. durch den Bahnältesten bzw. Ausbilder angegeben.
8. Longieren ist nur gestattet, wenn alle in der Bahn befindlichen Reiter damit einverstanden sind.
9. Springen ist nur gestattet, wenn alle in der Bahn befindlichen Reiter damit einverstanden sind.
10. Gebrauchtes Hindernismaterial, Bodenricks, Longen, Peitschen usw. sind nach Gebrauch stets ordnungsgemäß wegzuräumen.
11. Während der Voltigierstunden ist ein Reiten in der Halle nicht gestattet.

# DIE GRUNDAUSBILDUNG VON REITER UND PFERD

## AUSBILDUNG DES REITERS

Die Ausbildung des Reiters sollte möglichst vielseitig sein (Dressur-Springen-Gelände), um einen ausbalancierten Sitz zu erlernen und einer zu frühen Spezialisierung entgegenzuwirken. Außerdem ist eine vielseitige Grundausbildung der beste Garant für die Gesunderhaltung und das Wohlbefinden des Pferdes.

Das wichtigste Ziel der Ausbildung ist die Harmonie von Reiter und Pferd. Dabei ist der ausbalancierte und losgelassene Sitz (richtiger Sitz) Voraussetzung für eine korrekte Hilfengebung und Einwirkung auf das Pferd. Durch das Zusammenwirken der Hilfen wird die jeweils angestrebte Gangart, das Tempo, die Haltung des Pferdes und die allgemeine Kontrolle über das Pferd ermöglicht. Den treibenden Hilfen kommt stets eine höhere Bedeutung zu als den verhaltenden Hilfen.

Das Gefühl ist eine der wichtigsten Eigenschaften des Reiters, da es entscheidend für eine harmonische und vertrauensvolle Verständigung zwischen Reiter und Pferd sorgt.

Die Einwirkung setzt sich aus den Hilfen von Gewicht, Schenkel und Zügel zusammen. Einzelne Hilfen können nicht zum Erfolg führen, die Hilfen müssen gut aufeinander abgestimmt sein (Koordination), um sicher einwirken zu können.

> *Nur aus dem ausbalancierten und losgelassenen Sitz heraus können richtige Hilfen gegeben werden. Nur richtig und bewusst eingesetzte Hilfen führen zum Erreichen des reiterlichen Gefühls und damit zu einer verlässlichen Einwirkung.*

# Sitz des Reiters

Der richtige Sitz ist Grundlage jeder reiterlichen Einwirkung. Der Reiter muss das Gleichgewicht (Balance) und die Losgelassenheit auf dem Pferd erlangen, um durch geschmeidiges und zwangloses Sitzen mit den Bewegungen des Pferdes mitzuschwingen, ohne sich dabei festzuklammern oder zu verkrampfen.

Ziele der Sitzschulung sind ein geschmeidiges Mitgehen mit der Bewegung des Pferdes und die weitgehende Übereinstimmung der Schwerpunkte von Reiter und Pferd.

**Es werden folgende Sitzarten unterschieden:**

Der Dressursitz (Grundsitz)     Der leichte Sitz     Der Rennsitz

Je nach Situation gibt es in den verschiedenen Sitzarten unterschiedliche be- und entlastende Sitzformen. Im Dressursitz wird der Pferderücken vermehrt belastet, im leichten Sitz und im Rennsitz wird der Pferderücken vorwiegend entlastet. Es ist eine lange und systematische Ausbildung notwendig, um in der jeweiligen Sitzart die genaue Anpassung an Tempo und Schwerpunktverlagerung des Pferdes zu erreichen.

## Der Dressursitz

Der Dressursitz (auch Grundsitz) ist die Basis aller Sitzformen. Der Grundsitz wird in der dressurmäßigen Arbeit und Ausbildung von Pferd und Reiter angewandt. In der Vorbereitung für das Springen und das Geländereiten wird er daher auch mit verkürzten Bügeln eingesetzt.

Der Dressursitz wird geringfügig durch den Körperbau des Reiters sowie durch die Größe und Rippenwölbung des Pferdes variiert. Der Reiter sitzt aufrecht im Sattel, sodass ein vom Ohr über Schulter und Hüftgelenk gefälltes Lot auf das Fußgelenk trifft (kurz: Schulter – Hüfte – Absatz).

## Beschreibung des Dressursitzes

- Das **Gesäß** ruht mit **unverkrampften Muskeln** im tiefsten Punkt des Sattels (gleichmäßige Verteilung der Körperlast auf beide Gesäßhälften und innere Oberschenkelmuskulatur).
  *Fehlerhaft:* Anspannen der Gesäß- und Oberschenkelmuskulatur ⇨ Reiter sitzt „über dem Pferd".

- Die **Oberschenkel** sind leicht nach innen geneigt, sodass das Knie in leichter Winkelung flach am Sattel bleibt und so tief wie möglich liegt (ermöglicht gutes Umfassen des Pferdes, bringt den Reiter tiefer in den Sattel und damit näher an das Pferd).
  *Fehlerhaft:* Verdrehen des Oberschenkels nach außen ⇨ hohles oder offenes Knie ⇨ sicherer Sitz nicht mehr möglich; übertrieben einwärts gedrehter Oberschenkel mit starr angepresstem Knie ⇨ Unterschenkel wird vom Pferd abgeschoben (keine Einwirkung), Losgelassenheit des Reiters beeinträchtigt; zu lange Bügel ⇨ Spaltsitz; zu kurze Bügel ⇨ Stuhlsitz.

- Die **Unterschenkel** werden vom Knie aus so weit zurückgenommen, dass Schulter – Hüfte – Absatz eine senkrechte Linie bilden (Unterschenkel geringfügig hinter dem Sattelgurt).
  *Fehlerhaft:* klopfender, unruhiger Unterschenkel ⇨ Einwirkung beeinträchtigt („Pferd ist abgestumpft am Schenkel").

- In der Bewegung federt das **Fuß**gelenk etwas nach unten durch. Der **Absatz** wird dadurch zum tiefsten Punkt des Reiters, die Fußspitzen sind annähernd parallel zum Pferdeleib gerichtet.
  *Fehlerhaft:* krampfhaftes Eindrehen der Fußspitzen, Verdrehen nach außen, hochgezogener Absatz, bewusstes Herabdrücken des Absatzes.

- Der Reiter sitzt mit aufrechtem **Oberkörper** – bei leicht zurückgenommenen Schulterblättern – ungezwungen in der Mitte des Sattels. Die Wirbelsäule wird in ihrer natürlichen, doppelten S-Form belassen, die Schultern natürlich fallen gelassen.
  *Fehlerhaft:* runder Rücken, Durchbiegen der Wirbelsäule (Hohlkreuz) ⇨ Sitz steif, Mängel in der Einwirkung; seitliches Einknicken in der Hüfte ⇨ besonders in Wendungen und Seitengängen; hochgezogene Schultern; aufwendige Bewegungen ⇨ falsch verstandene treibende Einwirkung.

- Der **Kopf** wird frei und aufrecht getragen. Der Blick ist geradeaus über die Pferdeohren gerichtet.
  *Fehlerhaft:* vorgestrecktes oder angezogenes Kinn ⇨ Beeinträchtigung der Elastizität des Oberkörpers, damit auch das Mitschwingen in der Mittelpositur.

➡ Die **Oberarme** hängen aus den Schultern unverkrampft herab (ohne angedrückt zu werden) und sind etwas vor der Senkrechten. Die Ellbogen liegen locker am Leib an, **Unterarm – Zügel – Pferdemaul** bilden eine gerade Linie.
   *Fehlerhaft:* Anklemmen der Ellbogen ⇨ Hochziehen der Schultern und starre Handhaltung; Abspreizen der Ellbogen ⇨ beeinträchtigt Geschmeidigkeit im Sitz und Zügelführung.

➡ Die **Hände** sind unverkrampft zur Faust geschlossen. Sie werden aufrecht getragen, weil nur aus dieser Haltung heraus feine Zügelhilfen aus dem Handgelenk möglich sind. Die mäßig gekrümmten Daumen liegen dachförmig auf den Zügelenden.
   *Fehlerhaft:* zu hohe, verdeckte und offene Fäuste, durchgedrücktes Handgelenk ⇨ ungenügende Zügelhilfen.

### Falsche Handhaltungen!

verdeckte Fäuste

steifes Handgelenk

geöffnete Faust

~~herabdrücken~~de Hand
herüberdrückende Hand

*Unter der äußeren korrekten Form des Sitzes darf die Losgelassenheit des Reiters nicht leiden, deshalb müssen folgende Gelenke locker sein: Schulter, Ellbogen, Handgelenk, Hüftgelenk, Knie und Fußgelenk. Die Losgelassenheit von Reiter und Pferd stehen in einer Wechselbeziehung zueinander. Sitzt der Reiter geschmeidig, lässt sich das Pferd los. Ist der Reiter steif, drückt das Pferd den Rücken weg und nimmt die Hilfen und Paraden nicht an.*

## Das Mitschwingen in der Mittelpositur

Die Mittelpositur (Becken) des Reiters ist das Bewegungszentrum, das mit der Bewegung des Pferderückens nach vorne mitschwingt und sie auffängt, sodass der Oberkörper losgelassen, gerade und ruhig bleibt.

Der Reiter sitzt dann gestreckt, ohne zu verkrampfen. Dabei ist der Oberkörper so weit gespannt, dass einerseits seine Haltung sicher, andererseits aber das elastisches Mitschwingen mit der Pferdebewegung möglich ist. Diese elastische, sich dem jeweiligen Bewegungsablauf des Pferdes anpassende Gesamtspannung des Oberkörpers ist gemeint, wenn von „Kreuz anspannen" gesprochen wird.

Dabei wird die Rumpfmuskulatur des Reiters mehr oder weniger **automatisch** an- und abgespannt (ermöglicht Kippbewegung des Beckens) beim Heben und Senken des Pferderückens in der Bewegung:

- Pferderücken hebt sich ⇨ Anspannen der Rumpfmuskulatur;
- Pferderücken senkt sich ⇨ Abspannen der Rumpfmuskulatur.

*Fehlerhaft:* die Bewegung des schwingenden Pferderückens setzt sich sichtbar durch die ganze Wirbelsäule des Reiters fort und endet erst im Genick ⇨ unruhiger Oberkörper und ein nach vorn geneigter, wackelnder Kopf; übertriebenes Mitgehen in der Mittelpositur (besonders im Schritt und Galopp) ⇨ Reiter sitzt gegen die Bewegung und beeinträchtigt so die Rückentätigkeit und den Takt des Pferdes.

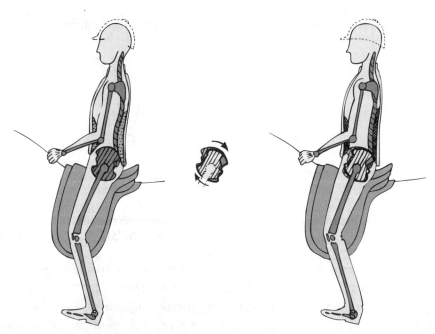

Im Aussitzen vollführt der Reiter kaum sichtbare Schwingungen mit dem Becken. Die Rumpfmuskulatur (also das „Kreuz" des Reiters) wird dabei mäßig an- und abgespannt.

## Der leichte Sitz

Der leichte Sitz hat ein großes Anwendungsgebiet. Der Reiter entlastet den Pferderücken und geht geschmeidig mit den Bewegungen des Pferdes mit unter weitmöglicher Beibehaltung der dressurmäßigen Einwirkung wie z.B. beim Springen, beim Reiten im Gelände und beim Reiten junger Pferde. Je nach Situation und Grad der Entlastung ergeben sich auch andere Bezeichnungen für den leichten Sitz, z.B. Remontesitz, Entlastungssitz, Springsitz, Geländesitz.

Der leichte Sitz wird im Springsattel oder auch Vielseitigkeitssattel geritten, die durch ihre Form und die vorgeschobenen Pauschen eine korrekte Ausführung ermöglichen. Der Bügel ist im Vergleich zum Dressursitz deutlich verkürzt, das Maß der Verkürzung individuell bedingt und zweckgebunden (Spring- und Geländereiten ca. 4 - 5 Löcher kürzer, beim Reiten junger Pferde 2 Löcher kürzer).

*Der Reiter kann sich im leichten Sitz besonders gut den wechselnden Situationen der Schwerpunktverlagerung und des Tempos anpassen. Die Übergänge zwischen den unterschiedlichen Ausprägungen der Entlastung sind fließend, das Fundament bleibt unverändert.*

### Beschreibung des leichten Sitzes

- Der **Oberkörper** wird aus dem Hüftgelenk heraus mehr oder weniger nach vorne geneigt, je nach Entlastung. Das Gesäß bleibt bei geringerer Entlastung mehr **am Sattel**, bei höherem Tempo, beim Springen (ausgeprägtere Entlastung) kommt das Gesäß vermehrt **aus dem Sattel** heraus. Dabei bleibt der Reiter in der **Mittelpositur** elastisch, die natürliche Haltung der Wirbelsäule wird beibehalten.
  *Fehlerhaft:* steifer oder zu unruhiger Oberkörper ⇨ Störung des Gleichgewichts von Reiter und Pferd; runder Rücken, Hohlkreuz.
- Durch den kürzeren Bügel entsteht eine stärkere Winkelung im Knie, und der Reiter erlangt einen festen Knieschluss.
- Die **Unterschenkel** liegen am Gurt und halten mit der flachen Wade Kontakt zum Pferdeleib (⇨ treibende Einwirkung).
  *Fehlerhaft:* Zurückrutschen des Unterschenkels ⇨ Beeinträchtigung der Balance des Reiters.
- Der **Bügel** wird mit dem Fuß etwas weiter aufgenommen, und zwar an der breitesten Stelle des Ballens. Der **Absatz** ist der tiefste Punkt. Dabei gewährleistet ein durchgedrücktes und elastisches Fußgelenk eine sichere und elastisch federnde Stütze und eine feste Lage des Unterschenkels.

**Knie – Unterschenkel – Absatz** bilden das **Fundament** des leichten Sitzes.

*Fehlerhaft:* hochgezogener Absatz, Zurückrutschen der Unterschenkel ⇨ Reiter kommt vor die Bewegung.

➠ Der **Kopf** wird frei und aufrecht getragen, der Blick ist nach vorne gerichtet.

➠ Aus den **Schultergelenken** werden die **Oberarme** und **Ellbogen** etwas vor den Körper genommen. Die **Unterarme** werden so gehalten, dass **Unterarm – Zügel – Pferdemaul** möglichst eine gerade Linie bilden.

➠ Die **Hände** werden aufrecht beiderseits des Halses vor dem Widerrist getragen.

*Auch im leichten Sitz werden Schenkel- und Zügelhilfen unabhängig von der Bewegung des Rumpfes gegeben.*

Beim Springreiten muss der Reiter besonders gut im Gleichgewicht sitzen, um in den verschiedenen Phasen der Entlastung vor, über und nach dem Hindernis mit den Bewegungen des Pferdes mitgehen zu können.

### Die einzelnen Phasen im Sprung

**Anreiten**
Im leichten Sitz wird das Hindernis aus einem gleichmäßigen Grundtempo heraus angeritten.

**Absprungphase**
Der Reiter geht geschmeidig mit der Bewegung des Pferdes mit.
Die Hand geht in Richtung Pferdemaul vor.

**Schwebephase**
Der Rücken des Pferdes ist entlastet. Knie, Unterschenkel und Absatz behalten ihre Lage bei. Gesäß über dem Sattel, Oberkörper stärker vorgeneigt.

**Landephase**
Der Oberkörper wird entsprechend der Schwerpunktverlagerung zurückgenommen.

# Der Rennsitz

Der Rennsitz wird ausschließlich im Galopp und nur von schon erfahrenen Reitern für die Teilstrecke „Rennbahn" innerhalb einer Vielseitigkeitsprüfung verlangt. Er ist seinem Charakter nach ausschließlich entlastend.

## Beschreibung des Rennsitzes

Die Bügel sind deutlich verkürzt, sodass das Gesäß aus dem Sattel herausgehoben wird. Das Gewicht des Reiters wird vermehrt von Knie - Unterschenkel - Absatz aufgenommen. Ein **fester Knieschluss** und ein **senkrechter Unterschenkel** sind erforderlich, um das Gleichgewicht im Rennbahntempo halten zu können. Dabei soll der **Absatz** mit federndem Fußgelenk die Galoppbewegung nach unten abfangen.

Der **Oberkörper** wird so weit nach vorne geneigt, dass er annähernd parallel zum Pferdehals ist. Die **Oberarme** werden vor den Körper genommen, die **Hände** liegen ca. eine Handbreit unter dem Mähnenkamm. Das geschmeidige Mitgehen aus den Ellbogengelenken gestattet die Nickbewegung des schnell galoppierenden Pferdes. Bei beständiger Anlehnung ist die Stirn-Nasenlinie des Pferdes weit vor der Senkrechten.

# Sitzfehler

Sitzfehler sind alle Abweichungen von der korrekten äußeren Form. Viele Sitzfehler entstehen aufgrund mangelnder Losgelassenheit des Reiters. Neben der allgemeinen Verkrampfung der Muskulatur und der dadurch entstehenden Unruhe und Unsicherheit sind Stuhlsitz, Spaltsitz und Einknicken in der Hüfte die häufigsten Sitzfehler im Grundsitz.

## Stuhlsitz

Gesäß des Reiters ruht zu weit auf dem hinteren Teil des Sattels, Oberschenkel und Knie werden hochgezogen, Gesäßmuskeln sind angespannt (Ursache: Bügel meist zu kurz, tiefster Punkt des Sattels zu weit hinten) ⇨ ungenügende Einwirkungsmöglichkeit.

## Spaltsitz

Belastung zu sehr auf den Oberschenkeln und der Leiste, beide Gesäßknochen sind entlastet, die Unterschenkel rutschen nach hinten, Hohlkreuzhaltung (Ursache: Bügel meist zu lang, tiefster Punkt des Sattels zu weit vorn) ⇨ fehlende Balance.

Die häufigsten Fehler im leichten Sitz und im Reiten über Hindernisse liegen in einem zu geringen oder zu starken Eingehen in die Bewegung bzw. in der ungenügenden Balance und entsprechenden Schwerpunktverlagerung.

### Reiter ist vor der Bewegung

Bügel zu lang, Unterschenkel zu weit zurück, hochgezogener Absatz, Gesäß zu hoch über dem Sattel, Aufgeben der Verbindung zum Pferdemaul vor dem Sprung, unrhythmisches Anreiten.

### Reiter ist hinter der Bewegung

Oberkörper zu weit zurück, zu weit vorgestreckter Unterschenkel, hohe rückwärts wirkende Hand, unrhythmisches Anreiten des Sprunges, unelastische Mittelpositur.

Weitere Fehler sind unruhiger bzw. falsch platzierter Unterschenkel, das Aufstehen besonders über dem Sprung sowie das Vorneigen des Oberkörpers zu einer Seite ⇨ Pferd wird im Gleichgewicht gestört; zu tiefes Einsitzen und rückwärts wirkende Hand ⇨ Pferd springt ohne Rücken.

# HILFEN, GEFÜHL, EINWIRKUNG

## Hilfen

Der Reiter kann durch sein Gewicht, mit seinen Schenkeln und den Zügeln auf sein Pferd einwirken. Diese Einwirkungen, d.h. die Verständigung zwischen Reiter und Pferd, werden als Hilfen bezeichnet. Dabei sind die **treibenden** Hilfen (Gewichts- und Schenkelhilfen) weitaus **wichtiger** als die **verhaltenden** Hilfen (Zügelhilfen).

Nur durch das Zusammenwirken der verschiedenen Hilfen kann die angestrebte Gangart, das Tempo und die allgemeine Kontrolle des Pferdes erreicht werden.

**Ziel der korrekten Hilfengebung:** feine und unauffällige Einwirkung, die von außen kaum wahrnehmbar ist.

**Voraussetzung:** der korrekte, losgelassene, ausbalancierte Sitz.

Es gibt verschiedene Arten von Hilfen:

**Gewichtshilfen**
beidseitig belastend
einseitig belastend
entlastend

**Schenkelhilfen**
vorwärts treibend
vorwärts-seitwärts treibend
verwahrend

**Zügelhilfen**
nachgebend
annehmend
durchhaltend
verwahrend
seitwärts weisend

**Hilfsmittel**
Stimme
Gerte
Sporen

## Gewichtshilfen

**Beidseitig belastende Gewichtshilfe:** Immer dann eingesetzt, wenn die Hinterhand des Pferdes vermehrt aktiviert werden soll, wie z.B. bei halben und ganzen Paraden (Zusammenwirken der Hilfen – nicht nur Zügelhilfen) und bei Übergängen. Beide Schenkel liegen am Gurt. Aus der natürlichen, aufrechten Haltung des Oberkörpers heraus wird die beidseitig und einseitig belastende Gewichtshilfe bei leicht angespanntem Kreuz gegeben.

*Bedeutung „Kreuz anspannen": Bauch- und untere Rückenmuskulatur werden für einen kurzen Moment angespannt; keine dauernde Hilfe, sondern kurze Impulse intensiverer Gewichtshilfe.*

**Einseitig belastende Gewichtshilfe:** Immer dann eingesetzt, wenn das Pferd gebogen oder gestellt werden soll oder beim Angaloppieren. Zudem ist die Hilfe eine wichtige Unterstützung der Schenkel- und Zügelhilfen. Der Reiter verlagert sein Gewicht etwas mehr auf den inneren Gesäßknochen, wobei er nicht in der Hüfte einknicken darf, sondern den Bügel auf der jeweiligen Seite vermehrt austreten soll.

Reiter knickt in der Hüfte ein – das Gewicht wird auf die falsche Seite verlagert

einseitig belastende Gewichtshilfe

**Entlastende Gewichtshilfe:** Wird angewandt, wenn Rücken oder Hinterhand des Pferdes entlastet werden sollen, in der dressurmäßigen Arbeit z.B. beim Anreiten junger Pferde, beim Lösen und bei den ersten Übungen des Rückwärtsrichtens. (Gewichtsverlagerung leicht auf die Oberschenkel und die Steigbügel, das Gesäß bleibt im Sattel, während der Oberkörper leicht vor die Senkrechte genommen wird.)

## Schenkelhilfen

Die Schenkelhilfe veranlasst die Bewegung des Pferdes und erhält sie aufrecht ⇨ Schenkel wirkt treibend.

**Vorwärts treibende Schenkelhilfe:**
Der vorwärts treibende Schenkel treibt das Pferd in allen Gangarten gleichmäßig vor.
Die Schenkel des Reiters liegen dabei dicht hinter dem Gurt und treiben durch leichten Druck auf beiden Seiten das Pferd vorwärts.

Lage des vorwärts treibenden Schenkels

**Vorwärts-seitwärts treibende Schenkelhilfe:**
Wird z.B. beim Schenkelweichen benötigt. Der Schenkel des Reiters liegt dabei eine Handbreite hinter dem Gurt, der Absatz darf nicht hochgezogen werden. Der vorwärts-seitwärts treibende Schenkel wird dann eingesetzt, wenn das jeweilige Hinterbein des Pferdes abfußt.

Lage des vorwärts-seitwärts treibenden Schenkels

**Verwahrende Schenkelhilfe:**
Wird immer als Gegenüber der vorwärts oder vorwärts-seitwärts treibenden Schenkelhilfe eingesetzt und verhindert das Ausweichen der Hinterhand des Pferdes. Der verwahrende Schenkel liegt etwa in der gleichen Position wie der vorwärts-seitwärts treibende Schenkel, wird aber weniger aktiv eingesetzt.

Lage des verwahrenden Schenkels

## Zügelhilfen

Für den Einsatz der Zügelhilfen sind zwei Grundsätze besonders wichtig:
- Zügelhilfen dürfen nur in Verbindung mit Gewichts- und Schenkelhilfen gegeben werden.
- Nur bei einem durchlässigen Pferd können die Zügelhilfen über Maul, Genick, Hals und Rücken bis auf die Hinterhand wirken.

**Annehmende Zügelhilfe:** Wird gegeben, indem je nach notwendiger Intensität die Zügelfaust für einen kurzen Moment vermehrt geschlossen oder, entsprechend stärker, das Handgelenk etwas nach innen gedreht wird.

**Nachgebende Zügelhilfe:** Entweder nach der annehmenden Zügelhilfe durch Zurückgehen der Hände in die Grundhaltung oder aus der Grundhaltung heraus durch leichtes Öffnen und Vorgehen der Zügelfaust.

Nachgebende und annehmende Zügelhilfen müssen immer im Zusammenhang gegeben werden.

 *Der annehmenden Zügelhilfe folgt eine nachgebende Zügelhilfe.*

Nachgebende und annehmende Zügelhilfen werden immer aus dem Handgelenk heraus gegeben und in Verbindung mit den entsprechenden Gewichts- und Schenkelhilfen angewandt, z.B. bei halben und ganzen Paraden, zur Verbesserung der Selbsthaltung und Anlehnung, zur Vorbereitung auf eine neue Lektion, immer, wenn das Pferd gestellt oder gebogen wird.

**Durchhaltende Zügelhilfe:** Wird eingesetzt, wenn das Pferd gegen oder über den Zügel geht. Die Hände bleiben in Grundhaltung fest geschlossen und halten den vermehrten Druck des Pferdes auf das Gebiss aus, solange, bis das Pferd sich am Zügel abstößt und leicht in der Hand wird bei gleichzeitigem „Kreuzanspannen" und treibenden Schenkelhilfen.

**Verwahrende Zügelhilfe:** Ergänzt bei jedem Stellen oder Biegen des Pferdes den annehmenden (stellunggebenden) inneren Zügel.

**Seitwärts weisende Zügelhilfe:** Weist dem Pferd bei Wendungen die Richtung (insbesondere bei jüngeren Pferden und beim Erlernen der Seitengänge hilfreich). Die richtungweisende Hand wird etwas vom Hals des Pferdes in die Richtung geführt, in die das Pferd gehen soll. Damit ist in der Regel eine annehmende Zügelhilfe verbunden, der eine nachgebende Zügelhilfe folgen muss (s.o.).

Die Hand bestimmt zusammen mit den treibenden Hilfen den Rahmen, in dem sich das Pferd bewegen soll. Die Zügelhilfen dürfen niemals aktiv und allein das Nachgeben des Pferdes im Genick erzwingen wollen.
Das Pferd, das in williger Anlehnung geht und eine sichere und weiche Verbindung zwischen Hand und Pferdemaul zulässt, „steht am Zügel".
Ein Pferd geht am langen Zügel, wenn es den Hals natürlich trägt und eine stete Verbindung zur Reiterhand hat. Eine leichte Genickkontrolle bleibt erhalten.
Ein Pferd geht mit hingegebenem Zügel, wenn keine Verbindung mehr zwischen Reiterhand und Pferdemaul besteht. Der Zügel wird an der Schnalle angefasst.

## Besonderheiten der Hilfengebung im leichten Sitz

Die Hilfengebung im leichten Sitz unterliegt den gleichen Grundsätzen wie im Dressursitz.
Zum **Aufnehmen** des Pferdes verlagert der Reiter seinen Schwerpunkt durch leichtes Aufrichten des Oberkörpers nach hinten.
Beim **Zulegen** wirken die Unterschenkel treibend und erhöhen somit den Fleiß und den Schub des Pferdes aus der Hinterhand.
In **Wendungen** sind der verwahrende Schenkel und der äußere Zügel besonders wichtig, um ein Ausfallen über die äußere Schulter zu vermeiden.

Die Losgelassenheit von Schulter – Ellbogen – Handgelenk bewirkt, dass die Bewegungen des Körpers nicht auf die Hand übertragen werden ⇨ **Zügelhilfen** werden unabhängig vom Sitz gegeben.

Das Pferd wird im leichten Sitz auch in **Anlehnung**, aber nicht in Beizäumung geritten, da das galoppierende Pferd den Hals als Balancierstange braucht.

## Besonderheiten der Hilfengebung im Rennsitz

Im Rennsitz erfolgt das notwendige Treiben durch die natürliche Bewegung des Oberkörpers im Rhythmus des Renngalopps. Beim Reiten von Kurven ist eine vermehrte Anlehnung am äußeren Zügel und eine Gewichtsverlagerung nach innen notwendig, um die Balance zwischen Reiter und Pferd zu halten.

Die richtungweisende Hand wird etwas vom Hals des Pferdes in die Richtung geführt, in die das Pferd gehen soll. Damit ist i.d.R. eine annehmende Zügelhilfe verbunden, der eine nachgebende Zügelhilfe folgen muss (s.o.).

## Hilfsmittel

Zur besseren Verständigung zwischen Reiter und Pferd und zur Unterstützung der Hilfengebung können vom Reiter Hilfsmittel, und zwar
- die Stimme,
- die Reitgerte,
- die Sporen

eingesetzt werden.

Die **Stimme** ist in erster Linie ein Hilfsmittel, um das Vertrauen des Pferdes zu erhöhen und beim Anreiten junger Pferde unentbehrlich.

Die **Reitgerte** wird angewandt, um die Aufmerksamkeit zu erhöhen; in der dressurmäßigen Arbeit dient sie auch dazu, die Tätigkeit der Hinterbeine zu verbessern. (Dressurgerte max. 1,20 m lang, Springgerte ca. 75 cm mit Schlag)

Die **Sporen** werden benutzt, um feinere Schenkelhilfen zu ermöglichen (kurz und präzise, nicht ständig und damit abstumpfend).
Voraussetzung: Der Reiter kann seine Schenkelhilfen bewusst und unabhängig vom Sitz geben.

## Hilfszügel

Durch Hilfszügel kann die noch unsichere Einwirkung des Reiters auf das Pferd ausgeglichen werden. Der lernende Reiter kann sich also vermehrt auf den Sitz und die Hilfengebung konzentrieren.

Stoßzügel

Ausbindezügel

gleitendes Ringmartingal

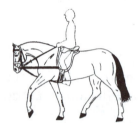
Dreieckzügel Variante 1

Dreieckzügel Variante 2

## Gefühl

Eine der wichtigsten Eigenschaften des Reiters ist das „Gefühl".

Das Reitgefühl braucht der Reiter, um
- in der richtigen Art und Weise,
- im richtigen Augenblick,
- in der richtigen Dosierung und
- im richtigen Verhältnis mit den Gewichts-, Schenkel- und Zügelhilfen auf das Pferd einzuwirken.

In der Ausbildung des Reiters ist das Erlernen und die Verbesserung des Gefühls die wesentliche Voraussetzung für die **Verfeinerung der Hilfengebung**.

An der Reaktion des Pferdes kann der Reiter erkennen, ob er die richtige Hilfe gegeben hat (Überprüfung der Korrektheit und Effektivität der Hilfengebung). Er lernt, Richtiges und Falsches zu unterscheiden (z.B. Angaloppieren im Handgalopp oder Außengalopp) und entsprechend zu reagieren.

Das Gefühl des Reiters sorgt für eine harmonische, vertrauensvolle und wirkungsvolle Verständigung zwischen Reiter und Pferd.

## Einwirkung

Die Hilfen des Reiters geben dem Pferd Signale, sich in einer bestimmten Art und Weise zu bewegen und somit bestimmte Aufgaben zu absolvieren.

Die Einwirkung setzt sich aus den Gewichts-, Schenkel- und Zügelhilfen zusammen. Einzelne Hilfen können nicht zum Erfolg führen, sondern nur gut aufeinander abgestimmte Hilfen.

Voraussetzung für die richtige Einwirkung sind:
- der losgelassene, geschmeidige und korrekte Sitz,
- die richtige Anwendung der Hilfen und
- das reiterliche Gefühl.

Dabei entscheidet nicht der Kraftaufwand über den Erfolg der Hilfengebung, sondern die geschickte, gut abgestimmte und feine Anwendung.

# Grundübungen im dressurmässigen Reiten und Lektionen bis zur Kl. S

## An die Hilfen stellen

An die Hilfen stellen heißt, das Pferd mit Gewichts- und Schenkelhilfen von hinten nach vorne an das Gebiss bzw. die Zügelhand heranzutreiben, sodass im Halten wie in der Bewegung zwischen Reiterhand und Pferdemaul eine stete, aber weich federnde Verbindung, die so genannte Anlehnung, hergestellt ist. Die Stirn-Nasenlinie des Pferdes bleibt dabei etwas vor oder höchstens an der Senkrechten, wobei das Genick der höchste Punkt bleibt (Ausnahme: Zügel-aus-der-Hand-kauen-lassen und Dehnungshaltung beim jungen Pferd). Die Hals- und Genickbiegung darf auf keinen Fall mit den Zügeln erzwungen werden, es gilt immer, dass von „hinten nach vorne" geritten wird.

Wichtigstes Kriterium ist die Losgelassenheit des Pferdes, d.h. das Pferd ist im Rücken frei von Verspannungen, gibt im Genick nach und lässt sich treiben. Dadurch wird auch das Maul zum Kauen angeregt, denn durch die Entspannung der Halsmuskulatur öffnen sich die Ausführungsgänge der Ohrspeicheldrüse, es kommt zum Speichelfluss, der durch Kau- und Schluckreflexe den am Lippenrand erkennbaren Schaum erzeugt.

Durch die treibende Einwirkung und die weiche Anlehnung wird das Pferd vom hingegebenen Zügel über den langen Zügel an die Hilfen gestellt.

## „Zügel-aus-der-Hand-kauen-lassen" und „Überstreichen"

Mit dem „Zügel-aus-der-Hand-kauen-lassen" und auch mit dem „Überstreichen" kann überprüft werden, ob der Reiter das Pferd richtig an die Hilfen gestellt hat, d.h. das Pferd losgelassen ist. Unter Beibehaltung von Takt und Tempo dehnt sich das Pferd vorwärts-abwärts an das Gebiss heran. Die Dehnung sollte unter Beibehaltung seines Gleichgewichts so weit erfolgen, dass das Pferdemaul sich auf Höhe der Buggelenke befindet. Die Stirn-Nasenlinie des Pferdes bleibt vor bzw. an der Senkrechten. Die Hand des Reiters geht bei dieser Übung etwas in Richtung Pferdemaul vor, eine leichte Anlehnung bleibt jedoch bestehen.

Das „Zügel-aus-der-Hand-kauen-lassen" kann in jeder Gangart – Schritt, Trab, Galopp – durchgeführt werden. Dabei ist das mehrmalige „Zügel-aus-der-Hand-kauen-lassen" über kürzere Strecken wertvoller als ein zu langes Verbleiben in Dehnungshaltung, denn hierbei kann das Pferd sehr leicht „auf die Vorhand" kommen.

Das „Überstreichen" dient der Überprüfung der Selbsthaltung des Pferdes; es soll zeigen, ob das Pferd sicher an den Gewichts- und Schenkelhilfen des Reiters steht. Der Reiter schiebt dabei beide Zügelfäuste entlang des Mähnenkammes für zwei bis drei Pferdelängen vor, um sie dann wieder in die Ausgangshaltung zurückzunehmen.

# Reiten der Gangarten

## Schritt

Der Schritt ist eine schreitende Bewegung im Viertakt ohne Schwebephase. Es werden die Tempi (Gangmaße) Mittelschritt, starker Schritt und versammelter Schritt unterschieden. In der Grundausbildung wird nur der Mittelschritt geritten, ab Kl. M wird zusätzlich der starke und versammelte Schritt verlangt.

*Grundkriterien:* klarer Viertakt, Fleiß, Ungebundenheit und der vom Gangmaß abhängige Raumgriff (d.h. Fußen der Hinterhufe über oder in der Spur der jeweiligen Vorderhufe).

*Hilfengebung* zum Anreiten aus dem Halten: Reiter treibt das an den Hilfen stehende Pferd mit Gewicht und beiden Schenkeln bei nachgebender Zügelhilfe in die Vorwärtsbewegung hinein, ohne die weiche Anlehnung aufzugeben. Schritt bleibt fleißig, raumgreifend und gleichmäßig, wenn der Reiter losgelassen den Bewegungen des Pferdes folgt (kein aktives „Anschieben") und die Nickbewegung des Pferdes von Hals und Kopf durch Mitgehen der Reiterhand und Ellbogen- und Schultergelenken zulässt.

> *Fehler:* zu starke Handeinwirkung ➩ starke Beeinträchtigung von Takt und Losgelassenheit; zu starkes Treiben, klemmender Unterschenkel und übertriebenes wechselseitiges Treiben ➩ Taktfehler, z.B. das unterschiedlich weite Vortreten der Hinterbeine; falsches Treiben und zu starke Handeinwirkung ➩ Gleichmaß geht verloren, die gleichseitigen Beine werden gleichzeitig vorbewegt (Pass).

**Ab DRA II (Dressur)**

*Starker Schritt:* Zulassen der natürlichen Nickbewegung des Pferdes bei leichter Genickkontrolle, um raumgreifendes Schreiten zu ermöglichen. Die Reiterhand muss durch Verlängerung des Zügelmaßes und entsprechendes Vorgehen mit den Händen die notwendige Rahmenerweiterung und Dehnung des Halses zulassen, ohne die Anlehnung aufzugeben.

Im *Mittelschritt* ist das Pferd vermehrt aufgenommen und schreitet in bestimmter Anlehnung ➩ Nickbewegung geringfügiger.

Im *versammelten Schritt* ist durch vermehrte Hankenbeugung und fleißiges Unterfußen der Hinterbeine in Richtung unter den Schwerpunkt keine Nickbewegung mehr vorhanden. Das Nicken im versammelten Schritt zeigt, dass das Pferd nicht genügend Last mit den Hinterbeinen aufnimmt.

Das Zurückführen in den versammelten Schritt oder Mittelschritt erfolgt nicht durch Rückwärtswirken mit den Händen, sondern durch verstärktes Treiben und weich annehmende Zügelhilfen. Das Pferd wird von hinten herangeschlossen und zu größerer Lastaufnahme der Hinterhand angeregt und richtet sich entsprechend des Versammlungsgrades vermehrt auf.

## Trab

Der Trab ist ein Zweitakt mit einem Moment der freien Schwebe.
Tempi: Arbeitstrab, Mitteltrab, versammelter Trab, starker Trab.
In der Grundausbildung bis zur Kl. L werden Arbeitstrab, Mitteltrab und in Kl. L der versammelte Trab verlangt, ab Kl. M zudem der starke Trab. Das „Tritte verlängern" ist eine Vorstufe des Mitteltrabs.
*Hilfengebung* zum Antraben: Der Reiter gibt die gleichen Hilfen wie zum Anreiten im Schritt, nur in verstärktem Maße. Der Reiter muss aus der Mittelpositur mit den Bewegungen des Pferdes mitschwingen, um Schwung und Takt im gewünschten Gangmaß beizubehalten
Beim Zulegen zum Mitteltrab und/oder starken Trab veranlasst der Reiter nach einer oder mehreren halben Paraden durch die bestimmte, gleichzeitige und gleichmäßige Einwirkung von Gewicht und beiden Schenkeln das Pferd zu einem größeren Raumgriff. Die Hand gibt so viel nach, wie es die Dehnung des Halses zur Rahmenerweiterung erfordert. Verbindung und korrekte Selbsthaltung bleiben erhalten (Genick bleibt höchster Punkt).

> *Fehlerhaft:* übertriebenes Treiben und zu starke Handeinwirkung ⇨ eiliger Bewegungsablauf, kein oder zu wenig Schub aus der Hinterhand, Taktstörungen, Spannung, Festhalten im Rücken, Hinterhand breittretend oder seitwärts ausweichend.

Die Rückführung des Tempos wird ebenfalls mit einer oder mehreren halben Paraden vorbereitet. Dabei treibt der Reiter vermehrt, damit das Pferd mit der Hinterhand untertritt und nicht auf die Vorhand kommt. Diese Grundsätze gelten auch für die Übergänge im Galopp.
Beim versammelten Trab wird das Pferd durch annehmende und nachgebende Zügelhilfen bei gleichzeitig vortreibenden Gewichts- und Schenkelhilfen veranlasst, vermehrt unter den Schwerpunkt zu treten. Dadurch werden die Tritte weniger raumgreifend, aber erhabener und ausdrucksvoller.

> *Fehlerhaft:* Verlangsamung des Tempos durch zu starke Handeinwirkung ohne entsprechende vortreibende Hilfen, Schwebetritte als Ergebnis mangelnder Losgelassenheit (fester Rücken).

## Galopp

Der Galopp ist ein Dreitakt als Folge von Sprüngen mit einem Moment der freien Schwebe. Unterscheidung in Rechts- oder Linksgalopp, je nachdem, welches seitliche Beinpaar weiter vorgreift. Das Vorgreifen des inneren Beinpaares kennzeichnet den Handgalopp (also Linksgalopp auf der linken Hand), das Vorgreifen des äußeren Beinpaares den Außengalopp (Linksgalopp auf der rechten Hand).

Die verschiedenen Tempi sind: Arbeitsgalopp, Mittelgalopp, versammelter Galopp und starker Galopp. In der Grundausbildung bis zur Kl. L werden Arbeitsgalopp, Mittelgalopp und in Kl. L Außengalopp verlangt, ab Kl. M zusätzlich fliegende Galoppwechsel und starker Galopp.

Im Galopp darf das Pferd auch auf gerader Linie geringfügig gestellt sein.

*Hilfengebung* zum Angaloppieren, z.B. in den Rechtsgalopp:
- Aufmerksammachen des Pferdes mit halben Paraden (zum vermehrten Herantreten der Hinterbeine an/unter den Schwerpunkt),
- vermehrtes Belasten des inneren Gesäßknochens,
- rechter Schenkel liegt vorwärts treibend am Sattelgurt,
- gleichzeitig Annehmen des rechten Zügels, um das Pferd rechts zu stellen,
- linker (äußerer) Zügel begrenzt die Stellung und verhindert das Ausfallen über die äußere (linke) Schulter,
- linker (äußerer) Schenkel des Reiters wird verwahrend etwa eine Handbreit hinter den Sattelgurt gelegt, um ein Seitwärtstreten des linken (äußeren) Hinterfußes zu verhindern und diesen in Richtung Schwerpunkt zu fixieren,
- sobald das Pferd zum Angaloppieren ansetzt, gibt der Reiter nach, besonders mit der inneren (rechten) Hand, und lässt den Galoppsprung heraus.

*Fehlerhaft:* Kreuzgalopp; „Vierschlag" durch zu starke Handeinwirkung (Schwebephase geht verloren).

*Die korrekte Lage beider Schenkel ist verantwortlich für den richtigen Galopp. In jedem Galoppsprung muss der Reiter so sitzen, als ob er neu angaloppieren will.*

#### Für DRA III (Dressur/Springen) und DRA II

- **Einfacher Galoppwechsel:** Übergang vom Galopp zum Schritt sicher und weich, nach 3 - 5 klaren Schritten bestimmtes Angaloppieren. Halbe Paraden bereiten das Pferd auf die Übergänge vor.
  *Fehlerhaft:* zu harte Handeinwirkung, zu wenig treibende Einwirkung ➪ Übergänge auf Vorhand, über Trab, stockend.

- **Versammelter Galopp:** Galoppsprünge werden durch halbe Paraden verkürzt ➪ Last wird vermehrt auf das verbessert unterspringende Hinterbein übertragen. Aufnehmen und Nachgeben erfolgt dabei im Takt der Galoppsprünge, Zügelhilfen dürfen nie vorherrschen, Versammlung durch Gewichts- und Schenkelhilfen erreicht bei fortgeschrittenem Rittigkeitsgrad.
  *Fehlerhaft:* Verkürzen des Galoppsprunges ausschließlich durch die Zügel (besonders des inneren Zügels) ➪ gespannter, schleppender, fehlerhafter Galoppsprung (diagonales Beinpaar fußt nicht mehr gleichzeitig auf, sondern nacheinander, innerer Hinterfuß setzt vor äußerem Vorderfuß auf ➪ „Vierschlag" (Viertakt)).

- **Außengalopp:** Ecken der Bahn können geringfügig abgerundet werden. Das Pferd bleibt mit der Vor- und Hinterhand auf einem Hufschlag und ist entsprechend dem jeweils vorgreifenden Beinpaar gestellt, also z.B. im Linksgalopp auf der rechten Hand nach links.
  *Fehlerhaft:* Pferd galoppiert auf zwei Hufschlägen, weicht mit der Hinterhand aus ➪ zu viel innerer Zügel (zu stark gestellt), zu wenig innerer/äußerer Schenkel.

#### Ab DRA II (Dressur) und DRA I

- **Starker Galopp:** Höchstmöglicher Bodengewinn bei gleichmäßiger Anlehnung und entsprechender Rahmenerweiterung, gegenüber dem Mittelgalopp raumgreifender, aber nicht eiliger.
  *Fehlerhaft:* zu viel Zügeleinwirkung, übertriebenes Treiben mit Oberkörper ➪ keine Erweiterung des Raumgriffs, eilige Sprünge, Spannung, seitliches Ausweichen mit der Hinterhand.

Der fliegende Galoppwechsel wird bei den Lektionen der Klasse M behandelt.

## Halbe und ganze Paraden

**Halbe Paraden** sind das Zusammenwirken aller Hilfen (nicht nur Zügelhilfen!) und ermöglichen kontrolliertes Reiten. Unter einer halben Parade wird ein vermehrtes Einschließen des Pferdes zwischen Gewichts-, Schenkel- und Zügelhilfen verstanden, dem eine nachgebende Zügelhilfe folgt.

*Voraussetzung:*
- Kenntnis der Hilfen,
- ausbalancierter Sitz (Koordination der Hilfen),
- Reiter kann sein Pferd an die Hilfen stellen.

*Halbe Paraden werden gegeben:*
- um das Pferd in seiner Gesamtheit richtig zu reiten,
- um Übergänge von einer Gangart in die andere zu reiten,
- um das Gangmaß innerhalb einer Gangart zu verkürzen bzw. zu regulieren,
- zur Vorbereitung jeder Lektion (Aufmerksammachen des Pferdes),
- um die Anlehnung (Haltung, Aufrichtung) zu erreichen, zu erhalten, zu verbessern und in Versammlung zu bringen.

In Verbindung mit einer belastenden Gewichtshilfe durch vermehrtes „Kreuzanspannen" und einer treibenden Schenkelhilfe gibt der Reiter eine entsprechend dosierte annehmende oder durchhaltende Zügelhilfe, jeweils gefolgt von einem rechtzeitigen Nachgeben. Die halbe Parade ist kein einmaliger Vorgang, sondern wird im Bewegungsrhythmus so oft wiederholt, bis sie ihren Zweck erfüllt hat.

Die **ganze Parade** kann aus allen Gangarten erfolgen und wird nur auf geraden Linien gegeben. Sie wird generell von einer oder mehreren halben Paraden vorbereitet und führt immer zum Halten. Durch Treiben tritt das Pferd vermehrt unter den Schwerpunkt und an die durchhaltende Hand heran und pariert sich dadurch selbst. Dabei ist es wichtig, dass die nachgebende Zügelhilfe (das Leichtwerden mit der Hand) sofort erfolgt (⇨ geschlossenes Halten in Selbsthaltung) und nicht erst, wenn das Pferd steht.

*Fehlerhaft:* Pferd weicht im Halten nach hinten aus, tritt zurück oder schlägt mit dem Kopf ⇨ Hand des Reiters verharrt im Annehmen und gibt nicht rechtzeitig wieder nach.

## Stellung und Biegung

Unter **Stellung** wird das seitliche Wenden des Pferdekopfes im Gelenk zwischen Kopf und Hals, dem Genick, verstanden. Bei einem losgelassenen Pferd wird der Mähnenkamm leicht zu der Seite kippen, zu der das Pferd gestellt ist. Die Längsachse (Wirbelbrücke) des Pferdes ist an der Stellung im Genick nicht beteiligt.

*Zweck:* Erhöhung der Folgsamkeit des Pferdes auf die mehr seitlich wirkenden Zügelhilfen; Verbesserung der Nachgiebigkeit auf die inneren und Herantreten an die äußeren Hilfen.

Eine klare Stellung wird erreicht, indem der Reiter, beide Gesäßknochen gleichmäßig belastend, den äußeren Zügel so weit vorgibt, wie er den inneren Zügel verkürzt, ohne die Anlehnung aufzugeben. ➪ Reiter sieht das innere Auge und den inneren Nüsternrand schimmern.

*Fehlerhaft:* zu viel Abstellung ➪ Ausfallen der äußeren Pferdeschulter, Taktstörungen; Ziehen am inneren Zügel, um die Stellung zu fordern ➪ Pferd wird im Hals zusammengezogen, richtiges Vor- und Untertreten des inneren Hinterfußes ist nicht möglich; Verwerfen im Genick ➪ Stellung wird nicht durch den äußeren Zügel zugelassen.

Unter **Biegung** wird eine Krümmung der Längsachse des Pferdes verstanden. Dabei soll der Pferdekörper - so weit anatomisch möglich - gebogen werden. Eine gleichmäßige Längsbiegung vom Kopf zum Schweif ist nicht möglich, da die Wirbel unterschiedlich beweglich sind. Die Beweglichkeit der Wirbelsäule nimmt zum Schweif hin ab und ist im Bereich des Kreuzbeins Aufgrund der Verknöcherung starr.

Die Biegung wird durch konsequente Abstimmung der „diagonalen" Hilfen erreicht:

- vermehrtes Belasten des inneren Gesäßknochens,
- der innere Schenkel treibt am Gurt den inneren Hinterfuß vor,
- der verwahrende Schenkel (eine Handbreit hinter dem Gurt) verhindert ein Ausfallen der Hinterhand,
- der innere Zügel gibt die Stellung und führt ggf. das Pferd in die Wendung hinein,
- der äußere Zügel gibt so viel nach, wie es Stellung oder Biegung des Pferdes nach innen fordert, verhindert zu starke Halsabstellung, begrenzt äußere Schulter.

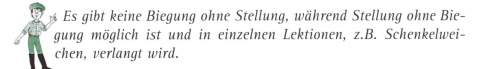

*Es gibt keine Biegung ohne Stellung, während Stellung ohne Biegung möglich ist und in einzelnen Lektionen, z.B. Schenkelweichen, verlangt wird.*

## Ab DRA II (Dressur)

*Stellung* und *Biegung* sind unabdingbare Voraussetzungen für das Reiten von Seitengängen. Das Stellen des Pferdes dient in erster Linie zur Vorbereitung auf bestimmte Übungen und Lektionen, die in der Regel Längsbiegung oder Richtungsänderung verlangen und überprüft die Nachgiebigkeit des Pferdes im Genick. Mit fortschreitender Ausbildung und Gymnastizierung des Pferdes kann der Grad der Stellung geringfügig erhöht werden.

Mit Steigerung des Schwierigkeitsgrades von Lektionen in den einzelnen Klassen ist auch die Erhöhung der Biegsamkeit zu entwickeln, z.B. wird beim Reiten von 8-m- oder 6-m-Volten, Traversalen eine deutlichere Biegung verlangt. Die gleichmäßige Längsbiegung wird nur erreicht, wenn das Pferd in sich gerade gerichtet ist (d.h. auf geraden und gebogenen Linien spurt und an den äußeren Zügel willig herantritt).

*Fehlerhaft:* zu starke Abstellung im Hals verhindert verlangte Rippenbiegung und somit die durchgehend gleichmäßige Biegung des Pferdes in seiner Längsachse (Pferd bricht im Widerrist ab).

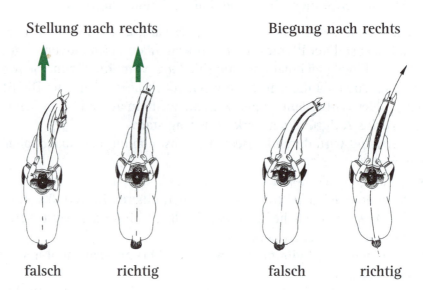

Stellung nach rechts — falsch / richtig

Biegung nach rechts — falsch / richtig

## Reiten von Wendungen

- Auf **gebogenen Linien** müssen sich die Vorderbeine und die Hinterbeine auf einer Linie bewegen, also aufeinander eingespurt sein ➪ „Geraderichtung auf gebogener Linie".
- Beim **Durchreiten der Ecken** wird das Pferd wie auf einem „Viertelkreisbogen" einer Volte geritten und ist dabei entsprechend gebogen. Hilfengebung: Reiter gibt vor der Ecke eine halbe Parade und stellt das Pferd in die Bewegungsrichtung (nach innen). Die diagonalen Hilfen (s.o.) ermöglichen die erforderte Längsbiegung.
- Vor dem **Wechseln durch die ganze oder halbe Bahn** sorgen der innere Schenkel und der äußere Zügel dafür, dass das Pferd nicht zu früh abwendet. Auf der Diagonalen ist das Pferd gerade gerichtet.
- Beim **Reiten auf dem Zirkel** ist eine gleichmäßige Längsbiegung erforderlich, möglich durch diagonale Hilfengebung.
- Beim **Wechseln von einer Wendung zur nächsten** (z.B. aus dem Zirkel, Schlangenlinien) ist das Pferd vor dem Übergang auf die neue Hand eine Pferdelänge geradeaus gerichtet, bevor es die neue Biegung erhält (Umsitzen, Umfassen und damit das Umstellen wird hier gefordert).
- Die **Volte** fordert vom Pferd die höchstmögliche Längsbiegung. Vor- und Hinterhand sind aufeinander eingespurt. Unterschreitet der Durchmesser der Volte 6 m, ist die gleichmäßige Längsbiegung nicht mehr möglich, die Hinterhand fällt aus und das Pferd ist im taktmäßigen Ablauf der Bewegung gestört.
- Die **Kehrtvolte bzw. aus der Ecke kehrt** wird zur Hälfte wie eine Volte mit entsprechender Größe geritten. An der weitesten Entfernung zum Hufschlag wird das Pferd geradeaus gestellt und in schräger Richtung auf gerader Linie zum Hufschlag zurückgeführt.
- **Schlangenlinien an der langen Seite** werden als einfache oder doppelte Schlangenlinien geritten. Bei der einfachen Schlangenlinie beträgt die größte Entfernung vom Hufschlag 5 m (in Höhe der HB-Punkte), bei der doppelten 2,50 m (in Höhe der Zirkelpunkte). Die Schlangenlinien erfordern bei jedem Richtungswechsel das Umstellen und Biegen des Pferdes.
- **Schlangenlinien durch die Bahn** beginnen und enden jeweils Mitte der kurzen Seite. Es werden in Dressurprüfungen Kl. E und A drei bzw. vier Bögen verlangt, die als Halbvolten mit dazwischen liegenden geraden Strecken geritten werden, d.h. das Pferd wird am Ende eines Bogens (Halbvolte) geradeaus gestellt und beim Beginn des nächsten Bogens in die nächste Halbvolte mit entsprechender Längsbiegung geritten.

*Beim Reiten von Wendungen, besonders in den Volten, darf der innere Zügel nicht zu stark angenommen werden, da sonst die Pferde eng werden (Stirn-Nasenlinie hinter der Senkrechten) oder Taktunsicherheiten entstehen.*

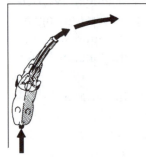

Durchreiten der Ecke

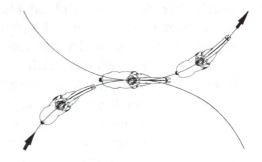

Reiten einer Wendung - Aus dem Zirkel wechseln

Volte

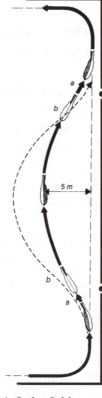

einfache Schlangen-
linie an der langen
Seite

doppelte Schlangen-
linie an der langen
Seite

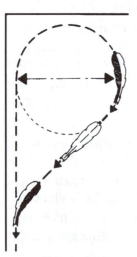

Kehrtvolte

——————— richtig
- - - - - - - falsch
a/b  Punkte, an denen das Pferd umgestellt wird

# Ausgewählte Lektionen der Kl. A bis S und ihre Hilfengebung

## Vorhandwendung

- Wendung aus dem Halten um die Vorhand.
- Lösende Übung.
- *Zweck:* Vertrautmachen des Pferdes mit den seitwärts treibenden Hilfen.
- *Beschreibung:* Ganze Parade zum Halten (in geschlossener Reitbahn auf dem 2. Hufschlag, um Zurücktreten oder Anheben des Halses oder Kopfes zu vermeiden); Stellung des Pferdes im Genick zur Seite des seitwärts treibenden Schenkels; innerer Hinterfuß tritt vor und über den äußeren, das äußere Vorderbein tritt um das innere Vorderbein herum. Nach Beendigung der Wendung um 180° ist das Pferd im Halten wieder geradeaus gestellt.
- *Hilfengebung:* Reiter sitzt einseitig belastend vermehrt auf dem inneren Gesäßknochen und verkürzt den neuen inneren Zügel, um das Pferd zu stellen. Der verwahrende äußere Zügel verhindert ein zu starkes Abstellen im Hals. Mit dem etwas zurückgelegten inneren Schenkel treibt der Reiter die Hinterhand im Rhythmus des Bewegungsablaufes Schritt für Schritt vorwärts-seitwärts um die Vorhand herum. Der verwahrende äußere Schenkel verhindert ein zu starkes Seitwärtstreten des äußeren Hinterfußes bzw. ein Herumeilen der Hinterhand.

Während der gesamten Wendung behält der Reiter mit seinem Gewicht und beiden Schenkeln das Pferd vor sich, damit das Pferd am Zügel bleibt und weder nach vorwärts noch nach rückwärts ausweichen kann.

## Schenkelweichen

- Lösende Übung, sollte nur über kürzere Strecken (z.B. halbe lange Seite) geritten werden.
- *Zweck:* Förderung der Durchlässigkeit des Pferdes, besonders für die seitwärts treibenden Hilfen.
- *Beschreibung:* Beim Schenkelweichen bewegt sich das Pferd mit geringer Stellung, aber ohne Biegung, vorwärts-seitwärts auf zwei Hufschlägen. Dabei treten die inneren Vorder- und Hinterfüße gleichmäßig vor und über die äußeren. Die Stellung erfolgt immer zur Seite des seitwärts treibenden Schenkels, der somit zum inneren Schenkel wird auch dann, wenn er der Bande zugewandt ist.

→ *Hilfengebung:* Reiter sitzt einseitig belastend mehr auf dem inneren Gesäßknochen, der innere Schenkel liegt etwas hinter dem Gurt und treibt vorwärts-seitwärts; der äußere Schenkel liegt verwahrend hinter dem Gurt und verhindert zu weites Herumtreten der Hinterhand, gleichzeitig ist er für die Vorwärtsbewegung verantwortlich; der innere Zügel wird leicht angenommen, um das Pferd zu stellen, der äußere Zügel wird so viel nachgegeben, wie es die Stellung erfordert, ohne die Anlehnung aufzugeben; verhindert eine zu starke Abstellung des Halses und damit Ausfallen über die Schulter.

## Viereck verkleinern und vergrößern

→ Entspricht dem Schenkelweichen entlang gedachter diagonaler Linien.
→ *Zweck:* Festigung des Gehorsams auf den vorwärts-seitwärts treibenden Schenkel und den führenden äußeren Zügel.
→ *Beschreibung:* Wie beim Schenkelweichen bewegt sich das Pferd mit geringer Kopfstellung auf zwei Hufschlägen. Es ist etwa parallel zur langen Seite gerichtet, die Hinterhand darf der Vorhand nicht vorausgehen, das innere Hinterbein tritt in Richtung Schwerpunkt vor.
→ *Hilfengebung:* Nach Durchreiten der kurzen Seite gibt der Reiter dem Pferd am Wechselpunkt die entsprechende Stellung (entgegen der Bewegungsrichtung). Reiter belastet vermehrt inneren Gesäßknochen und treibt das Pferd mit dem jetzigen inneren (der Bande zugewandten) Schenkel vorwärts-seitwärts; äußerer Schenkel sorgt zusammen mit Gewichtshilfen für Vorwärtsbewegung und verhindert verwahrend zu starke Abstellung der Hinterhand; Viereck verkleinern beendet, wenn Pferdekopf in Höhe der HB-Punkte 5 m vom Hufschlag entfernt ist; dort wird das Pferd eine Pferdelänge geradeaus gestellt, dann umgestellt und sinngemäß das Viereck vergrößert bis zum Wechselpunkt vor der zweiten Ecke der langen Seite.

Rückwärtsrichten

- *Zweck:* Förderung und Überprüfung der Durchlässigkeit des Pferdes. Verbesserung der Versammlung, da die Gelenke der Hinterhand vermehrt gebeugt werden.
- *Beschreibung:* Pferd tritt bei klarem Abfußen in diagonaler Fußfolge (Zweitakt; ähnlich Trab, daher „Tritte" und nicht „Schritte") willig und mit gleich bleibender Länge der Tritte zurück. Die Hufe werden deutlich vom Boden abgehoben und auf gerader Linie zurückgesetzt. Damit das Pferd nach dem Rückwärtsrichten geschlossen steht, wird der letzte Tritt nur als halber ausgeführt.
- *Hilfengebung:* Dem sicher an den Hilfen, alle vier Beine gleichmäßig belastenden, auf gerader Linie stehenden Pferd gibt der Reiter mit beidseitig belastenden Gewichtshilfen und vortreibenden Schenkelhilfen die Hilfen, die er zum Anreiten verwendet. Unterschenkel liegen dabei verwahrend am Pferdeleib und verhindern seitliches Ausweichen der Hinterhand. In dem Augenblick, in dem das Pferd nach vorn antreten will, wirken beide Zügel leicht annehmend, bei fortgeschrittener Ausbildung nur durchhaltend und veranlassen das Zurücktreten. Dadurch wird der nach vorn gegebene Bewegungsimpuls nach hinten (rückwärts) herausgelassen. Im Moment der Reaktion des Pferdes nach rückwärts wird der Reiter mit der Hand leicht, ohne die Anlehnung aufzugeben.

Reiter sitzt beim Rückwärtsrichten nicht schwer im Sattel. Ein Vornüberneigen des Oberkörpers sollte unterbleiben, da der Reiter nur bei aufrechtem Oberkörper in der Lage ist, durch „Kreuzanspannen", treibende Einwirkung der Schenkel und Vorgehen mit der Hand das Rückwärtsrichten zu beenden oder eiliges Zurücktreten des Pferdes abzufangen.

- *Häufigste Fehler:*
  - unkorrekte Aufstellung,
  - Einleitung des Rückwärtsrichtens nur mit dem Zügel ohne vorherige Einwirkung,
  - Einziehen des Bauches und Hochziehen der Absätze,
  - Vorbeugen des Oberkörpers,
  - mangelnde Einwirkung der verwahrenden Hilfen ⇨ schief,
  - starre, unnachgiebige Hand,
  - zu schweres Einsitzen.

### DRA I (Dressur)

## Schaukel

Die Schaukel ist der Prüfstein für die absolute Durchlässigkeit des Pferdes.

- *Beschreibung:* Das Pferd tritt bei klarem Abfußen in diagonaler Fußfolge (Zweitakt) eine bestimmte Anzahl an Tritten zurück, geht daraus eine bestimmte Anzahl von Schritten (Viertakt) vor, tritt dann wieder eine bestimmte Anzahl zurück und wird aus dem letzten Rückwärtsrichten im Schritt, Trab oder Galopp angeritten (z.B. Schaukel 4-4-4). Das Pferd darf während der Schaukel nicht zum Halten kommen, die Übergänge aus der Rück- in die Vorwärtsbewegung und umgekehrt müssen fließend, geschmeidig und zwanglos auf gerader Linie in deutlicher Versammlung erfolgen. Bei einer korrekten Schaukel stehen die Hinterbeine des Pferdes niemals nebeneinander.
- *Hilfengebung:* Der Reiter wirkt zu Beginn der Schaukel, wie beim Rückwärtsrichten, aus dem korrekten Halten heraus treibend mit Gewichts- und Schenkelhilfen bei gleichzeitig durchhaltender Zügelhilfe auf das Pferd ein, um es zum Rückwärtstreten zu veranlassen. Um nach einer bestimmten Anzahl von Tritten aus der Rückwärtsbewegung unmittelbar in die Vorwärtsbewegung zu kommen, spannt der Reiter vermehrt sein Kreuz an und treibt das Pferd mit beiden Schenkeln bei leicht nachgebender Zügelhilfe in die Vorwärtsbewegung (Hilfe beim Abfußen zum letzten Rückwärtstritt geben). Beim Übergang aus dem Schritt in das zweite Rückwärtsrichten wird der letzte Schritt leicht aufgefangen und die Vorwärtsbewegung durch durchhaltende/annehmende Zügelhilfen in das Rückwärtstreten umgeleitet.
- *Häufige Fehler:*
  - ungenaue Tritt- bzw. Schrittzahl oder Blockieren in den Übergängen, weil sich das Pferd der Hilfengebung entzieht,
  - zu starke Zügelhilfen ⇨ Pferd wird eng im Hals, geht gegen die Hand oder verspannt sich im Rücken ⇨ Rückwärtsrichten wird kriechend,
  - Störungen in der Fußfolge wie z.B. Taktverlust oder Kurz-Langtreten.

Für DRA III (Dressur/Springen) und DRA II

# Hinterhandwendung, Kurzkehrtwendung

- *Zweck:* Versammelnde Übung.
- *Beschreibung HHW:* Das Pferd soll aus dem sicheren Halten heraus in guter Anlehnung und mit leichter Längsbiegung mit der Vorhand einen Halbkreis um die Hinterhand beschreiben. Der Wendepunkt liegt möglichst nah am inneren Hinterfuß. Dabei bewegen sich die Vorderfüße und der äußere Hinterfuß um den inneren Hinterfuß, der dabei im Schrittrhythmus auf- und abfußt. Die Vorderbeine treten vorwärts-seitwärts und kreuzen, die Hinterbeine dürfen *nicht* kreuzen. Nach der HHW soll das Pferd auf allen vier Beinen gleichmäßig belastend geradeaus gestellt sein und ruhig auf dem Hufschlag stehen.
- *Hilfengebung:* Reiter belastet vermehrt den inneren Gesäßknochen, das Pferd wird in die Bewegungsrichtung gestellt, der innere Zügel leitet die Wendung ein. Der innere Schenkel liegt vortreibend am Gurt und hat die Aufgabe, gemeinsam mit dem verwahrenden äußeren Schenkel das Pferd zu biegen und das taktmäßige Abfußen der Hinterbeine (Viertakt) zu veranlassen. Die Hinterbeine werden dabei zum leichten Vortreten in Richtung Schwerpunkt angeregt. Beide Schenkel verhindern Rückwärtstreten, der äußere außerdem durch seine verwahrende Lage das Ausfallen des inneren Hinterfußes, der innere Schenkel ein seitliches Ausweichen des inneren Hinterbeines nach innen. Der äußere Schenkel darf niemals seitwärts treiben, da sonst die Hinterbeine kreuzen bzw. das Pferd mit dem inneren Hinterfuß seitlich ausweicht. Der äußere Zügel begrenzt die Stellung und Biegung, gibt aber so viel nach, dass sich das Pferd ungehindert in die Richtung der Wendung bewegen kann. Ein leichtes Vortreten ist bei der HHW der geringere Fehler.

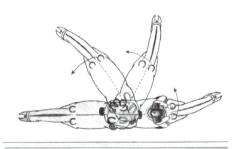

- *Häufige Fehler:*
  - zu starkes Einwirken des äußeren Schenkels verbunden mit falscher Verlagerung des Gewichts auf den äußeren Gesäßknochen, Einknicken in der inneren Hüfte und zu starke Einwirkung mit den Zügeln ⇨ Zurücktreten des Pferdes und falsche Genickstellung entgegen der Bewegungsrichtung,
  - Drehen auf dem inneren Hinterfuß,
  - Kreuzen der Hinterbeine,
  - keine Vorwärtstendenz,
  - Rückwärtstreten ⇨ Pferd entzieht sich vorwärts treibenden Hilfen.

Die **Kurzkehrtwendung** erfolgt aus dem Mittelschritt oder Trab, die eigentliche Wendung gleicht der Hinterhandwendung und wird im Schritt ausgeführt. Das Pferd kommt weder vor noch nach der Wendung zum Halten. Bei der Kurzkehrtwendung aus dem Trab wird das Pferd durch halbe Paraden zum Schritt durchpariert, wendet direkt (höchstens einen Schritt vorwärts) um die Hinterhand und trabt sofort, ohne weitere Schritte, wieder an. Der Vorteil der Kurzkehrtwendung gegenüber der Hinterhandwendung liegt darin, dass sich das Pferd schon in der Vorwärtsbewegung befindet und so das Drehen um den inneren Hinterfuß oder das Rückwärtstreten leichter zu vermeiden sind.

### Ab DRA II (Dressur)

Die abgeschlossene Grundausbildung gilt als Voraussetzung für das Reiten von M- und S-Lektionen. Die Lektionen der Kl. L werden bei entsprechender Durchlässigkeit beherrscht, Taktsicherheit, Losgelassenheit und beständige Anlehnung sind Grundlage für die weiterführende Ausbildung. Schwung, Geraderichten und Versammlung sind gemäß den Anforderungen der Kl. L vorhanden ⇨ Festigung und Vervollkommnung aller sechs Punkte der Ausbildungsskala ist Ziel der fortgeschrittenen Dressurausbildung.

## Schrittpirouette

- *Beschreibung:* Die Schrittpirouette ist eine Kurzkehrtwendung, die aus dem versammelten Schritt und daher mit erhöhtem Versammlungsgrad geritten wird. Bei der richtig ausgeführten Schrittpirouette nimmt das Pferd mit den Hinterbeinen vermehrt Last auf, die Vorhand wird entlastet.
- *Hilfengebung:* s. Hinterhandwendung, Kurzkehrtwendung
- *Häufige Fehler:*
  - Taktstörungen (kein klare Schrittfußfolge)
  - fehlendes Abfußen der Hinterbeine
  - Zurücktreten
  - zu großer Kreisbogen
  - Herumwerfen

## Seitengänge  `Ab DRA II (Dressur)`

Seitengänge sind Vorwärts-Seitwärts-Bewegungen mit gleichmäßiger Längsbiegung in entsprechender Versammlung. Die Hinterbeine fußen dicht aneinander vorbei – vor und über in Richtung der Bewegung und unter den Schwerpunkt. Takt, Tempo und Bewegungsfluss bleiben erhalten. Das Schenkelweichen ist kein Seitengang, da bei dieser Lektion nur die Stellung, aber keine Biegung und Versammlung gefordert wird. Als Seitengänge werden die Lektionen Schulterherein, Travers, Renvers und Traversale bezeichnet; Schulter-vor und Reiten-in-Stellung sind Vorübungen für das Schulterherein und damit für alle Seitengänge. Alle Seitengänge werden in der Regel im versammelten Trab oder im versammelten Galopp geritten.

## Schulterherein

- *Zweck:* Ausgangspunkt für alle sich anschließenden Seitengänge, grundlegende Lektion der weiterführenden dressurmäßigen Ausbildung.
  Im Schulterherein:
  - wird das innere Hinterbein zum weiteren Vortreten in Richtung unter den Schwerpunkt angeregt,
  - beugen sich Hüft- und Kniegelenke vermehrt,
  - wird der Schwung des Pferdes verbessert,
  - wird die Längsbiegung gefördert,
  - werden Schenkelgehorsam, Durchlässigkeit und Geraderichtung verbessert,
  - wird die Tragkraft der Hinterhand vermehrt beansprucht und somit die Versammlung verbessert,
  - wird die Schulterfreiheit durch die vermehrte Hankenbeugung gefördert.

- *Beschreibung:* Die Hinterhand bleibt auf dem Hufschlag und bewegt sich nahezu geradeaus, die Vorhand des Pferdes wird so weit in die Bahn hineingeführt, dass die äußere Schulter des Pferdes vor die innere Hüfte des Pferdes gerichtet ist (Vorderbeine kreuzen). Der innere Hinterfuß spurt in Richtung des äußeren Vorderfußes, d.h. das Pferd bewegt sich auf drei Hufschlaglinien. Das Pferd ist gleichmäßig um den inneren Schenkel gebogen bei einem Abstellungswinkel von etwa 30° vom Hufschlag. Beendet wird das Schulterherein, indem die Vorhand wieder auf die Hinterhand eingerichtet wird.

⇒ *Hilfengebung:* Reiter belastet vermehrt den inneren Gesäßknochen und fasst den inneren Zügel nach, der bei der Einleitung der Lektion die Vorhand nach innen führt und in Verbindung mit dem inneren Schenkel für die gleichmäßige Längsbiegung verantwortlich ist. Der innere Schenkel liegt am Gurt, treibt das Pferd vorwärts-seitwärts, sorgt für die Rippenbiegung und veranlasst den inneren Hinterfuß zur vermehrten Lastaufnahme. Der äußere Schenkel liegt verwahrend hinter dem Gurt und verhindert das Ausfallen des äußeren Hinterbeins. Der äußere, verwahrende Zügel gibt etwas nach, um die äußere Schulter vorzulassen, begrenzt jedoch gleichzeitig die Stellung des Pferdes.
Wichtig: Reiter sitzt im Gleichgewicht.

⇒ *Häufige Fehler:*
- Differenzierung zwischen Schenkelweichen und Schulterherein,
- Taktstörungen, Nachlassen von Fleiß und Schwung,
- zu starke Abstellung des Pferdes im Hals ⇨ Ausfallen über äußere Schulter,
- zu starke Einwirkung mit innerem Zügel ⇨ inneres Hinterbein wird blockiert, Pferd am Vorwärts-Seitswärts-Treten gehindert,
- Ausfallen des äußeren Hinterbeines, damit Verlust der Längsbiegung
- Verwerfen im Genick (Anlehnungsfehler).

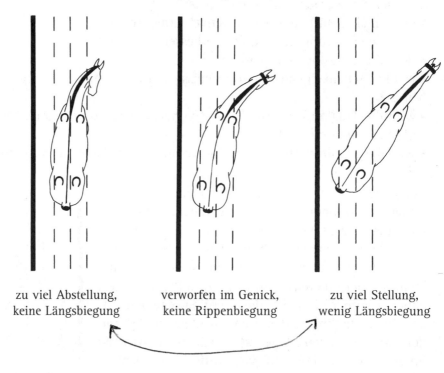

zu viel Abstellung, keine Längsbiegung

verworfen im Genick, keine Rippenbiegung

zu viel Stellung, wenig Längsbiegung

## Travers und Renvers

➡ *Beschreibung:* Das Pferd ist in Bewegungsrichtung gestellt und gebogen. Beim Travers bleibt die Vorhand auf dem Hufschlag, während die Hinterhand in die Bahn hineingeführt wird, beim Renvers bleibt die Hinterhand auf dem Hufschlag, die Vorhand wird in die Bahn geführt. Die Abstellung vom Hufschlag beträgt etwa 30°. Das Pferd bewegt sich auf vier Hufschlaglinien, da sowohl die Vorder- als auch die Hinterbeine kreuzen. Die Beendigung des Travers oder Renvers erfolgt durch das Einrichten der Vorhand auf die Hinterhand, danach wird das Pferd auf den ersten Hufschlag zurückgeführt.

Travers

➡ *Hilfengebung:* Für Travers und Renvers identisch: Reiter belastet vermehrt seinen inneren Gesäßknochen und fasst den inneren Zügel nach, der das Pferd stellt. Der innere Schenkel liegt am Gurt und sorgt sowohl für die Rippenbiegung des Pferdes als auch für den gleichmäßigen und fleißigen Vortritt des inneren Hinterbeines. Der äußere Schenkel liegt verwahrend hinter dem Gurt und sorgt für die Vorwärts-Seitwärts-Bewegung des Pferdes, der äußere, verwahrende Zügel gibt leicht nach und begrenzt die Stellung des Pferdes. Äußere Hilfen haben beim Renvers noch größere Bedeutung, da die Bande als Begrenzung entfällt.

Renvers

➡ *Häufige Fehler:*
- Reiter sitzt zur falschen Seite ➪ Pferd tritt nicht mehr genügend in Richtung unter den Schwerpunkt und weicht Gewicht des Reiters aus,
- zu starke Abstellung ohne entsprechende Biegung durch mangelnde Einwirkung des inneren Schenkels,
- übertriebenes Stellen des Pferdes im Hals ➪ Ausfallen über die äußere Schulter,
- zu starkes Annehmen des inneren Zügels oder Herabdrücken der inneren Hand über den Mähnenkamm ➪ Taktstörungen oder Verwerfen im Genick.

| Fehler im Travers | | Fehler im Renvers |
|---|---|---|
|  | Zu viel Abstellung, keine Längsbiegung | 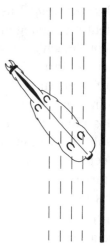 |
| | Wenig Abstellung, im Hals zu stark gestellt |  |
|  | Übertriebene Längsbiegung |  |

# Traversalen

→ *Beschreibung:* Vorwärts-Seitwärts-Bewegung im versammelten Trab oder versammelten Galopp. Das Pferd bewegt sich entlang einer gedachten diagonalen Linie, analog zum Travers, möglichst parallel zur langen Seite. Kadenz und Bewegungsfluss sind wichtige Merkmale. Es werden im Bereich der Klassen M und S halbe, doppelte halbe sowie Zick-Zack-Traversalen im Trab und Galopp verlangt. Bei Zick-Zack-Traversalen im Trab wird eine bestimmte Meterzahl (5-10-5), im Galopp eine bestimmte Anzahl Galoppsprünge (4-8-8-4) gefordert. Bei jedem Richtungswechsel wird das Pferd geradeaus gerichtet.

→ *Hilfengebung:* Entspricht der des Travers bzw. Renvers entlang einer gedachten Diagonale, wobei sich Abstellung und Längsbiegung nach der jeweiligen Diagonallinie richten ⇨ bei lang gezogener Traversale ist die Abstellung und Längsbiegung geringer als bei einer kürzeren, steileren Diagonale. Wichtig ist, dass das Pferd sicher am äußeren Zügel steht und sich nicht am inneren Zügel festmacht. In der Einleitung stellt der Reiter das Pferd in die Bewegungsrichtung, dann erfolgt die Vorwärts-Seitwärts-Bewegung, die bis zur gewünschten Linie bzw. bis zum Bahnpunkt durchgehalten wird, wo der Reiter das Pferd geradeaus richtet. Beim Umstellen zwischen 2 Traversalen wird das Pferd eine Pferdelänge geradeaus gerichtet. Der neue innere Gesäßknochen wird belastet und der neue innere Bügel vermehrt ausgetreten. Gleichzeitig erfolgt das Nachfassen des neuen inneren Zügels sowie Stellung und Biegung des Pferdes in die gewünschte Bewegungsrichtung. Wichtig: Der neue innere Schenkel veranlasst den neuen inneren Hinterfuß zum lebhaften Vor- und Untertreten (bzw. -springen), ohne die Hinterhand vorauskommen zu lassen. Das Umstellen zwischen 2 Traversalen sollte geschmeidig, weich und in gleich bleibend durchgehaltenem Bewegungsfluss ausgeführt werden.

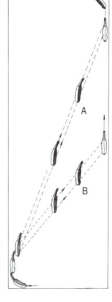

A Lang gezogene Traversale mit geringer Längsbiegung
B Steilere Traversale mit vermehrter Längsbiegung

### DRA I (Dressur)

Für die Richtungsänderungen zwischen 2 Galopptraversalen muss der fliegende Galoppwechsel sicher beherrscht werden. Der Galoppwechsel erfolgt in dem Augenblick, in dem das Pferd gerade gerichtet ist. Bei der Zick-Zack-Traversale im Galopp zählt der Galoppwechsel bereits zur verlangten Sprungzahl der neuen Seitwärtsbewegung.

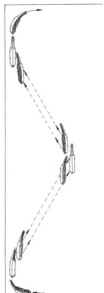

Umstellen in einer doppelten halben Traversale

➡ *Häufige Fehler:*
- falsche Hilfengebung ⇨ zu starkes Annehmen des inneren Zügels, ungenügender Einsatz des inneren Schenkels, übertriebenes Treiben mit dem äußeren Schenkel, falsche Gewichtsverlagerung entgegen der Bewegungsrichtung, Nach-Hinten-Schauen in der Traversale,
- Taktfehler,
- Hinterhand in Einleitung oder während gesamter Traversale voraus durch zu stark seitwärts treibenden äußeren Schenkel,
- Engwerden im Hals durch zu starke Zügelhilfen bei nicht entsprechenden treibenden Hilfen,
- Verwerfen im Genick z.B. durch ungeschickte Einleitung, nicht genügend treibende Hilfen oder blockierende Zügelführung, durch falsche Hilfengebung oder mangelnde Geraderichtung des Pferdes.

## Fliegender Galoppwechsel     Ab DRA II (Dressur)

➡ *Beschreibung:* Umspringen der Vorder- und Hinterbeine erfolgt gleichzeitig im Moment der freien Schwebe in erkennbarer Vorwärtstendenz, gelassen und fließend, gerade gerichtet und bergauf. Das Pferd galoppiert auf gerader Linie, ohne zu schwanken. Die Reiterhilfen müssen präzise, aber nicht auffallend gegeben werden.

➡ *Hilfengebung:* Die Hilfe zum fliegenden Galoppwechsel wird direkt vor der freien Schwebe gegeben. Der Reiter bleibt im Oberkörper ruhig sitzen, der bisherige verwahrende äußere Schenkel gleitet nach vorn, der bisherige innere Schenkel wird verwahrend hinter den Gurt gelegt. Dadurch schiebt sich beim ausbalanciert und losgelassenen Reiter die neue innere Hüfte etwas vor. Unmittelbar vor dem fliegenden Wechsel erfolgt ein geringfügiges Umstellen des Pferdes. Der neue innere Zügel gibt nach, damit das innere Hinterbein genügend durchspringen kann. Der Reiter behält eine weiche Verbindung zum Pferdemaul.

➡ *Voraussetzung:* Das Pferd muss den versammelten Galopp, den einfachen Galoppwechsel, den Außengalopp und Übergänge im Galopp auf beiden Händen sicher und durchlässig beherrschen, um mit dem fliegenden Galoppwechsel zu beginnen.

➡ *Häufige Fehler:*
- Fehler bei den fliegenden Galoppwechseln werden in erster Linie durch falsche Vorbereitung oder durch unpräzise Hilfengebung verursacht, wie z.B.: Galoppwechsel in 2 Phasen (Nachspringen der Hinterhand bzw. Vorhand); seitliches Schwanken des Pferdes, Herumwerfen der Hinterhand, Wegstürmen, Schwungverlust/zu geringer Raumgewinn; Wechsel mit hoher Kruppe.

## Serienwechsel
`DRA I (Dressur)`

In den Dressurprüfungen der Kl. S werden Serienwechsel gefordert. In den nationalen Aufgaben (S 1-7 ohne Piaffe und Passage) werden sie zu 4, 3, 2 Sprüngen oder in den Aufgaben S 8-9 (Intermédiaire-II - Grand Prix - Niveau) von Sprung zu Sprung verlangt.

- *Beschreibung:* Die Serienwechsel sollen gerade, bergauf und im Rhythmus des Galoppsprunges ausgeführt werden. Das Tempo bleibt während der Serienwechsel gleichmäßig, die genaue Einhaltung der jeweiligen Sprungzahl und die richtige Einteilung der Serienwechsel auf der jeweils geforderten Linie ist zu beachten.
- *Hilfengebung:* Für den jeweiligen Galoppwechsel in einer Serie wird die gleiche Hilfe gegeben wie für den einzelnen fliegenden Galoppwechsel. Wichtig: Das Pferd bleibt in sich gerade gerichtet, Takt und Versammlung des Galoppsprunges bleiben zwischen den Wechseln erhalten. Um die geforderte Anzahl an Wechseln und die Zahl der dazwischen liegenden Galoppsprünge zu erfüllen, zählt der Reiter mit, z.B. bei Dreierwechseln 1, 2, 3/2, 2, 3/3, 2, 3 usw.

  Bei den Wechseln von Sprung zu Sprung wird die Hilfe für den nächsten Wechsel in dem Augenblick gegeben, in dem das Pferd den vorherigen Wechsel gerade ausführt.
- *Häufige Fehler:*
  - Nachspringen in einem oder in mehreren Galoppwechseln einer Serie,
  - Wechseln vor oder nach der Reiterhilfe führt zur Ungenauigkeit der geforderten Sprungzahl,
  - seitliches Schwanken des Pferdes oder das seitliche Ausweichen der Hinterhand bei den Serienwechseln,
  - fehlender Raumgewinn nach vorne, besonders bei den Zweierwechseln und bei den Wechseln von Sprung zu Sprung.

## Galopp-Pirouetten
`DRA I (Dressur)`

- *Beschreibung:* Ganze und halbe Galopp-Pirouetten werden aus dem versammelten Galopp geritten. Das Pferd beschreibt mit der Vorhand eine kreisförmige Wendung um die Hinterhand. Es ist dabei in Bewegungsrichtung gestellt und gebogen. Der innere Hinterfuß bewegt sich auf einem möglichst kleinen Kreis. Die Hinterhand des Pferdes senkt sich Aufgrund des höheren Grades der Versammlung und nimmt vermehrt Last auf. Merke: Die ganze Pirouette (360°) erfordert etwa 6 bis 8, die halbe Pirouette (180°) 3 bis 4 Galoppsprünge.

➡ *Hilfengebung:* Der Reiter nimmt das Pferd mit halben Paraden vermehrt auf, um zu einer größtmöglichen Versammlung zu kommen (das sichere Beherrschen des versammelten Galopps ist die wesentliche Voraussetzung für das Reiten von Galopp-Pirouetten). Der innere Gesäßknochen ist belastet, der innere Schenkel liegt treibend am Gurt (Aktivieren des inneren Hinterbeines, Rippenbiegung), der äußere Schenkel liegt verwahrend etwas hinter dem Gurt; er vermeidet das Ausweichen der Hinterhand und sorgt mit den übrigen Hilfen für das Herumführen des Pferdes und die Vorwärtstendenz während der Wendung. Der innere Zügel wird verkürzt, gibt dem Pferd die Stellung und führt es seitwärts weisend, der äußere Zügel gibt etwas nach und begrenzt die Stellung. Bei jedem Galoppsprung der Pirouette wirkt der Reiter wie mit einer Angaloppierhilfe auf das Pferd ein.

*Wichtig: Die innere Hand des Reiters muss in jedem Galoppsprung wieder leicht werden, um das innere Hinterbein nicht zu blockieren.*

➡ *Häufige Fehler:*
- Verlust des klaren Galoppsprunges, Kleben mit den Hinterbeinen am Boden ⇨ Pferd ist nicht mehr genügend an den treibenden Hilfen des Reiters; Herumwerfen des Pferdes ⇨ Galopp-Pirouette hastig mit zu wenigen Galoppsprüngen, Pferd wirft sich gegen den inneren Schenkel; Galopp-Pirouette auf zu großem Kreisbogen (Ausweichen in eine Volte) ⇨ Pferd nimmt äußere verwahrende Hilfen nicht an und fällt über äußeren Schenkel aus.

*Vertiefende Literatur:* Deutsche Reiterliche Vereinigung: Richtlinien für Reiten und Fahren, Bd. 2 - Ausbildung für Fortgeschrittene.

## Die A-Dressur

**Gangarten und Tempi:**
- Mittelschritt
- Arbeitstrab
- Mitteltrab
- Arbeitsgalopp
- Mittelgalopp

**Korrekte Hufschlagfiguren und genaue Übergänge:**
- vorwiegend lösende Lektionen
- Angaloppieren aus dem Trab
- Schlangenlinien durch die ganze Bahn
- einfache Schlangenlinien an der langen Seite
- Viereck verkleinern und vergrößern
- Vorhandwendung

**Lektionen, die mehr Durchlässigkeit erfordern:**
- Volten mit 10 m Durchmesser
- Halten aus dem Trab (korrekte Grußaufstellung)
- Rückwärtsrichten um eine Pferdelänge (3 - 4 Tritte)
- Angaloppieren aus dem Schritt
- Übergänge zum Schritt aus dem Galopp
- einfacher Galoppwechsel

**Zur Überprüfung der reellen Grundausbildung von Reiter und Pferd:**
- Zügel-aus-der-Hand-kauen-lassen = Losgelassenheit
- Überstreichen = Gleichgewicht und Selbsthaltung

## Die L-Dressur

L-Dressuren werden auf Trense oder auch auf Kandare geritten.

In der L-Dressur wird ein beginnender Versammlungsgrad verlangt. Das durchlässige Pferd gestattet dem Reiter, die geforderten Übergänge und Lektionen mit kaum sichtbaren Hilfen zu reiten.

**Gangarten und Tempi:**
- Mittelschritt
- Arbeitstrab
- Mitteltrab
- versammelter Trab
- Arbeitsgalopp
- Mittelgalopp
- versammelter Galopp

**Die Anforderungen und Lektionen sind:**
- korrekte Hufschlagfiguren
- genaue Übergänge (Tempo und Gangartwechsel)
- Volten und Kehrtvolten mit 8 m Durchmesser
- Rückwärtsrichten als versammelte Lektion um eine Pferdelänge oder bestimmte Anzahl von Tritten
- Außengalopp
- einfacher Galoppwechsel
- Kurzkehrtwendung
- Hinterhandwendung

Der Schwierigkeitsgrad einer Dressurprüfung der Klasse L hängt von der Kombination der verschiedenen Gangarten, Tempi und Lektionen ab.

## Die M-Dressur

M-Dressuren werden einzeln auf einem 20 x 40 m oder 20 x 60 m Viereck geritten. Als Zäumung ist die Kandare vorgeschrieben. In der M-Dressur wird entsprechend der verschiedenen Übergänge zwischen den unterschiedlichen Tempi ein fortgeschrittener Versammlungsgrad bei Durchlässigkeit und Gerade richten des Pferdes gefordert.

### Gangarten und Tempi:
- Mittelschritt
- starker Schritt
- versammelter Schritt
- Arbeitstrab
- versammelter Trab
- Mitteltrab
- starker Trab
- Arbeitsgalopp
- versammelter Galopp
- Mittelgalopp
- starker Galopp

### Die Anforderungen und Lektionen sind:
- Volten im Trab und Galopp, 8 m
- Schulterherein
- Travers, Renvers
- halbe Traversalen im Trab und Galopp
- Zick-Zack-Traversalen im Trab (M9)
- halbe Schrittpirouetten
- einzelne fliegende Wechsel

Der Schwierigkeitsgrad einer Dressurprüfung der Klasse M hängt von der Kombination der verschiedenen Gangarten, Lektionen und Tempi ab; im Aufgabenheft wird Aufgrund des Schwierigkeitsgrades in Aufgaben nur für Kat. B bzw. nur für Kat. A unterschieden.

## Die S-Dressur

Die Aufgaben der Klasse S werden größtenteils auf 20 x 60 m, die nationalen Aufgaben S 1-3 auf 20 x 40 m geritten. Als Zäumung ist die Kandare vorgeschrieben. Das Pferd muss die Kriterien der Ausbildungsskala einschließlich der Versammlung sicher beherrschen. Die Klasse S unterteilt sich in verschiedene Schwierigkeitsstufen. Die nationalen Aufgaben S 1-7 haben Prix-St.-Georges- bis Intermédiaire-I-Niveau, die Aufgaben S 8-9 Intermédiaire-II- und Grand-Prix-Niveau.

Die Gangarten und Tempi entsprechen denen der Klasse M (bis auf Arbeitstempi), hinzu kommen Piaffe und Passage (S 8-9).

### Anforderungen und Lektionen (bis Intermédiaire-I-Niveau):
- Volten im Trab und Galopp, 6 m
- Schulterherein
- halbe und ganze Galopp-Pirouetten
- fliegende Galoppwechsel zu 4, 3 und 2 Sprüngen
- Schaukel
- halbe, doppelte halbe und Zick-Zack-Traversalen im Trab
- halbe und doppelte halbe Traversalen im Galopp

# GRUNDÜBUNGEN IM REITEN ÜBER HINDERNISSE UND SPRINGEN BIS ZUR KL. S

## Zielsetzung der Bodenricks

Das Reiten über Bodenricks (auch Cavaletti genannt) dient als Vorbereitung zum Springen und ist darüber hinaus auch eine ausgezeichnete Gymnastizierung von Reiter und Pferd. Es wird erst im Schritt, dann im Trab und im Galopp über einzelne oder mehrere hintereinander liegende Bodenricks geritten. Der Reiter nimmt den leichten Sitz ein, entlastet den Pferderücken etwas und fängt den erhöhten Schwung durch federnde Hüft-, Knie- und Fußgelenke ab. Die Hand gibt über den Stangen so weit nach, dass sich das Pferd nach vorwärts-abwärts dehnen kann. Das Grundtempo bleibt vor, über und nach den Bodenricks gleichmäßig.

Die Abstände der Bodenricks betragen im Schritt ca. 0,80 m, im Trab ca. 1,30 m, im Galopp ca. 3,00 m.

Durch das Reiten von Bodenricks wird
- die Rückentätigkeit,
- die Kontrolle über die Bewegungsabläufe,
- das Gleichgewicht,
- die Trittsicherheit, das Geschick und die Gewandtheit,
- die Kräftigung der Muskulatur und
- die Vorbereitung zum Springen

verbessert.

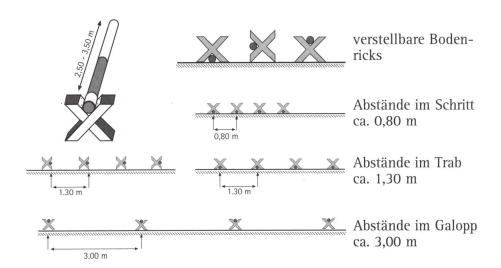

verstellbare Bodenricks

Abstände im Schritt ca. 0,80 m

Abstände im Trab ca. 1,30 m

Abstände im Galopp ca. 3,00 m

# Springgymnastik

Bei der Springgymnastik (Springreihen) wird die Entwicklung der motorischen Fähigkeiten des Pferdes für das Springen trainiert, ohne dass es dabei kräftemäßig überbeansprucht wird. Der Reiter lernt, sich elastisch den wechselnden Flugphasen des Pferdes anzupassen. Die Geschmeidigkeit und Geschicklichkeit werden ebenso gefördert wie der feste Knie- und Schenkelschluss, das Rhythmusgefühl wird verbessert.

Zunächst wird über einzelne kleine Hindernisse mit oder ohne vorgelegter Trabstange, die 2,00 - 2,20 m vor dem Hindernis (Kreuzsprung) liegt, geritten. Dann wird das Einzelhindernis mit vorgelegter Trabstange allmählich zu einer Springreihe weiterentwickelt. Dabei werden mehrere niedrige Hindernisse hintereinander in passenden Abständen aufgebaut.

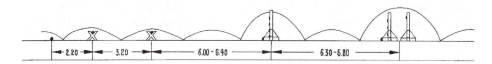

*Ausbildungsziele* der Springreihen für das Pferd:
- geschmeidige Hergabe des Rückens (Bascule),
- Entwicklung und Vervollkommnung der Springtechnik, der Geschmeidigkeit und der Geschicklichkeit ⇨ gefördert durch den Aufbau abwechslungsreicher Reihen,
- Verbesserung der Aufmerksamkeit und des Reaktionsvermögens,
- Schulung des Taxiervermögens,
- Entwicklung der Sprung- und Schnellkraft,
- Selbstvertrauen des Pferdes.

*Ausbildungsziele* für den Reiter:
- Geschmeidigkeit,
- Rhythmusgefühl,
- fester Knie- und Schenkelschluss.

### Ab DRA II (Springen) und DRA I

Durch verschiedene springgymnastische Übungen und das weiterführende Springtraining (Vertrautmachen mit dem Überwinden höherer Hindernisse als Hauptanliegen der Spezialausbildung des Springpferdes für die Klassen M und S) soll ein Pferd lernen:
- technisch richtig,
- in der verlangten Höhe,
- konzentriert,
- mit der nötigen Ruhe und
- rationell zu springen.

Wichtigste Voraussetzungen hierfür sind Losgelassenheit, Gleichgewicht und Rhythmus. Diese drei Forderungen stehen in einer engen Wechselbeziehung zueinander und werden erst durch das Erreichen der Kriterien der Ausbildungsskala ermöglicht, denn:

> *Die Anforderungen der Ausbildungsskala gelten grundsätzlich auch für ein Springpferd. Die Grundkriterien müssen jederzeit erfüllt werden. Daher kann ein Springpferd ohne die dressurmäßige Ausbildung keine genügende Schub- und Tragkraft (Sprung- und Schnellkraft) entwickeln, die es zur optimalen Ausnutzung seiner Springveranlagung braucht und zwar zwischen, vor, über und nach den Sprüngen (Durchlässigkeit).*

**Beispiel für eine Gymnastikreihe aus verschiedenen Hindernistypen (aus dem Galopp angeritten).**

**Beispiel für eine Gymnastikreihe aus verschiedenen Elementen (aus dem Trab angeritten).**

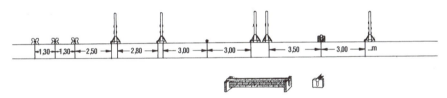

**Gymnastikkombination aus dem Trab in wahlweiser Verbindung mit Einzelhindernis**

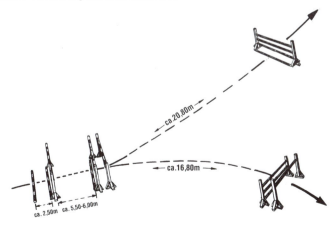

# Reiten einzelner Sprünge

Neben dem leichten Sitz (geschmeidiges Mitgehen des Reiters mit den Bewegungen des Pferdes; fester Knieschluss (Fundament: Knie-Unterschenkel-Fußgelenk); tiefer Absatz; Oberkörper vor der Senkrechten, Gesäß aus dem Sattel) ist das Erlernen des Anreitens grundlegend für die weitere Ausbildung. Dabei muss bei allen Übungen darauf geachtet werden, dass der Reiter das Pferd an den Hilfen behält und auch nach dem Sprung auf gerader oder vorgegebener Linie weiterreitet.

### Ab DRA II (Springen)

Das Anreiten und Überwinden eines Hindernisses wird in mehrere Phasen eingeteilt:
- Anreitephase
- Absprungphase
- Flug- und Landephase
- Phase des Weiterreitens

Die *Anreitephase* setzt beim Reiter im besonderen Maße Aufmerksamkeit, Reaktionsvermögen, einen ausbalancierten und losgelassenen Sitz und eine gut abgestimmte Einwirkung voraus. In der *Absprungphase* macht der Reiter durch richtiges Mitgehen in die Bewegung dem Pferd die Ausführung des Sprunges so leicht wie möglich. Das ausbalancierte Mitgehen mit der Bewegung während der *Flug- und Landephase* ermöglicht dem Pferd einen effizienten Sprungablauf. Der Reiter passt sich geschmeidig der Schwerpunktverlagerung an.

Anwinkeln des Reiters in der Hüfte beim Absprung

In der *Phase des Weiterreitens* stellt der im leichten Sitz ausbalancierte Reiter durch gut abgestimmtes Zusammenwirken der treibenden und verhaltenen Hilfen die Kontrolle des Pferdes bezüglich Tempo und Haltung wieder her.

Weiterhin sind für das harmonische Überwinden von Hindernissen bestimmte Kriterien der Reittechnik zu beachten. Dazu gehören Grundtempo, Anreiteweg und Absprungdistanz.

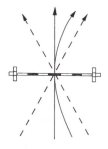

Anreitwege

*Weg und Tempo stehen im Zusammenhang. Kurze Wendungen erfordern ein reduziertes, dem Grad der Wendung angepasstes Grundtempo, ohne den Fluss der Bewegung aufzugeben. Lange gerade oder flache gebogene Linien ermöglichen ein höheres Grundtempo.*

## Sprungablauf, Absprung- und Landedistanz  `Ab DRA II (Springen)`

Die eigentliche Sprungausführung wird durch das richtige Anreiten und die geeignete Absprungdistanz vorbereitet und durch den Absprungvorgang ausgelöst. Die *Flugkurve* des Pferdes wird durch den Absprungpunkt, den Impuls beim Absprung und das Verhalten des Reiters in den verschiedenen Phasen des Sprunges beeinflusst. Sie gleicht der Form einer Parabel, deren höchster Punkt im Idealfall fast senkrecht über einem Hochsprung, über der Mitte eines Oxers und bei der Triplebarre über der letzten Stange liegt. Bei Hoch- und Hoch-Weit-Sprüngen ist die Landestelle normalerweise weiter vom Hindernis entfernt als die Absprungstelle. Bei Weitsprüngen (Wassergraben) muss der Absprungpunkt möglichst nah am Grabenrand liegen, um die Breite des Sprunges nicht unnötig zu erweitern. Absprung- und Landedistanz wachsen mit der Hindernishöhe und nehmen mit zunehmender Hindernisbreite relativ ab ➪ Pferd muss an breiten Oxer näher herangaloppieren sowie steiler abspringen und landen als bei einem Steilsprung.

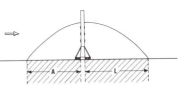
Flugkurvenverlauf Hochsprung

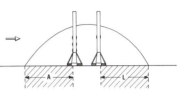
Hochweitsprung Oxer

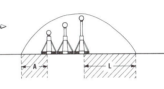
Hochweitsprung Triplebarre

Der *Toleranzbereich* des möglichen Absprung- und Landebereiches ist bei niedrigen Hindernissen größer als bei höheren Abmessungen.

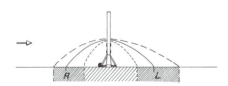
Toleranzbereich niedriges Hindernis

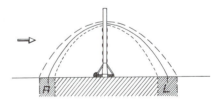
Toleranzbereich hohes Hindernis

Als normale (passende) Absprungdistanz wird ein bestimmter Absprungbereich vor dem Hindernis bezeichnet, von dem aus das Pferd möglichst kräfteschonend abspringen kann; springt das Pferd von einem anderen Punkt ab, der näher am Hindernis liegt oder weiter von ihm entfernt ist als die passende Absprungdistanz, spricht man von einer minimalen (dicht/eng) bzw. maximalen (groß/weit) Absprungdistanz. Das Pferd muss zur Überwindung des Hindernisses dann mehr Kraft aufwenden.

Die normale Landedistanz ist der Abstand von der Landeseite des Hindernisses bis zu der Stelle, wo das Pferd nach dem Sprung wieder aufsetzt.

*Mit der jeweiligen Absprungdistanz verändert sich durch den entsprechenden Flugkurvenverlauf analog die Landedistanz.*

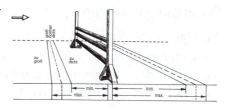

Minimale und maximale Absprung- und Landedistanz

Werden Hindernisse in höherem Grundtempo angeritten, sind Absprung- und Landedistanz größer, bei zu schnell gewähltem Tempo erhöht sich die Gefahr des „Flachwerdens", d.h. die Sprunghöhe wird nicht mehr erreicht. Das *Springen von Wassergräben* bietet dem Pferd eigentlich keine Schwierigkeit, da die Breite der in den Springprüfungen geforderten Gräben in der Regel gerade der Länge eines erweiterten Galoppsprunges entspricht. Nicht der lange Anlaufweg, sondern das für den Sprung erforderliche Grundtempo ist wichtig, um eine optimale Flugkurve zu erreichen. Wassergräben sollten in einem Tempo angeritten werden, das über dem zur Überwindung von Hoch- und Hoch-Weit-Sprüngen benötigten Tempo liegt (s.o.). Grundforderung ist dabei der gleich bleibende Rhythmus des Galoppsprunges, der kraftvoller und räumender, aber nicht eiliger werden soll.

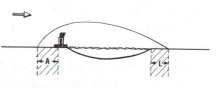

Weitsprung am Wassergraben

## Kombinationen und Distanzen

Als **Kombinationen** werden zwei oder drei Hindernisse bezeichnet, zwischen denen das Pferd ein oder zwei Galoppsprünge macht. Der Abstand zwischen zwei Hindernissen beträgt bei einem Galoppsprung ca. 7 - 8 m, bei zwei Galoppsprüngen ca. 10 - 11 m bis zur Kl. M. Der Abstand wird am Boden gemessen, und zwar vom Fuß des einen Hindernisses (Landeseite) bis zum Fuß des folgenden Hindernisses (Absprungseite).

Bei Kombinationen müssen Tempo und Absprung so gewählt werden, dass auch der Abstand zum nachfolgenden Hindernis passend bleibt.

Eine **Distanz** ist der Weg zwischen zwei Hindernissen, auf dem das Pferd jeweils 3, 4, 5 oder 6 Galoppsprünge benötigt. Es ergeben sich in der Grundausbildung (bis ca. 1,20 m) folgende Abstände für
- 3 Galoppsprünge: ca. 14 - 15 m,
- 4 Galoppsprünge: ca. 17,50 - 18,50 m,
- 5 Galoppsprünge: ca. 21 - 22 m,
- 6 Galoppsprünge: ca. 24,50 - 25,50 m.

Eine Distanz kann auf gerader oder gebogener Linie stehen. Durch das Reiten von Distanzen werden die Koordination der Hilfengebung und das Reaktionsvermögen geschult. Außerdem wird das Gefühl für das Grundtempo und den Galopprhythmus verbessert.

Bestimmte Gegebenheiten lassen Kombinationen (und auch Distanzen) enger oder weiter erscheinen:

- Auf dem Außenplatz galoppieren Pferde fleißiger und raumgreifender als in der Halle ⇨ Kombination/Distanz (K/D) erscheint eng.
- Steht eine Sprungfolge in Richtung Ausgang oder Stall, galoppieren die meisten Pferde mit mehr Bodengewinn als in Gegenrichtung ⇨ zum Ausgang hin: K/D erscheint eng; vom Ausgang weg: K/D erscheint weit.
- Bei festeren, elastischeren Bodenverhältnissen galoppieren die Pferde raumgreifender als bei tieferem Boden ⇨ tiefer Boden macht K/D weit.
- Außenplätze können eine Geländeneigung haben. Bergauf galoppieren die Pferde nicht so raumgreifend wie bergab ⇨ bergauf: K/D erscheint weit; bergab: K/D erscheint eng.
- Absprung- und Landepunkt richten sich auch nach der Höhe der Hindernisse.

Zusätzlich haben unterschiedliche Hindernisprofile der Hindernisarten (Hoch- [Steil-], Hoch-Weit-Sprung [Oxer], Weitsprung [Wassergraben], Triplebarre, Mauer) unterschiedliche Flugkurven zur Folge.

**Ab DRA II (Springen)**

Als **Kombination** werden 2, 3 oder mehr Hindernisse bezeichnet, deren Abstand zueinander jeweils mindestens 6,50 m und höchstens 12 m liegt sowie nicht versetzbare, ortsfeste Hindernisse, bei denen die Entfernung weniger als 6,50 m betragen kann (vgl. LPO). Demzufolge können in Kombinationen auch Gräben und Naturhindernisse, wie z.B. Billard oder Pulvermanns Grab, eingebaut werden. Diese werden als geschlossene Kombinationen bezeichnet. Kombinationen mit einem Billard und einem davor oder dahinter stehenden Kombinations-Hindernis werden als teils offen, teils geschlossen bzw. umgekehrt bezeichnet (vgl. LPO).

Für höhere Hindernisse (ab Kl. M) ergeben sich etwas andere **Distanzen** (ausgehend von durchschnittlichem Galoppsprung von mindestens 3,60 m, etwa ein Galoppsprung für Lande- und Absprungbereich anrechnen):
- 3 Galoppsprünge: 14,30 m - 15,00 m,
- 4 Galoppsprünge: 17,90 m - 18,60 m,
- 5 Galoppsprünge: 21,50 m - 22,50 m,
- 6 Galoppsprünge: 25,00 m - 26,00 m,
- 7 Galoppsprünge: 28,50 m - 29,50 m.

*Vertiefende Literatur:* Deutsche Reiterliche Vereinigung: Richtlinien für Reiten und Fahren, Bd. 2 - Ausbildung für Fortgeschrittene.

## Beispiele für Variationsmöglichkeiten von Hindernisfolgen im Bereich der Kl. M und S

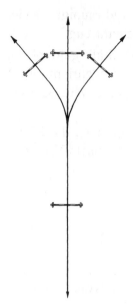

Hindernisfolge auf gerader oder gebogener Linie

Hindernisfolge in Verbindung mit zweifacher Kombination

Hindernisfolge in Verbindung mit zweifacher Kombination

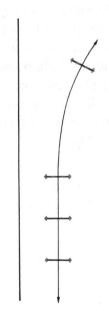

Hindernisfolge in Verbindung mit dreifacher Kombination

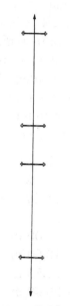

Hindernisfolge vor und nach einer zweifachen Kombination

Hindernisfolgen bestehen aus 3 Elementen auf gerader Linie

## Parcoursspringen

Bei den Prüfungen zum Deutschen Reitabzeichen Kl. IV - I muss der Reiter einen Parcours nach den Anforderungen einer Stilspringprüfung mit Standardanforderungen überwinden (s. Aufgabenheft). Die Höhe der Hindernisse richtet sich nach der Klasse bzw. den Anforderungen und ist in der LPO (§ 504) nachzulesen.

In diesen festgelegten Parcours wird neben dem Springen von Einzelhindernissen, Hindernisfolgen mit festgelegten Distanzen und Kombinationen das Reiten von Wendungen, Handwechseln und Übergängen verlangt. Dazwischen geschaltete Bodenrickreihen, die aus dem Trab geritten werden, fördern die Durchlässigkeit des Pferdes.

Das kontrollierte Reiten vor und nach den Sprüngen im leichten Sitz, das Zusammenwirken der Hilfen und die durchlässige Reaktion des Pferdes sind die entscheidenden Kriterien für einen harmonischen Parcours. Dabei gelten u.a. folgende Anforderungen an den Reiter:

- *Anreiten der Hindernisse*
  - richtig gewähltes, d.h. dem jeweiligen Pferd angemessenes gleichmäßiges Grundtempo,
  - rhythmisches Galoppieren,
  - Anreiten der Mitte des Hindernisses,
  - richtige Absprungdistanz,
  - gerades Landen.
- *Reiten von Hindernisfolgen mit festgelegten Distanzen*
  - rhythmisches Reiten der vorgeschriebenen Galoppsprungzahl,
  - Fähigkeit des Reiters, die Galoppsprünge zu verlängern (bei Pferden mit kleinerem Raumgriff) oder zu verkürzen (bei Pferden mit großem Raumgriff), um die vorgeschriebene Zahl der Galoppsprünge einzuhalten.
- *Reiten von Kombinationen*
  - passendes Anreiten des ersten Hindernisses,
  - harmonisches Weiterreiten in der vorgeschriebenen Galoppsprungzahl.
- *Reiten von Wendungen*
  - im Handgalopp und gleichmäßigem Tempo,
  - äußere Hilfen (verwahrender äußerer Schenkel und äußerer Zügel) begrenzen äußeres Hinterbein und äußere Schulter,
  - Handwechsel,
  - fliegender Galoppwechsel erwünscht, in Klasse A auch Wechsel über Trab möglich.
- *Übergänge*
  - Zusammenwirken der Hilfen,
  - Durchlässigkeit des Pferdes.

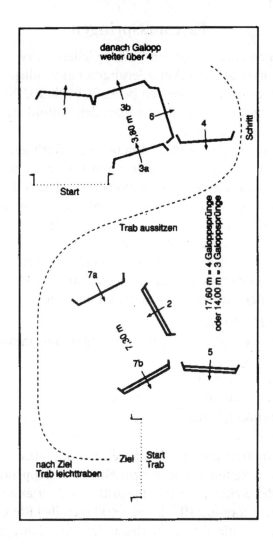

Beispiel-Parcours 4 „Stilspringprüfung mit Standardanforderungen"

Halle 20 x 40 m (Mindestmaß)

Empfohlen für Turnier- und Sonderprüfungen

Standardanforderungen:
- Nach Hindernis 2 an vorgegebener Stelle Übergang zum Trab (leichttraben, Anreitephase zu 3a, aussitzen).
- Nach Hindernis 3b im Rechtsgalopp weiter über Hindernis 4 und danach Parcours fortsetzen.
- Bei Durchreiten der Ziellinie Übergang zum Trab (leichttraben) und auf vorgegebenem Weg (gestrichelte Linie) durch die Bahn wechseln, aussitzen, Übergang zum Schritt und Zügel-aus-der-Hand-kauen-lassen.

(Weitere Standardparcours s. Aufgabenheft Reiten 2000 [National])

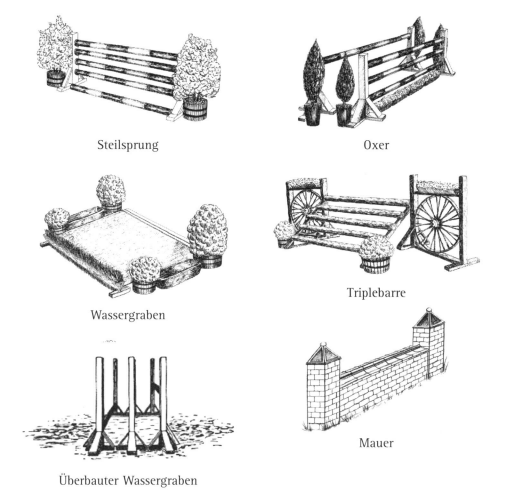

Steilsprung

Oxer

Wassergraben

Triplebarre

Überbauter Wassergraben

Mauer

## GRUNDÜBUNGEN IM GELÄNDEREITEN

Voraussetzung bildet die sichere Sitzgrundlage sowohl im Dressursitz als auch im leichten Sitz. Im Gelände ist die Balance des Reiters besonders wichtig, da er sich jederzeit dynamisch den unterschiedlichen Veränderungen der Schwerpunktlage anpassen muss.

Der Reiter muss das Pferd sicher an den Hilfen haben und jederzeit mit den treibenden und verhaltenden Hilfen einwirken können. Die Hände sind tiefer gestellt und geben Aufgrund von losgelassenen Schulter- und Ellbogengelenken nach, wenn sich der Pferdehals etwas mehr dehnen muss. Eine stete und weiche Anlehnung muss auch im Gelände gegeben sein.

Als Übungen im Gelände eignen sich:
- Das Überreiten von Bodenunebenheiten, Hangneigungen und welligem Gelände, möglichst in gleichmäßigem Takt und Tempo.
- Das Bergauf- und Bergabreiten sowie das Klettern.

Beim Bergauf- wie beim Bergabreiten wird bei vorgeneigtem Oberkörper der Pferderücken entlastet. Je stärker die Hangneigung beim Bergaufreiten, desto mehr muss der Oberkörper nach vorne geneigt werden. Beim Bergabreiten wird, bei stärkerer Hangneigung, der Oberkörper etwas zurückgenommen, bleibt dabei aber entlastend ⇨ gutes Gleichgewichtsgefühl des Reiters erforderlich. Auch beim Klettern ist ein gutes Gleichgewichtsgefühl des Reiters notwendig, besonders wichtig ist hier ein festes Fundament durch Knieschluss, Wade am Gurt und einem nach vorwärts-abwärts durchfedernden Absatz, um nicht am Zügel zu hängen.

Bei auftretenden Bodenveränderungen muss der Reiter bestimmte Sicherheits- und Verhaltensregeln beachten:

- Tiefer/sumpfiger Boden: Entlastung des Rückens und der Hinterhand des Pferdes durch Vorneigen des Oberkörpers bei festem Knieschluss, Verlängerung des Zügelmaßes.
- Asphaltierte Straße: Nur im Schritt oder ruhigem Trab auf gerader Linie Überreiten.
- Glatter/vereister Boden: Reiter sitzt ab und führt sein Pferd.
- Durchreiten von Wasser: Zunächst an flachen Stellen, die einen bekannten, festen Untergrund und einen niedrigen Wasserstand haben, im Schritt, später im Trab oder Galopp; bei steilerem Ufer vorsichtiger Einstieg, wobei sich der Reiter wie beim Bergabreiten verhält; tiefere Wasserstellen ⇨ Reiter entlastet Pferderücken und verlängert Zügelmaß für die erforderliche Halsdehnung.

Für die Vorbereitung auf Vielseitigkeitsprüfungen ist das Tempogefühl zu schulen.

Für das Normaltempo ergeben sich:
- im Schritt: ca. 100 - 125 m/min ⇨ 1 km in 8 - 10 Minuten,
- im Trab: ca. 220 - 250 m/min ⇨ 1 km in 4 - 5 Minuten,
- im Galopp: ca. 330 - 400 m/min ⇨ 1 km in 2,5 - 3 Minuten.

In Vielseitigkeitsprüfungen der Kl. A wird ein Grundtempo von 500 m/min gefordert.

Hindernisse im Gelände sind z.B. Auf- und Absprünge, Tiefsprünge, Gräben, Wassereinsprünge, Naturhindernisse wie z.B. Baumstämme, kleine Steinwälle sowie mobile Geländehindernisse.

Das Anreiten von Geländehindernissen erfolgt genauso wie das Anreiten von Hindernissen auf dem Springplatz (gerade Linie zum Sprung, rhythmisches, passendes Grundtempo). Bei Aufsprüngen wird der Oberkörper mit entsprechend weiter nachgebendem Zügelmaß etwas mehr nach vorne geneigt, wichtig ist fester Knieschluss und eine sichere Lage des Unterschenkels am Gurt (das Tempo ist etwas erhöht ⇨ vermehrter Schwung).

Bei **Absprüngen** und **Tiefsprüngen** muss das Tempo vermindert werden. Das Aufnehmen der Galoppsprünge erfolgt durch vermehrtes „Platznehmen" im Sattel, wobei der Reiter das Pferd vor den treibenden Hilfen behält. Bei allen Tiefsprüngen ist eine sichere Anlehnung, ein fester Knieschluss und das harmonische Mitgehen mit der Bewegung entscheidend, um das Pferd in der Landephase nicht im Rücken zu stören.

Bei **Wassereinsprüngen** bleibt auch in der Landephase der Oberkörper des Reiters nach vorne geneigt, das Zügelmaß wird so weit verlängert, dass sich das Pferd ausbalancieren kann.

Reiten über welliges Gelände

Aufsprung

## Für DRA IV — REITERLICHES VERHALTEN AUF DER STRASSE UND IN FELD UND WALD

Das Reiten auf öffentlichen Straßen und Wegen ist in der Straßenverkehrsordnung geregelt. Reiter bzw. Pferde, die an der Hand geführt werden, sind nach der Straßenverkehrsordnung den Fahrzeugen gleich gestellt. In § 28 StVO heißt es u.a.:

Pferde dürfen nur dann in den Straßenverkehr, wenn sie verkehrssicher sind und von Personen begleitet werden, die hinsichtlich der körperlichen Konstitution und der reiterlichen Einwirkung dazu geeignet sind.

Reiter reiten grundsätzlich hintereinander am äußeren rechten Fahrbahnrand. Der Abstand zwischen den einzelnen Reitern beträgt nicht mehr als höchstens eine Pferdelänge. Das Nebeneinanderreiten von 2 Reitern ist nur dann gestattet, wenn dadurch der Verkehr nicht behindert wird.

Das Führen von Pferden von Kraftfahrzeugen oder vom Fahrrad aus ist verboten.

*Das Reiten auf Fahrradwegen und auf Gehwegen ist nicht erlaubt.*

➡ *Reiten im Verband* (in § 27 StVO geregelt)
Größere Reitergruppen reiten im Straßenverkehr im Verband:
- es wird zu zweit nebeneinander geritten
- Länge: nicht mehr als 25 m = 10 - 12 Pferde (ca. 6 Paare)
- der geschlossene Verband gilt als ein Verkehrsteilnehmer und darf durch andere Verkehrsteilnehmer nicht getrennt werden (ähnlich LKW mit Anhänger, die Redaktion); wenn eine Verkehrsampel hinter den ersten Pferden auf Rot umspringt, darf der restliche Verband dennoch Weiterreiten.
- der Abstand zwischen zwei Verbänden sollte 25 m betragen, um ein Überholen zu ermöglichen.

➡ *Beleuchtung*
In der Dämmerung und bei Dunkelheit müssen die Pferde beleuchtet sein:
- nach vorne sichtbare Leuchte mit weißem Licht
- nach hinten sichtbare Leuchte mit rotem Licht

Gut geeignet sind z.B. Stiefellampen. Leuchtgamaschen sowie reflektierende Kleidung bringen zusätzlich Sicherheit.

Im geschlossenen Verband braucht nicht jeder Reiter beleuchtet zu sein, jeweils eine Beleuchtung nach vorne und nach hinten reichen aus. Jede weitere Beleuchtung erhöht jedoch die Sicherheit.

➡ *Verkehrsschilder*

„Verbot für Fahrzeuge aller Art" gilt nach ausdrücklichen Bestimmungen des Gesetzes nicht für Reiter (roter Rand - weißer Grund)

Zeigt dasselbe Schild einen schwarzen Reiter = Reiten verboten

Weißer Reiter auf blauem Grund = Reitweg

➡ *Straßenüberquerung*
Der Reiter hebt zum Abbiegen den jeweiligen Arm rechtzeitig ausgestreckt bis in die Waagerechte und verhält sich genauso wie ein Fahrradfahrer.

➡ *Wechseln der Straßenseite im Verband:*
- möglichst dicht aufreiten,
- mit dem Kommando „links um" gleichzeitig zur anderen Straßenseite wechseln,
- die Richtungsänderung wird durch den Anfangs- und Schlussreiter angezeigt.

➡ *Überqueren der Straße im Verband:*
- möglichst dicht aufreiten (im Schritt),
- eine genügende Verkehrslücke abwarten,
- geschlossen und „in einem" zügig die Straße überqueren.

➡ *Reiten auf Wegen im Schritt, Trab und Galopp*
Gangart und Tempo richtet sich auf den Wegen in Feld und Wald nach folgenden Kriterien:
- Beschaffenheit der Wege,
- Witterungsverhältnisse,
- Übersichtlichkeit des Geländes,
- Ausbildungsstand von Reiter und Pferd.

Betonierte und geteerte Straßen dürfen nur im Schritt beritten werden wegen der Rutschgefahr und der zu starken Beanspruchung des Skelett- und Bänderapparates des Pferdes. Ebenso darf auf wasser- und sandgebundenen Wegen nur Schritt geritten werden, weil durch Traben oder Galoppieren Schäden entstehen können.

Im Übrigen gelten die

> ### „12 Gebote für das Reiten im Gelände"
>
> 1. Verschaffe deinem Pferd täglich ausreichend Bewegung und gewöhne es vor dem ersten Ausritt an den Straßenverkehr!
> 2. Sorge für hinreichenden Versicherungsschutz für Reiter und Pferd; verzichte nie auf die feste Sturzkappe!
> 3. Kontrolliere täglich den verkehrssicheren Zustand von Sattel und Zaumzeug!
> 4. Vereinbare die ersten Ausritte mit Freunden - in der Gruppe macht es mehr Spaß und es ist sicherer!
> 5. Reite nur auf Wegen und Straßen, niemals querbeet, wenn dafür keine besondere Erlaubnis vorliegt! Meide in jedem Fall Grabenböschungen und Feuchtbiotope!
> 6. Meide ausgewiesene Fuß-, Wander- und Radwege; benutze in „Verdichtungsgebieten" (Ballungsräumen) nur die gekennzeichneten Reitwege!
> 7. Du bist Gast in der Natur. Dein Pferd bereichert die Landschaft, wenn du dich korrekt verhältst!
> 8. Verzichte auf einen Ausritt oder nimm Umwege in Kauf, wenn Wege durch anhaltende Regenfälle oder Frosteinbrüche weich geworden sind und nachhaltige Schäden entstehen können!
> 9. Begegne draußen Kindern, Wanderern, Radfahrern, Reitern und Kraftfahrzeugen grundsätzlich nur im Schritt, passe das Tempo dem Gelände an!
> 10. Melde unaufgefordert Schäden, die einmal entstehen können und regele entsprechenden Schadenersatz!
> 11. Verfolge und belehre Übeltäter, die gegen diese Regeln verstoßen!
> 12. Sei freundlich und hilfreich zu allen, die dir draußen begegnen und sei deinem Pferd ein guter Kamerad!

# LONGIEREN

Die Arbeit an der Longe dient der Gewöhnung des jungen Pferdes an die Arbeit unter dem Sattel, der Unterstützung der allgemeinen Ausbildung (Abwechslung), zur Korrektur von Unregelmäßigkeiten unter dem Reiter in Gang und Haltung sowie zur Erleichterung der Ausbildung von Pferden mit Exterieurmängeln. Weiterhin ist das Longieren zur Rehabilitation kranker Pferde oder zur Verrichtung leichter Arbeit angebracht.

Ziele des Longierens sind Takt, Losgelassenheit und Anlehnung zu erreichen

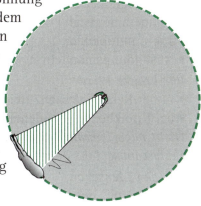

Longierzirkel, mind. 12 m Ø

bzw. zu fördern/zu verbessern. Dabei sollte jedoch immer beachtet werden, dass das Longieren eine sehr gute Möglichkeit ist, mit den Pferden zu arbeiten, dass jedoch jede Bearbeitung des Pferdes ohne Reiter nur ein Hilfsmittel zur Belehrung junger Pferde oder zur Korrektur älterer, verdorbener Pferde ist und nicht die Ausbildung des Pferdes unter dem Reiter ersetzt.

➡ *Ausrüstung*
- Sattel und Longiergurt (Longiergurt allein kann evtl. verrutschen),
- Trense/Kappzaum (Handling muss gelernt sein!),
- Bandagen oder Gamaschen (vorne und hinten),
- Longe, ca. 7 m lang,
- Peitsche (lang genug, um das Pferd zu erreichen),
- Ausbindezügel/Laufferzügel.

➡ *Hilfen beim Longieren*
- Peitsche (treibende Hilfe),
- Longe (weiche Anlehnung - verhaltende Hilfe),
- Stimme (treibende oder beruhigende Hilfe).

➡ *Für jüngere Pferde*
(Gewöhnungs- und Vertrauensperiode),
- als Vorbereitung zum ersten Aufsitzen,
- zum Lösen vor dem Reiten.

➡ *Für ältere Pferde*
- als Abwechslung in der Ausbildung,
- zum besseren Lösen,
- als Konditionstraining.

➡ *Für Korrekturpferde*
Bei physischen oder psychischen Problemen, z.B. bei Pferden mit:
- Gebäudefehlern,
- Temperamentsfehlern - Ungehorsam, Widersetzlichkeit,
- Taktunreinheiten,
- Ausbildungsmängeln usw.

➡ *Für kranke Pferde*
- in der Rekonvaleszenz (leichte Bewegung),
- bei Krankheiten, bei denen das Pferd nicht geritten werden kann.

*Nicht nach Lahmheiten Longieren!*
*Verletzungsgefahr durch ungestümes Loseilen!*

➡ *Für den Menschen*
- Voltigieren, um jüngere Kinder an das Pferd heranzuführen (Spielgruppen),
- Voltigieren als Leistungssport,
- für Reitanfänger zur Heranführung an das Pferd (Vermittlung eines ersten Bewegungsgefühls),
- zur Sitzschulung für Fortgeschrittene,
- in der Bewegungstherapie Behinderter.

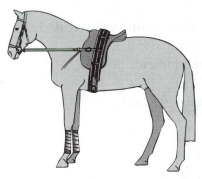

Der einfache Ausbindezügel stellt das Pferdemaul etwa in Hüfthöhe ein.

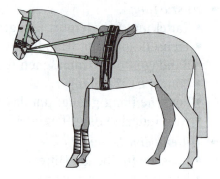

Der Laufferzügel ermöglicht verschiedene Variationen in der Einstellung

## AUSBILDUNGSSKALA DES PFERDES

Die Ausbildung des Pferdes ist eine systematische Gymnastizierung, kein Abrichten oder Dressieren.

Ziel der Ausbildung ist es, das Pferd sowohl in körperlicher als auch in psychischer Hinsicht zur vollen Entfaltung seiner natürlichen Möglichkeiten zu bringen und es zu einem gehorsamen, angenehmen und vielseitig ausgebildeten Reitpferd zu machen ➩ Durchlässigkeit.

Die Skala der Ausbildung ist eine Zusammenstellung der Grundeigenschaften des gerittenen Pferdes und stellt die einzelnen Phasen dar, die zum Erreichen dieser Ziele notwendig sind.

### Die drei Phasen der Gesamtausbildung des Pferdes

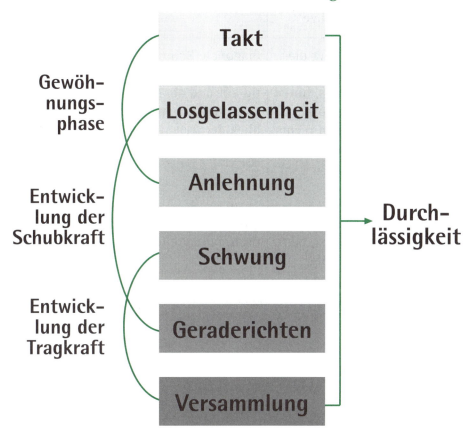

Diese systematische Grundausbildung gilt sowohl für Dressurpferde (Beherrschung der Kriterien unerlässlich) als auch für Pferde, die im Spring- und Geländereiten oder im Freizeitbereich eingesetzt werden, um den Hilfen des Reiters durchlässig zu folgen.

Das Erreichen der einzelnen Ausbildungsziele ist von einer vielseitigen Gymnastizierung (Abwechslung) und dem Eingehen auf die Psyche des Pferdes abhängig.

# Takt

**Begriff**

Takt ist das räumliche und zeitliche Gleichmaß in den drei Grundgangarten. Der Takt muss in allen Tempi - Arbeitstempo, Verstärkung und Versammlung - erhalten bleiben.

Grundgangarten

|  | Schritt | Trab | Galopp |
|---|---|---|---|
| Takt | Viertakt in 8 Phasen, abwechselnd Dreibein- und Zweibeinstütze | Zweitakt in 4 Phasen | Dreitakt in 6 Phasen (Rechts- und Linksgalopp) |
| Fußfolge | nacheinander diagonal-lateral: z.B. vorne rechts, hinten links, vorne links, hinten rechts ⇨ gleichseitig, aber nicht gleichzeitig | diagonale Beinpaare fußen gleichzeitig auf und ab, dazwischen Augenblick der freien Schwebe | äußeres Hinterbein, gleichzeitig inneres Hinterbein und äußeres Vorderbein, inneres Vorderbein, Schwebephase |
| Bewegung | schreitend (schwunglos), taktmäßig, fleißig, raumgreifend | schwungvoll, elastisch, raumgreifend | schwungvoll, bergauf, raumgreifend |

|  | Schritt | Trab | Galopp |
|---|---|---|---|
| Tempi | *Mittelschritt:* Hinterhufe greifen über die Spuren der Vorderhufe<br>*Starker Schritt:* weites Übertreten ohne Eilen, Rahmenerweiterung<br>*Versammelter Schritt:* Hinterhufe treten höchstens in die Spur der Vorderhufe | *Arbeitstrab:* fleißig, mit guter Aktivität der HH, Hinterhufe fußen etwa in die Spur der Vorderhufe<br>*Mitteltrab:* Bodengewinn durch größeren Raumgriff ohne zu eilen, Hinterhufe treten über die Spur der Vorderhufe, Rahmenerweiterung durch Dehnen des Halses<br>*Tritte verlängern:* Vorstufe des Mitteltrabs<br>*Versammelter Trab:* stärkere Hankenbeugung ⇨ Hinterbeine treten vermehrt in Richtung unter den Schwerpunkt, Verkürzung des Raumgriffs ohne Einschränkung an Fleiß, Aktivität und Schwung<br>*Starker Trab:* höchste Steigerung der Vorwärtsbewegung im Trab, Hinterhufe fußen deutlich über die Spur der Vorderhufe; Voraussetzung Versammlung | *Arbeitsgalopp:* fleißig, Bodengewinn (Raumgriff) etwa eine Pferdelänge<br>*Mittelgalopp:* längere und raumgreifendere Galoppsprünge mit entsprechender Rahmenerweiterung<br>*Galoppsprünge verlängern:* Vorstufe zum Mittelgalopp<br>*Versammelter Galopp:* deutlich unterspringende Hinterhand nimmt vermehrt Last auf, ohne an Fleiß zu verlieren<br>*Starker Galopp:* höchstmöglicher Bodengewinn ohne zu stürmen/zu eilen; Voraussetzung Versammlung |
| Fehler | passartiges Schreiten, übereilt, Anzackeln | unregelmäßige, verspannte Tritte; Schwebetritte | Viertakt (Vierschlag), Kreuzgalopp, hinten gleichzeitig springend |

Beim **Rückwärtsrichten** tritt das Pferd ohne Schwebephase in diagonaler Fußfolge im Zweitakt gerade zurück (Zweitakt in sechs Phasen).

Spezialgangarten:
Tölt: Schneller Viertaktrhythmus mit relativ hoher Hals- und Kopfhaltung.
Passgang: Gleichseitiges (laterales) Beinpaar wird gleichzeitig abgehoben und wieder aufgesetzt.

Merkmale eines taktmäßig gehenden Pferdes
Das Gleichmaß bleibt nicht nur auf gerader Linie, sondern auch in allen Übergängen und Wendungen erhalten.

Erreichen/Festigung des Taktes
- durch Einhalten eines bestimmten, dem jeweiligen Pferd angepassten Grundtempos,
- gleichmäßiges Treiben,
- gefühlvolle, weiche Zügelhilfen,
- geschmeidiges Eingehen in die Bewegungen des Pferdes,
- korrekte Anlehnung.

Taktfehler
- Taktfehler = Unregelmäßigkeiten in der Fußfolge.
- entstehen durch:
  - zu starke Handeinwirkung,
  - zu wenig treibende Hilfen,
  - missverstandenes Vorwärtsreiten (eiliger Bewegungsablauf, Taktstörungen).
- Korrektur:
  - lösende Übungen mit häufigen Übergängen,
  - Longieren,
  - Cavalettiarbeit,
  - Springgymnastik, Reiten im Gelände.

# Fußfolgen in Grundgangarten

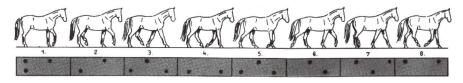

Schritt

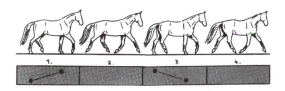

Trab

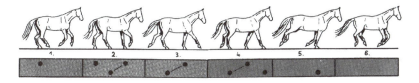

Rechtsgalopp

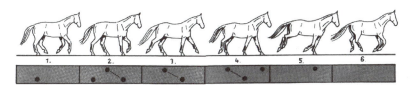

Linksgalopp

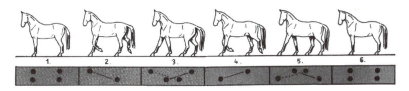

Rückwärtsrichten

# Losgelassenheit

### Begriff
Losgelassenheit dient als Voraussetzung für jede weitere Ausbildung. Die taktmäßigen Bewegungen sind nur dann richtig, wenn sie über den schwingenden Rücken gehen und sich die Muskeln des Pferdes zwanglos und unverkrampft an- und abspannen. Der Reiter kommt zum Treiben und kann losgelassen und geschmeidig sitzen. Takt und Losgelassenheit ergänzen sich gegenseitig.

### Bedeutung
- Durch verbesserte Losgelassenheit (innere und äußere) werden nervöse Pferde ruhiger und triebige Pferde fleißiger.
- Aufwärmen von Muskeln, Sehnen und Bändern (➪ verbesserte Durchblutung, Vorbeugung von Verschleißerscheinungen).
- Verbesserung der Rückentätigkeit.
- Aktivierung des Durchschwingens und Herantretens der Hinterbeine (➪ Leistungsfähigkeit erreichen und erhalten).
- Voraussetzung für Anlehnung, Schwung, Versammlung.

### Merkmale der inneren und äußeren Losgelassenheit
- Zufriedener Gesichtsausdruck (Auge, Ohrenspiel).
- Gleichmäßig schwingender Rücken.
- Geschlossenes, tätig kauendes Maul.
- Getragener, mit der Bewegung pendelnder Schweif.
- Abschnauben (innere Zufriedenheit).

### Erreichen der Losgelassenheit ➪ Lösungsarbeit
- Generell: ruhig, aber nicht langsam; fleißig, aber nicht eilig.
- Die Auswahl, Reihenfolge und Dosierung ist abhängig vom Ausbildungsstand von Reiter und Pferd.
  Lösende Lektionen unter dem Reiter sind u.a.:
  - Mittelschritt mit hingegebenem/am langen Zügel (Genickkontrolle);
  - Trabarbeit (Arbeitstrab) auf großen gebogenen Linien im Leichttraben (zur Entlastung des Rückens und zur Erleichterung der Atmung, Reiter löst sich auch);
  - Galopparbeit (Arbeitsgalopp) auf großen gebogenen Linien (evtl. im leichten Sitz);
  - häufige Handwechsel;
  - Übergänge (Trab-Schritt, Trab-Galopp);
  - Schenkelweichen und „Übertretenlassen";
  - Tritte und Sprünge verlängern (Aktivierung der Hinterhand, Entwicklung/Erhaltung des Vorwärtsdranges);
  - häufiges „Zügel-aus-der-Hand-kauen-lassen" zur Überprüfung der Losgelassenheit.

Weitere Möglichkeiten der lösenden Arbeit zur abwechslungsreichen Gestaltung der Ausbildung:
- Longieren,
- Laufen lassen/Freispringen,
- Bodenrickarbeit/Gymnastikspringen,
- Reiten im Gelände,
- Weidegang.

### Fehler bei der Lösungsarbeit
➡ Zu wenig lösende Arbeit (führt zu Verspannungen).
➡ Zu viel lösende Arbeit (führt zu frühzeitiger Ermüdung).

### Kontrolle der Losgelassenheit
➡ Überstreichen für 2 - 3 Pferdelängen, Kontrolle der Selbsthaltung.
➡ Zügel-aus-der-Hand-kauen-lassen:
- bis in Dehnungshaltung,
- bis zum hingegebenen Zügel.

# Anlehnung

### Begriff
Anlehnung als Folge der Losgelassenheit ist die stete, weich federnde Verbindung zwischen Reiterhand und Pferdemaul. Sie besteht, wenn das losgelassene Pferd die Anlehnung an das Gebiss sucht und somit an die Hand des Reiters herantritt: „Das Pferd sucht die Anlehnung, der Reiter gestattet sie." Das gibt dem Reiter die Möglichkeit, Gangart, Tempo, Haltung, Bewegungsrichtung usw. zu bestimmen und zu regulieren.
Beizäumung (das Pferd „steht am Zügel" ⇨ vermehrte Halswölbung und Biegung im Genick) ist die weiterentwickelte Stufe der Anlehnung als Folge- und Begleiterscheinung sachgemäßer Dressurarbeit.
Dabei ist die Anlehnung abhängig vom Alter, Ausbildungsstand, Gebäude, Gangart und Tempo (Rahmenerweiterung), Grad der Versammlung.

### Bedeutung
Die richtige Anlehnung gibt dem Pferd die nötige Sicherheit, sein natürliches Gleichgewicht unter dem Reiter wiederzufinden und sich im Takt der verschiedenen Gangarten auszubalancieren.

### Merkmale der Anlehnung
➡ Genick ist höchster Punkt des Pferdes (außer bei Dehnungshaltung).
➡ Stirn-Nasenlinie befindet sich leicht vor der Senkrechten.
➡ Selbsthaltung ist gegeben.
➡ Das Pferd wird von den Hilfen des Reiters eingerahmt.

### Erreichen der Anlehnung
Das Pferd muss infolge der treibenden Einwirkung des Reiters vertrauensvoll an die Hand herantreten. Die Anlehnung darf niemals durch Rückwärtswirken mit den Zügeln gewonnen werden.

### Fehlerhafte Anlehnung
Bei fehlerhafter Anlehnung tritt das Pferd nicht genügend mit der Hinterhand in Richtung unter den Schwerpunkt.

*Häufige Fehler:*

- Hinter der Senkrechten
  - höchster Punkt liegt im ersten Drittel des Halses, die Stirn-Nasenlinie befindet sich hinter der Senkrechten,
  - entsteht durch zu starke Handeinwirkung.
  - Korrektur: Vorgehen der Hand in Verbindung mit treibenden Hilfen.
- Hinter dem Zügel
  - Stirn-Nasenlinie befindet sich hinter der Senkrechten, Pferd weicht den Zügelhilfen nach hinten aus und nimmt diese nicht an,
  - entsteht durch Erzwingen der Anlehnung mit rückwärts wirkenden Händen.
  - Korrektur: Wiederherstellen der Verbindung zwischen Reiterhand und Pferdemaul (weiche, elastische und tief führende Hand), Longieren, vermehrtes Vorwärtsreiten.
- Falscher Knick
  - höchster Punkt des Pferdehalses liegt zwischen dem dritten oder vierten Halswirbel,
  - entsteht durch Erzwingen der Anlehnung mit rückwärts wirkenden Händen.
  - Korrektur: elastische Verbindung zum Pferdemaul, energisches Treiben, häufiges „Zügel-aus-der-Hand-kauen-lassen".
- Auf dem Zügel
  - Pferd stützt sich auf dem Gebiss ab und tritt nicht genügend von der Hinterhand an das Gebiss heran.
  - Korrektur: Wechselspiel von annehmenden und nachgebenden Zügelhilfen, Reiten von Übergängen, Aktivierung der Hinterhand durch vermehrtes Treiben.
- Gegen/über den Zügel
  - Stirn-Nasenlinie ist deutlich vor der Senkrechten, Pferd drückt mit der Unterhalsmuskulatur bei weggedrücktem, festgehaltenem Rücken gegen die Hand.
  - Korrektur: Longieren vom kürzeren zum längeren Zügel, häufiges Zügel-aus-der-Hand-kauen-lassen, seitwärts weisende Zügelhilfe, um dem Pferd den „Weg in die Tiefe" zu zeigen.

## Richtig

Pferd „steht am Zügel"

## Falsch

hinter der Senkrechten

falscher Knick

auf dem Zügel

hinter dem Zügel

gegen den Zügel

# Schwung

### Begriff
Schwung ist die Übertragung des energischen Impulses aus der Hinterhand über den schwingenden Pferderücken auf die Gesamtvorwärtsbewegung des Pferdes.

### Bedeutung
Schwung ist nicht zu verwechseln mit Gang. Gang beschreibt lediglich die angeborenen Möglichkeiten des Pferdes, sich zu bewegen. Schwung ist dagegen das Ergebnis der reiterlichen Ausbildungsarbeit, die zwar den natürlichen Gang des Pferdes nutzt, ihm aber die Eigenschaften Losgelassenheit, Schub aus der Hinterhand und Durchlässigkeit hinzufügt.

Voraussetzungen für schwungvolle Bewegungen sind:
- der geschmeidige und ausbalancierte Sitz des Reiters, korrekte Hilfengebung,
- Takt, Losgelassenheit und Anlehnung des Pferdes sind sichergestellt.
- Wichtig: Der Reiter kommt zum Treiben.

Merkmale des schwungvoll gehenden Pferdes:
- die Sprunggelenke werden sofort nach dem Abfußen nach vorwärts gebeugt - nicht nach oben oder hinten,
- durch den Schub nach vorne und über den schwingenden Rücken wird der Reiter in die Bewegung hineingesetzt und gelangt zu einem tiefen und geschmeidigen Sitz,
- Verbesserung der Aktion der Vorderbeine,
- ausgeprägtere Schwebephase,
- bei Trabverstärkungen vermehrter Raumgriff,
- bei Galoppverstärkungen vermehrter Bodengewinn.

Erreichen/Entwicklung des Schwunges:
- durch vermehrtes, aber ruhiges Treiben,
- durch Übergänge zwischen den Gangarten und Tempiwechsel innerhalb der Gangarten (Takt beachten!),
- durch Bodenrickarbeit,
- Reiterhand bildet den Gegenpol für das Treiben, muss aber elastisch bleiben, da sonst der Vortritt der Hinterhand behindert wird.

Fehler bei der Schwungentwicklung:
- Taktstörungen,
- eilig werdende, laufende Bewegungen,
- gespannte Tritte/Sprünge,
- vermehrte Belastung der Vorhand,
- keine Rahmenerweiterung,
- hinten breit.

## Gerade richten

### Begriff
Ein Pferd ist gerade gerichtet, wenn Hinterhand und Vorhand aufeinander eingespurt sind, d.h. wenn es auf gerader und gebogener Linie mit seiner Längsachse der Hufschlaglinie angepasst ist: „Das Pferd geht hufschlagdeckend".

### Bedeutung
- Erforderlich für gleichmäßige Verteilung der Belastung auf beide Körperhälften, insbesondere der Beine.
- Optimierung der Schubkraft: Nur bei einem gerade gerichteten Pferd kann die Schubkraft der Hinterhand voll in Richtung seines Schwerpunktes wirken.
- Verbesserung der Durchlässigkeit.
- Vorbereitung/Erreichen der Versammlung: Nur bei einem gerade gerichteten Pferd können die verhaltenden Hilfen des Reiters über Maul, Genick, Hals und Rücken bis zur Hinterhand richtig durchkommen und gleichmäßig auf beide Hinterbeine wirken.
- Beseitigung der durch die embryonale Lage begründeten „natürlichen Schiefe", die dadurch verstärkt wird, dass die Vorhand des Pferdes schmaler ist als die Hinterhand. Im ungeschulten Zustand kann sich das Pferd auf zwei Hufschlägen besser ausbalancieren. Ca. 80 % aller Pferde sind nach rechts schief, d.h. das Pferd tritt mit dem rechten Hinterfuß seitlich rechts neben die Spur des rechten Vorderfußes. Die vom rechten Hinterbein entwickelte Schubkraft wirkt somit diagonal über die linke Schulter des Pferdes und belastet vermehrt den linken Vorderfuß ⇨ Gefahr vorzeitiger Verschleißerscheinungen des linken Vorderbeines. Das Pferd geht dabei gegen den rechten Schenkel, tritt nicht an den rechten Zügel heran (hohle Seite) und geht gegen den linken Zügel (Zwangsseite).

*Dabei beginnt die gerade richtende Arbeit im ersten Stadium der Ausbildung, sollte im L-Bereich nicht mehr sichtbar sein, hört jedoch nie auf.*

### Merkmale des gerade gerichteten Pferdes
- Hinterhand und Vorhand sind aufeinander eingespurt.
- Die Schubkraft der Hinterhand wirkt voll in Richtung unter den Schwerpunkt des Pferdes.

## Erreichen des Geraderichtens

Grundsätzlich wird die Vorhand auf die Hinterhand eingerichtet. Durch folgende Übungen wird ein Pferd gerade gerichtet:

⟹ im A-Bereich
- durch Reiten von großen gebogenen Linien im Arbeitstempo,
- durch häufigen Handwechsel,
- durch Übergänge,
- durch richtiges Treiben in Verbindung mit weicher Anlehnung,
- durch Schlangenlinien und Schenkelweichen,
- durch den richtigen Einsatz der diagonalen Hilfen;

⟹ im L-Bereich
- durch Außengalopp;

⟹ im M-Bereich
- Übergänge und Verstärkungen,
- Seitengänge,
- fliegende Galoppwechsel.

Das Pferd ist noch nicht gerade gerichtet. Die Hinterfüße treten nicht in die Spur der Vorderfüße.

Das Pferd ist gerade gerichtet. Vorderhand und Hinterhand sind aufeinander eingerichtet.

# Versammlung

## Begriff

Unter Versammlung wird die Entwicklung der Tragkraft verstanden, also ein vermehrtes Beugen der Gelenke der Hinterhand und damit eine Verlagerung des Schwerpunktes nach hinten. Voraussetzung sind die vorangegangenen Punkte der Ausbildungsskala, insbesondere Schwung und Gerade richten. Durch das Reiten versammelnder Lektionen wird der Schub der Hinterhand nach vorwärts-aufwärts entwickelt. Die durch vermehrtes Treiben erzeugte Steigerung der Schubkraft wird nicht wie beim Zulegen herausgelassen, sondern vielmehr mit durchhaltenden oder annehmenden Zügelhilfen abgefangen, über den durchlässigen Rücken in die Hinterhand zurückgegeben, wodurch eine erhöhte Tragkraft (Federkraft) erreicht wird.

## Bedeutung

Vorbeugung von Verschleißerscheinungen an der Vorhand. Die Vorderbeine des Pferdes tragen von Natur aus ca. 55 % des Pferdegewichtes (Stützfunktion), die Hinterbeine ca. 45 % (Schiebefunktion). Diese Gewichtsverteilung wird durch den dicht hinter der Schulter sitzenden Reiter noch ungünstiger gestaltet.

## Merkmale des versammelten Pferdes

- Reinheit der Gänge in allen Tempi,
- stärkere Beugung der Gelenke der Hinterhand (= Hinterhand nimmt vermehrt Last auf),
- Vorderbeine werden entlastet und in ihren Bewegungen freier,
- Eindruck eines „bergauf" gehenden Pferdes,
- die Schritte, Tritte und Sprünge werden kürzer, jedoch fleißiger, energischer und erhabener (kadenzierter),
- *relative Aufrichtung:* Form der Anlehnung und Aufrichtung des Pferdehalses in direkter Beziehung zum Grad der Beugung der Hinterhand, Anlehnung wird leichter ⇨ Selbsthaltung,
- Harmonie von Reiter und Pferd (kaum sichtbare Hilfen, geschmeidiger und gestreckter Sitz).

Falsch ist die *absolute Aufrichtung*, die ausschließlich mit der Hand herbeigeführt wird. Das Pferd trägt sich nicht selbst, stattdessen werden Kopf und Hals von der Hand des Reiters getragen.

### Erreichen/Entwicklung der Versammlung

Man unterscheidet:

➡ Lektionen mit beginnender Versammlung sind z.B.
- Tempounterschiede im Trab und Galopp (unter Beibehaltung von Takt und Schwung)
- ganze Paraden aus dem Trab
- Rückwärtsrichten
- Antraben vom Fleck
- häufiges Angaloppieren aus dem Schritt
- Zirkelverkleinern und -vergrößern im Galopp
- Volten (8 m Durchmesser)

➡ Lektionen, für die eine gewisse Versammlung gegeben sein muss z.B.
- Außengalopp
- einfacher Galoppwechsel
- Kurzkehrtwendung
- Hinterhandwendung
- alle M- und S-Lektionen
z.B. Schulterherein, Renvers/Travers, Traversalen, fliegender Galoppwechsel, Schrittpirouetten

In der Versammlung sind die Hanken stärker gebeugt. Das Pferd tritt weiter in Richtung unter den Schwerpunkt und geht mit einer entsprechenden Aufrichtung (relative) in Selbsthaltung.

## Durchlässigkeit

Die Durchlässigkeit ist das **Ziel der gesamten Ausbildung**.
Ein Pferd ist durchlässig, wenn es die Hilfen des Reiters zwanglos und gehorsam annimmt. Es reagiert ohne Zögern auf treibende Hilfen und schwingt mit den Hinterbeinen aktiv durch und entwickelt genügend Schub. Gleichzeitig werden die Zügelhilfen vom Maul über Genick, Hals und Rücken bis in die Hinterhand weitergeleitet, ohne durch Spannungen an einer Körperstelle blockiert zu werden. Ein Pferd, das sich in allen drei Grundgangarten jederzeit versammeln lässt, hat die höchste Stufe der Durchlässigkeit erzielt.
Durchlässigkeit ist dann gegeben, wenn das Pferd auf beiden Händen gleichmäßig losgelassen und gehorsam auf vorwärts treibende, verhaltende und seitwärts wirkende Hilfen reagiert.

## Takt
Reiner Gang, natürlicher Bewegungsablauf, räumliches und zeitliches Gleichmaß der Schritte, Tritte und Sprünge.

*direkter Zusammenhang*

## Losgelassenheit
„Mitmachen des Pferdes", richtiges An- und Abspannen der Muskulatur.

*gegenseitiges Ergänzen*

## Anlehnung
Als Folge der Losgelassenheit lässt das Pferd den Hals fallen und stellt eine leichte beiderseits gleiche Verbindung her („am Zügel" - natürliches Gleichgewicht, schwingender Rücken).

## Schwung
Die Anlehnung gibt die Möglichkeit, den Impuls aus der Hinterhand (Schubkraft) über den schwingenden Rücken auf die gesamte Vorwärtsbewegung zu übertragen.

## Gerade richten
Einrichten der Vorhand auf die Hinterhand, gleichmäßiges Reiten auf beiden Händen, Stellen und Biegen, Reiten von Lektionen.

## Versammlung
Ein vermehrtes Beugen der Gelenke der Hinterhand - Entlastung der Vorhand, relative Aufrichtung, höchste Leistungsfähigkeit, williger Gehorsam, Harmonie.

---

**GEWÖHNUNGSPHASE**
Die Zeit der Erziehung und Gewöhnung im Stall, beim Longieren, Anreiten usw.
⇨ erster Gehorsam

**ENTWICKLUNG DER SCHUBKRAFT**
„Reite dein Pferd vorwärts und richte es gerade." (Steinbrecht 1886)

**ENTWICKLUNG DER TRAGKRAFT**

**DURCHLÄSSIGKEIT**

# Geschichte des Reitsports

## Die Geschichte des Pferdes – Evolution und Domestikation

**Die Entwicklung vom „Eohippus" zum „Przewalski-Pferd"**

Die Stammesgeschichte des Pferdes ist anhand fossiler Funde vor rund 60 Mio. Jahren anzusetzen. Der „Eohippus" war ein 25 - 45 cm katzen- bis fuchsgroßer Blätterfresser, der an den Vordergliedmaßen vier, an den Hintergliedmaßen drei behufte Zehen aufwies.  In verschiedenen Stadien der Entwicklungsgeschichte des Pferdes kam es zur Reduktion der Seitenzehen mit gleichzeitiger Ausprägung der Mittelzehe bis zur Einhufigkeit sowie zu einer Veränderung des Gebisses, das den Blätterfresser zu einem Grasfresser machte. Als frühester Vertreter der Pferde im engeren Sinne wird das bei Mosbach gefundene „Mosbach-Pferd" bezeichnet, das vor rd. 50.000 Jahren gelebt hat. Das 1879 in der Mongolei entdeckte „Przewalski-Pferd" gilt als eine der Ursprungsformen der heutigen Hauspferde.

**Das Pferd in der Frühzeit menschlicher Kulturen – Die frühen Reitervölker**

Wandmalereien, Ritzzeichnungen, Skulpturen und Reliefs geben Auskunft über den Gebrauch des Pferdes in der Frühzeit menschlicher Kulturen. Mit der Domestikation um 4.000 v. Chr. wurde die Basis für eine differenzierte Nutzung des Pferdes geschaffen.

Vom 3. bis 2. Jahrtausend v. Chr. beschränkte sich die Nutzung des Pferdes auf die Anspannung vor dem Kultwagen. Die Erfindung des Rades und die damit einhergehende Perfektionierung des Wagens begründete um 2.000 v. Chr. das Zeitalter der Streitwagenkrieger. Die erste Völkerwanderung 1.900 - 1.600 v. Chr. wurde durch den Einsatz der Streitwagen möglich, da sich diese als unschlagbare Waffe erwiesen.

Der Umbruch vom Fahren zum Reiten vollzog sich zwischen 1.250 - 800 v. Chr. Im militärischen Einsatz zeichnete sich dieser Umbruch um 1.000 v. Chr. ab, das eigentliche Reiterkriegertum begann um 800 v. Chr. und vollzog sich gleichzeitig mit der Ausbreitung und Entwicklung des Vollnomadismus.

## Die Ausbildung des Pferdes in der griechischen Antike

Aus dem griechischen Altertum stammen die ältesten Schriften der antiken Reitkunst, die von Cimon von Athen und **Xenophon** verfasst wurden und bis in die heutige Zeit die Reiterei prägten.

Cimon von Athen (6. Jh. v. Chr.) verfasste eine Reitvorschrift, die Xenophon (um 430 - 354 v. Chr.) als Grundlage für seine Reitvorschrift **„Peri hippikes" (Über die Reitkunst)** diente. Die vollständig erhalten gebliebene Reitvorschrift Xenophons muss als Grundstein der europäischen Hippologie angesehen werden, da die in diesem Werk entwickelten ethischen Leitlinien noch heute Gültigkeit besitzen.

Die „Peri hippikes" zeichnet sich durch einen hohen Grad ethischen Verantwortungsbewusstseins und tierpsychologischer Erkenntnisse für das Verständnis und die Behandlung des Pferdes aus. Xenophon untersuchte erstmals das Verhältnis von Mensch und Pferd. Er betrachtete das Pferd als Individuum und erstrebte die Harmonie zwischen Reiter und Pferd: „Was unter Zwang erreicht wurde, wurde ohne Verständnis erreicht und ist ebenso unschön wie das Peitschen oder Spornieren eines Tänzers." Oder: „Verliere beim Umgang mit Pferden nie die Beherrschung, dies ist die wichtigste Regel für jeden Reiter."

Außerdem sind in seiner Reitvorschrift Angaben zum Sitz, zur Hilfengebung und zur Ausführung einzelner Lektionen enthalten sowie Anweisungen an den jungen griechischen Adeligen zum Reiten eines ausgebildeten Kriegs- und Paradepferdes.

## Die Germanen und der Übergang zur Ritterzeit

Bei der Reiterei der Germanen bekunden Mythologien und Heldensagen die wichtige Rolle, die das Pferd im Leben der Germanen spielte.

Vom Mittelalter bis zum Beginn der Renaissance (vom Untergang des Weströmischen Reiches 476 n. Chr. bis zur Wende vom 15. zum 16. Jh.) diente das Reiten dem Ritter zur Entfaltung seiner ritterlichen Tugenden, quasi als berufliche Selbstverständlichkeit. Auch das Turnier, als Begriff vom modernen Turniersport übernommen, war mehr ein kriegerisches Manöver als ein Sportfest. Das Turnierwesen mit den Formen Buhurt (ganztägiger Gruppenkampf) und Tjost (Zweikampf) wurde zum Ausdruck ritterlicher Lebensgestaltung.

# Die Wiederentdeckung der methodischen Reitkunst von der Renaissance bis zur Aufklärung (15. - 17. Jh.)

Der bekannteste Reitmeister im 16. Jh. war **Frederico Grisone**. Er veröffentlichte 1550 das **„Ordini da calvacare"**. Grisone, der als „Vater der Reitkunst" bezeichnet wird, sah das Reiten als Selbstzweck und höfischen Zeitvertreib. Grisone erkannte aber auch die zunehmende Bedeutung der Trabarbeit bei der Ausbildung der Pferde.

Im Gegensatz zu Xenophon war für Grisone die Gefügigkeit und Unterwerfung des Pferdes das Leitmotiv seiner Ausbildungsarbeit. Er setzte Peitsche und Sporen als wesentliche Hilfen ein. Obwohl Grisone immer wieder empfahl, das Pferd nicht wider Willen zu zwingen, begründete sich hier die Tradition der späteren „französischen Gewaltschule". Die Vertreter dieser Schule, z.B. de la Broue (1553 - 1610), setzten sich in ihren Methoden und Forderungen über die natürlichen Anlagen der Pferde hinweg.

Gegen jede Gewaltanwendung in der Reiterei wandte sich **Pluvinel** (1555 - 1620), obwohl auch er den Gehorsam des Pferdes in allen Bereichen der Reitkunst als das zentrale Moment seiner Ausbildung sah. Doch der Reiter sollte sich auf das Pferd einstellen und die unterschiedliche Veranlagung des Pferdes berücksichtigen. In Pluvinels 1623 posthum erschienenem Werk **„Manège Royal"** kommt dies anschaulich zum Ausdruck: „Wir sollten besorgt sein, das Pferd nicht zu verdrießen und seine natürliche  Anmut zu erhalten, sie gleicht dem Blütenduft der Früchte, der niemals wiederkehrt, wenn er einmal verflogen ist" (Lob statt Strafe).

Pluvinel gilt als Erfinder der Pilaren, die ein wesentliches Ausbildungselement seiner Reitlehre darstellten. Diese Arbeit an den Pilaren wurde von **Newcastle** (1592 - 1676), einer weiteren herausragenden Persönlichkeit des 17. Jh., abgelehnt („**Methode e invention nauvelle de dresser les chevaux**"; 1658). Allerdings arbeitete er seine Pferde um einen Pfahl als Fixpunkt auf dem Zirkel. Hieraus entstand das „Kopf in die Volte", der erste Ansatz der Lektion Schulterherein. Zur Schonung des Pferdemauls entwickelte Newcastle einen Kappzaum, den er zusammen mit dem auch von ihm erfundenen Schlaufzügel in der Ausbildung des Pferdes einsetzte. Dabei gelangte er zu der grundlegenden Erkenntnis, dass das Pferd vermehrt mit der Hinterhand unter den Schwerpunkt gearbeitet werden muss und dass echte Versammlung ohne eng aneinander vorbeitretende Hinterbeine nicht möglich sei. Um die Versammlung zu erreichen, wirkte Newcastle allerdings nur mit dem inneren Zügel ein.

# Die Reform des gesamten Reitsystems - Francois Robinchon de la Guérinière (1688-1751)

Das Werk **Guérinières**, das 1733 unter dem Titel **"Ecole de Cavalerie"** erschien, sorgte für eine Reform des gesamten Reitsystems. Guérinière  schuf als erster eine folgerichtige und zusammenhängende, methodisch aufgebaute Reitlehre, die der modernen Dressurarbeit als Grundlage dient. Er sah den Zweck der Ausbildung des Pferdes darin, „es durch systematische Arbeit ruhig, gewandt und gehorsam zu machen, damit es angenehm in seinen Bewegungen und bequem für den Reiter wird."

Guérinière widersprach Newcastle in der Bedeutung des Gebrauchs des inneren Zügels, da er grundsätzlich für die Wirkung des äußeren Zügels eintrat. Guérinière entwickelte die für die Entwicklung der Tragkraft des Pferdes wichtige Lektion „Schulterherein", für dessen richtige Ausführung der Gleichgewichtssitz des Reiters besonders wichtig sei und betonte, dass der Reiter nicht wie damals üblich auf dem Spalt, sondern auf dem Gesäß sitzen müsse. Der von ihm geforderte Schulsitz bildet die Grundlage für den heutigen ausbalancierten, losgelassenen, geschmeidigen Grundsitz mit der Dominanz von Gewichts- und Schenkelhilfen gegenüber den Zügelhilfen. Entsprechend dem von Guérinière geforderten Sitz wurde auch der bis dahin übliche Sattel vereinfacht (ähnlich den heutigen Sätteln), an dem noch 1664 **Pinter von der Aue's ("Vollkommener Pferdeschatz")** Forderung des mitatmenden, haarfühlenden Schenkels gescheitert war.

Guérinière verstand die Ausbildung des Pferdes als Vervollkommnung der Natur. Er schuf mit seinen Grundvoraussetzungen – zwangfreie und schonende Ausbildung nach dem Prinzip „vom Leichten zum Schweren" – die Basis der klassischen Ausbildungsarbeit. Die allgemeinen Ausbildungsprinzipien wie Losgelassenheit, Durchlässigkeit, Gehorsam und Versammlung, die Guérinière forderte, bildeten den ausschlaggebenden Beitrag für die moderne Reitlehre. In der „Skala der Ausbildung" sind diese Prinzipien auch heute noch erfasst.

## Die Reitkunst im 19. und 20. Jahrhundert

Meinungsverschiedenheiten und Streit um richtige Methoden und Ziele der Ausbildung prägten die Entwicklung der Reitkunst im 19. Jh. Elemente der widernatürlichen Reiterei zeigten sich in den Werken von **Francois Baucher** (1776 - 1873) und **James Fillis** (1834 - 1913). Sie brachten ihren Pferden Kunststücke bei wie Galopp auf drei Beinen, Rückwärtstraben und Rückwärtsgalopp.

Die Vertreter der klassischen Schule, u.a. **Gustav Steinbrecht** (1808 - 1885), wandten sich gegen die Rückwärtsmethoden und Schnelldressur Bauchers.

Dabei bildet das Werk Steinbrechts „**Das Gymnasium des Pferdes**" mit dem Leitsatz „Reite dein Pferd vorwärts und richte es gerade", das 1886 posthum erschienen ist, die Grundlage aller später erscheinenden deutschen Reitlehren, die die dressurmäßige Ausbildung von Reiter und Pferd als Fundament aller reitsportlichen Disziplinen ansehen.

1935 wurde „Das Gymnasium des Pferdes" in der 4. Auflage von **Hans v. Heydebreck** (1866 - 1935; Mitglied der Reitvorschriften-Kommission, die die HDV 12 – Heeresdienstvorschrift –, die Grundlage der heutigen Richtlinien für Reiten und Fahren, verabschiedete) überarbeitet und unter Berücksichtigung  neuer Erkenntnisse – z.B. dass die Hergabe des Genicks niemals über die Hand, sondern nur durch den von den Hinterbeinen erzeugten Schwung erfolgen darf – mit Fußnoten, in denen er die Mängel der vorherigen Auflagen klärte, kommentiert. Zudem legte Heydebreck die Skala der Ausbildung fest.

Der Reitsport zu Beginn des 20. Jh. stand ganz unter dem Einfluss des Militärs und in Deutschland unter dem Einfluss der Kavallerieschule Hannover. 1912 wird auf Initiative des schwedischen Grafen Clarens von Rosen das Reiten wieder olympische Disziplin. 1928 wurden die Ausbildungsställe für die Spezialdisziplinen an der Kavallerieschule Hannover eingerichtet, an denen u.a. Oskar Maria Stensbeck und Otto Lörke als Zivilstallmeister tätig waren.

In Italien führte **Friderico Caprilli** (1868 - 1907) um die Jahrhundertwende einen neuen Springstil ein. Er modifizierte den Springsattel, bei dem der Reiter mit kurzen Bügeln und festem Knieschluss das Gesäß aus dem Sattel nehmen konnte und so den Pferderücken entlastete.

Vor der Jahrhundertwende waren gebräuchliche Reitweisen:
- in Frankreich: „Wenig Hand und viel Schenkel." Dabei saß der Reiter beim Springen geschmeidig im Sattel - allerdings in Rücklage - ohne das Pferd vorne festzuhalten.
- in Deutschland: Das Pferd musste „am Zügel springen". Dabei saß der Reiter mit deutlicher Handeinwirkung schwer im Sattel, die Stirnlinie des Pferdes musste an der Senkrechten bleiben.

Der italienische Springstil wurde in Deutschland zunächst nur von Zivilreitern übernommen. Die Reiter des Militärs mussten bis Mitte der 20er Jahre am militärischen „Dressur-Springsitz" festhalten. Erst mit der Einrichtung des Springstalles der Kavallerieschule Hannover setzte sich der moderne Springsitz auch beim Militär durch.

*Vertiefende Literatur:* Michaela Otte – Geschichte des Reitens, FN*verlag*.

# Fragen zu Reitlehre

*1. Beschrifte folgende Abbildungen!*

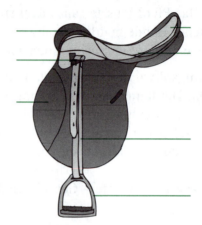

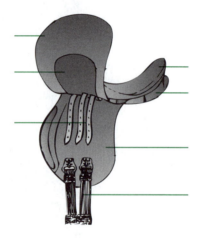

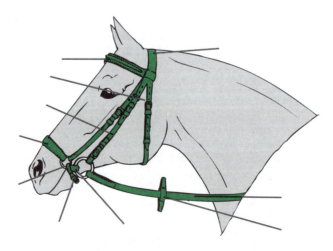

2. Beschreibe die korrekte Verschnallung der Trense!

   _____

   _____

   _____

3. Wie ist das Gebiss beschaffen?
   Kreuze die richtigen Antworten an!
   - ① Länge soll der Breite des Maules entsprechen
   - ② Je dünner das Gebiss, umso weicher
   - ③ Je dünner das Gebiss, umso schärfer
   - ④ Mindestdicke 14 mm
   - ⑤ Gebisse können rostig, abgenutzt oder ausgeschlagen sein

4. Welche Sattelarten werden unterschieden?

   _____

   _____

   _____

5. Beschreibe einen korrekt auf dem Pferderücken liegenden Sattel!

   _____

   _____

   _____

6. Folgendes Zubehör dient der Stabilisierung der Lage des Sattels.
   Kennzeichne näher!

  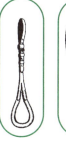 

   _____   _____   _____   _____

# REITLEHRE

7. *Wie muss die Ausrüstung des Reiters beschaffen sein? Kreuze an!*

   ① Sachgemäß und den Sicherheitsanforderungen entsprechend

   ② Bruch- und splittersichere Reitkappe mit Drei- bzw. Vierpunktbefestigung

   ③ Gut passende Reithose

   ④ Turnschuhe

   ⑤ Reitstiefel mit langem Schaft und bis zum Absatz durchgehender Sohle oder Stiefeletten

   ⑥ Reithandschuhe

8. *Womit kann der Reiter die Pferdebeine schützen?*

   _____

   _____

   _____

9. *Warum sind Bandagen nicht für das Reiten im Gelände geeignet?*

   _____

   _____

   _____

10. *Wann sind Ausbindezügel nicht zu benutzen? Kreuze an!*

    ① Beim Dressurreiten

    ② Im Gelände

    ③ Beim Longieren

    ④ Beim Springreiten

    ⑤ Bei Korrekturpferden

    ⑥ Bei Reitanfängern

*11. Beschrifte folgende Abbildungen!* Ab DRA III Dressur/Springen

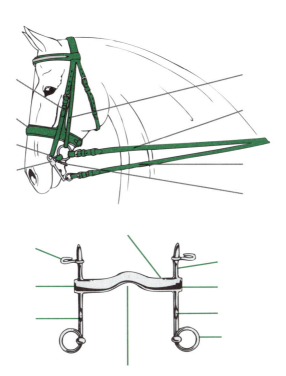

*12. Welche Voraussetzungen müssen für* Ab DRA III Dressur/Springen
*das Reiten auf Kandare gegeben sein?*

_____

_____

_____

*13. Welche Wirkung hat die Kandare?* Ab DRA III Dressur/Springen
*Kreuze die richtigen Antworten an!*

① Beim Reiten auf Kandare herrscht die Trense vor

② Soll die Kandare weicher werden, sind die Anzüge länger und die Zungenfreiheit gering

③ Soll die Kandare schärfer wirken, sind die Anzüge länger und die Zungenfreiheit größer

④ Soll die Kandare weicher wirken, sind die Anzüge kürzer und die Zungenfreiheit gering.

14. Bei welchem Viereck ist die Buchstabenmarkierung korrekt? Kreuze richtig an!

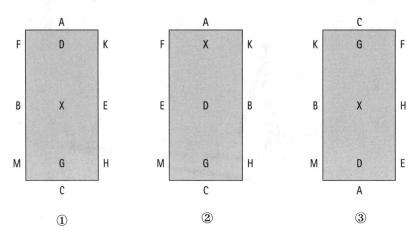

15. Nenne einige Hufschlagfiguren auf gerader Linie und einige auf gebogenen Linien!

gerade Linie: _____

_____

_____

_____

gebogene Linien: _____

_____

_____

_____

16. Zeichne einige Hufschlagfiguren auf gerader Linie und einige auf gebogenen Linien!

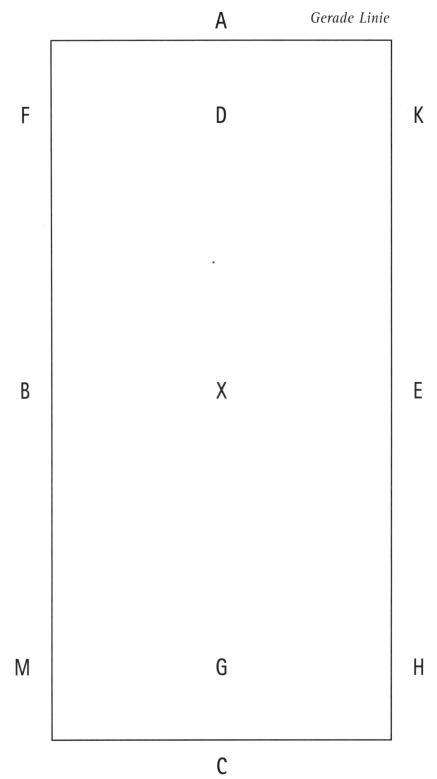

*Gerade Linie*

*Gebogene Linien*

A

F   D   K

B   X   E

M   G   H

C

17. Liste einige Punkte der Bahnordnung auf, die für ein reibungsloses Miteinander notwendig sind!

_____

_____

_____

_____

_____

_____

18. Setze richtig ein! Beschreibe kurz die Zusammenhänge!

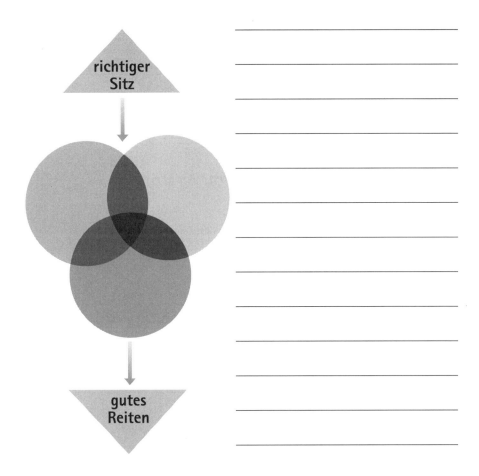

*19. Beschreibe den Dressursitz und den leichten Sitz!*

Dressursitz: _____

_____

_____

_____

_____

Leichter Sitz: _____

_____

_____

_____

_____

*20. Wann wird im leichten Sitz geritten? Kreuze an!*
- ① Beim Reiten von Remonten
- ② Im Gelände
- ③ Über dem Sprung
- ④ In der Dressur

*21. Nenne häufig vorkommende Ursachen für Sitzfehler!*

_____

_____

_____

_____

22. Benenne die unten gezeigten Sitzfehler!

Im Dressursitz

_____    _____

Im Springsitz

_____    _____

23. Was bezeichnet man als „Fundament" beim leichten Sitz?

① Oberkörper und Mittelpositur

② fest anliegende Knie, unveränderte Lage der Unterschenkel dicht hinter dem Gurt, federnde Fußgelenke

③ Linie Schulter-Hüfte-Absatz

24. Welche Hilfen gibt es in der Reiterei?

_____

_____

_____

_____

25. Welche Arten der Gewichts-, Schenkel- und Zügelhilfen werden unterschieden?

   Gewichtshilfen: _____

   _____

   _____

   Schenkelhilfen: _____

   _____

   _____

   Zügelhilfen: _____

   _____

   _____

26. Wann werden Gewichtshilfen eingesetzt?

27. Beschreibe die korrekte Lage der Unterschenkel bei den Schenkelhilfen!

28. Welche Hilfe kann nur in Verbindung mit den anderen Hilfen gegeben werden? Kreuze an!

    ① Schenkelhilfen

    ② Zügelhilfen

    ③ Gewichtshilfen

29. Beschreibe die korrekte Durchführung der annehmenden und nachgebenden Zügelhilfen!

    annehmende Zügelhilfe: _____

    _____

    nachgebende Zügelhilfe: _____

    _____

30. Benenne die abgebildeten Hilfszügel!

_____     _____

_____

_____     _____

31. Welche der drei Abbildungen demonstriert das „Zügel-aus-der-Hand-kauen-lassen"? Kreuze an!

① ② ③

32. Wozu dient das „Zügel-aus-der-Hand-kauen-lassen"? Wie wird es korrekt ausgeführt?

_____

_____

_____

_____

_____

33. Es gibt verschiedene Grundübungen im dressurmäßigen Reiten.
a) Was bedeutet „an die Hilfen stellen"?

_____

_____

b) Was ist der Unterschied zwischen Stellung und Biegung?

Stellung: _____

_____

Biegung: _____

_____

c) Was bedeutet „überstreichen"?

_____

_____

34. Warum sind Stellung und Biegung unabdingbare Voraussetzungen für das Reiten von Seitengängen? `Ab DRA II Dressur`

_____

_____

_____

_____

_____

35. Kreuze die richtigen Antworten an!

    Halbe Paraden werden gegeben ...

    ① zur Regulierung von Takt und Gangart

    ② zur Erreichung der Losgelassenheit

    ③ zur Vorbereitung jeder Lektion

    ④ zur Siegerehrung

    ⑤ als Einleitung der ganzen Parade

    ⑥ zur Verbesserung der Haltung des Pferdes

    ⑦ zur Verbesserung der Versammlung

36. In welcher Gangart gibt es kein Arbeitstempo?

    ① Galopp

    ② Schritt

    ③ Trab

37. Beschreibe die Grundgangarten!

    **Schritt**   ist eine schwung_____ Bewegung im _____-Takt in _____ Phasen

    **Trab**      ist eine schwung_____ Bewegung im _____-Takt in _____ Phasen

    **Galopp**    ist eine schwung_____ Bewegung im _____-Takt in _____ Phasen

    **Rückwärtsrichten** ist eine schwung_____ Bewegung im _____-Takt in _____ Phasen

## REITLEHRE

38. Nenne die Fußfolgen der drei Grundgangarten Schritt, Trab und Galopp!

Schritt: _____

_____

Trab: _____

_____

Galopp: _____

_____

39. Welche Ausprägung hat die Nickbewegung des   **Ab DRA II Dressur**
Pferdes in den unterschiedlichen Schritt-Tempi und warum?

Starker Schritt: _____

_____

Mittelschritt: _____

_____Versammel-

ter Schritt: _____

_____

40. Erkläre die korrekte Hilfengebung des Rückwärtsrichtens!

_____

_____

_____

_____

_____

41. Wo wird in der Dressur während des Leichttrabens beim Handwechsel der Fuß gewechselt?

    Zirkel: _____

    Durch die Bahn wechseln: _____

    Durch die Länge der Bahn wechseln: _____

    Schlangenlinien durch die Bahn: _____

42. Welche dieser Lektionen bezeichnet man als Seitengänge? Kreuze an! `Ab DRA II Dressur`
    - ① Schulterherein
    - ② Traversale
    - ③ Renvers
    - ④ Schenkelweichen
    - ⑤ Travers

43. Erkläre den Unterschied zwischen Seitengängen und Schenkelweichen! `Ab DRA II Dressur`

    Seitengänge: _____

    _____

    Schenkelweichen: _____

    _____

44. Welche Antworten sind falsch? Kreuze an! `Ab DRA II Dressur`
    - ① Schulterherein ist grundlegende Lektion der weiterführenden dressurmäßigen Ausbildung.
    - ② Im Schulterherein wird das äußere Hinterbein zum weiteren Vortreten in Richtung unter den Schwerpunkt angeregt.
    - ③ Im Schulterherein beugen sich Hüft- und Kniegelenke vermehrt. Dadurch wird die Schulterfreiheit verbessert.
    - ④ Im Schulterherein wird der Schwung des Pferdes verbessert und die Längsbiegung gefördert.
    - ⑤ Im Schulterherein werden Schenkelgehorsam, Durchlässigkeit und Geraderichtung verbessert.
    - ⑥ Im Schulterherein wird die Schubkraft der Hinterhand vermehrt beansprucht und somit die Versammlung verbessert.

45. Beschreibe die Hilfengebung bei einer doppelten `Ab DRA II Dressur` halben Traversale im Trab!

 

46. Welche Voraussetzungen sind für das Erlernen `Ab DRA II Dressur` des fliegenden Galoppwechsels notwendig? Kreuze an!

    Sichere und durchlässige Beherrschung

    ① des versammelten Trabes

    ② der Übergänge im Galopp

    ③ des einfachen Galoppwechsels

    ④ des Außengalopps

    ⑤ der Übergänge zwischen Trab und Galopp

    ⑥ des versammelten Galopps

47. Welche Hindernisarten gibt es?

 

48. Was sind Kombinationen und Distanzen?

    Kombinationen: 

    Distanzen:

49. Wie viel m beträgt die Distanz          **Ab DRA II Springen**
    (für Hindernisse ab Kl. M) bei

    3 Galoppsprüngen: _____

    4 Galoppsprüngen: _____

    5 Galoppsprüngen: _____

    6 Galoppsprüngen: _____

50. Bestimmte Gegebenheiten lassen Kombinationen/Distanzen enger oder weiter erscheinen. Liste sie auf!

    _____

    _____

51. Setze ein:                               **Ab DRA II Springen**

    Die Anforderungen der _____ gelten grundsätzlich auch

    für ein Springpferd. Die _____ müssen jederzeit erfüllt

    werden. Daher kann ein _____ ohne die _____

    keine genügende _____ entwickeln, die es zur optimalen

    Ausnutzung seiner _____ braucht und zwar _____,

    vor, über und nach den Sprüngen (_____).

    (zwischen, dressurmäßige Ausbildung, Springveranlagung, Springpferd, Ausbildungsskala, Schub- und Tragkraft, Durchlässigkeit, Grundkriterien)

52. In welche Phasen wird das Anreiten und   **Ab DRA II Springen**
    Überwinden eines Hindernisses eingeteilt?
    Nenne Kriterien für den Reiter in den einzelnen Phasen!

    ① _____

    ② _____

    ③ _____

    ④ _____

# REITLEHRE

**53.** *In welchem Gesetz ist das Reiten auf öffentlichen Straßen und Wegen geregelt? Kreuze an!*  `Für DRA IV`

① Landschaftsgesetz

② Straßenverkehrsordnung

③ Durchführungsbestimmungen der LPO

④ Ausbildungsprüfungsordnung

**54.** *Wann dürfen Pferde nur in den Straßenverkehr ?*  `Für DRA IV`

_____

_____

_____

**55.** *Was versteht man unter einem geschlossenen Verband? Kreuze die richtigen Antworten an!*  `Für DRA IV`

① Der geschlossene Verband gilt als ein Verkehrsteilnehmer.

② Es wird zu zweit nebeneinander geritten.

③ Länge: nicht mehr als 35 m.

④ Der Abstand zwischen zwei Verbänden sollte 25 m betragen, um ein Überholen zu ermöglichen

⑤ Länge ungefähr 25 m; entspricht ca. 6 Paaren

**56.** *Welches der Verkehrsschilder gilt nicht für Reiter?*  `Für DRA IV`

① ② ③

**57.** *Nach welchen Kriterien richtet sich das Reiten (Gangart und Tempo) auf Wegen in Feld und Wald ?*  `Für DRA IV`

_____

_____

_____

*58. Die 12 Gebote für das Reiten im Gelände.*     **Für DRA IV**
*Setze richtig ein !*

1. Verschaffe deinem Pferd täglich ausreichend _____ und gewöhne es vor dem ersten Ausritt an den Straßenverkehr!

2. Sorge für hinreichenden Versicherungsschutz für Reiter und Pferd; verzichte nie auf die feste _____!

3. Kontrolliere täglich den _____ von Sattel und Zaumzeug!

4. Vereinbare die ersten Ausritte mit Freunden - in der Gruppe macht es mehr Spaß und es ist sicherer!

5. Reite nur auf Wegen und Straßen, _____ wenn dafür keine besondere Erlaubnis vorliegt! Meide in jedem Fall Grabenböschungen und Feuchtbiotope!

6. Meide ausgewiesene Fuß-, Wander- und Radwege; benutze in „Verdichtungsgebieten" (Ballungsräumen) nur die gekennzeichneten _____!

7. Du bist Gast in der Natur. Dein Pferd bereichert die Landschaft, wenn du dich korrekt verhältst!

8. Verzichte auf einen Ausritt oder nimm Umwege in Kauf, wenn Wege durch anhaltende Regenfälle oder Frosteinbrüche weich geworden sind und nachhaltige _____ entstehen können!

9. Begegne draußen _____, Wanderern, _____, _____ und Kraftfahrzeugen grundsätzlich nur im _____, passe das Tempo dem Gelände an!

10. Melde unaufgefordert Schäden, die einmal entstehen können und regele entsprechenden Schadenersatz!

11. Verfolge und belehre Übeltäter, die gegen diese Regeln verstoßen!

12. Sei freundlich und hilfreich zu allen, die dir draußen begegnen und sei deinem Pferd ein guter Kamerad!

(Kindern, Sturzkappe, verkehrssicheren Zustand, Reitwege, Radfahrern, Reitern, niemals querbeet, Schäden, Schritt)

*59. Welche Ausrüstungsgegenstände werden zum Longieren benötigt?*

_____

_____

_____

_____

*60. Warum wird longiert? Zähle auf!*

Für jüngere Pferde: _____

_____

Für ältere Pferde: _____

_____

Für Korrekturpferde: _____

_____

Für kranke Pferde: _____

_____

Für den Menschen: _____

_____

*61. Die Skala der Ausbildung. Setze richtig ein!*

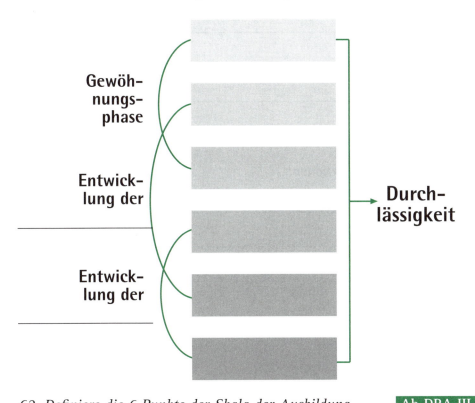

*62. Definiere die 6 Punkte der Skala der Ausbildung. Welche Bedeutung haben sie?*  `Ab DRA III`

*63. Beschreibe die Merkmale eines losgelassenen Pferdes!*

_____
_____
_____
_____

*64. Nenne lösende Lektionen!*

_____
_____
_____
_____

*65. Setze richtig ein!*

Durchlässigkeit ist das _____ der gesamten _____. Ein Pferd ist _____, wenn es die Hilfen des Reiters _____ und _____ annimmt. Es reagiert ohne Zögern auf treibende Hilfen und schwingt mit den Hinterbeinen aktiv durch und entwickelt genügend _____. Gleichzeitig werden die _____ vom Maul über Genick, Hals und Rücken bis in die _____ weitergeleitet, ohne durch _____ an einer Körperstelle blockiert zu werden. Ein Pferd, das sich in allen drei Grundgangarten jederzeit _____ lässt, hat die höchste Stufe der Durchlässigkeit erzielt. Durchlässigkeit ist dann gegeben, wenn das Pferd auf beiden Händen gleichmäßig _____ und gehorsam auf vorwärts treibende, _____ und seitwärts wirkende Hilfen reagiert.

(Zügelhilfen, versammeln, Ziel, Ausbildung, Hinterbeine, losgelassen, durchlässig, Schub, zwanglos, verhaltende, gehorsam, Spannungen)

66. Was versteht man unter relativer und absoluter Aufrichtung?  `Ab DRA III Dressur/Springen`

   relativ: _____

   absolut: _____

67. Wie kann das Gerade richten erreicht werden?

68. Nenne Fehler bei der Schwungentwicklung!

69. Beschreibe eine ganze Galopp-Pirouette!　　　Für DRA I Dressur

_____

_____

_____

_____

70. Welche Aussagen zu Sprungablauf, Absprung-　Ab DRA II Springen
und Landedistanz sind falsch? Kreuze an!

① Die Flugkurve gleicht der Form einer Parabel.

② Absprung- und Landedistanz wachsen mit der Hindernishöhe und nehmen mit zunehmender Hindernisbreite ab.

③ Der Toleranzbereich des möglichen Absprung- und Landebereichs ist bei höheren Hindernissen größer als bei niedrigeren Abmessungen.

④ Mit der jeweiligen Absprungdistanz verändert sich durch den entsprechenden Flugkurvenverlauf analog die Landedistanz.

⑤ Der Toleranzbereich des möglichen Absprung- und Landebereichs ist bei niedrigen Hindernissen größer als bei höheren Abmessungen.

⑥ Beim Springen von Wassergräben ist nicht das für den Sprung erforderliche Grundtempo wichtig, sondern der lange Anlaufweg, um eine optimale Flugkurve zu erreichen.

71. Was war „Eohippus"? Kreuze richtig an!

① stammesgeschichtlicher Urahn des Pferdes

② 25 - 45 cm fuchsgroßes Tier, das an den Vordergliedmaßen vier, an den Hintergliedmaßen drei behufte Zehen aufwies

③ das erste domestizierte Pferd

④ Blätterfresser

72. Was hat Xenophon begründet und als Erster herausgestellt?

_____

_____

_____

_____

_____

73. Wer war Guérinière? Warum wird er der Reformer des gesamten Reitsystems genannt?

___

74. Welcher Leitsatz von Gustav Steinbrecht ist auch heute noch aktuell?

___

75. Was legte Hans von Heydebreck fest?
    ① Das Gymnasium des Pferdes
    ② Rückwärtsgalopp, Galopp auf drei Beinen
    ③ Skala der Ausbildung

76. Wann und durch wen wurde der italienische Springstil entwickelt? Welche Stile waren in jener Zeit modern?

# GESUNDHEIT/ZUCHT

## ANATOMIE UND PHYSIOLOGIE

### SKELETT UND MUSKULATUR

Das Skelett dient dem Körper als festes, stützendes Gerüst. Durch die Ausbildung beweglicher Verbindungen zweier oder mehrerer Knochen, der Gelenke, sind Bewegungen möglich.

Das Skelett gliedert sich in folgende Abschnitte:
❶ Kopf (Gesichtsschädel, Hirnschädel, Unterkiefer, Zungenbein),
❷ Stamm (Wirbelsäule, Rippen, Brustbein),
❸ Gliedmaßen (Vordergliedmaße, Hintergliedmaße).

Beim ruhig stehenden Pferd liegt der Körperschwerpunkt etwa in Höhe des Brustbeines unterhalb der Rumpfmitte. Die Sattelung und der Sitz des Reiters haben einen maßgeblichen Einfluss auf die Lageveränderung des Körperschwerpunktes.
Da der Schwerpunkt beim stehenden Pferd der Vorhand näher liegt, ruhen ca.
- 55 % der Körperlast auf den Vordergliedmaßen,
- 45 % der Körperlast auf den Hintergliedmaßen.

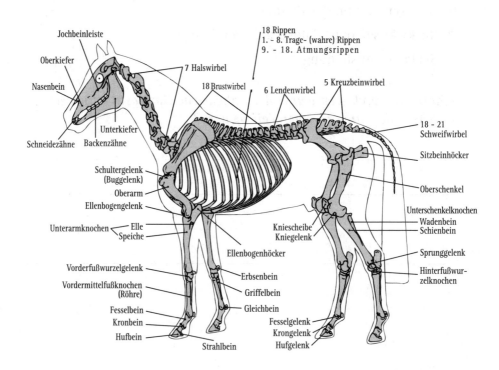

# Wirbelsäule

Die Wirbelsäule setzt sich aus
- 7 Halswirbeln,
- 18 Brustwirbeln,
- 6 Lendenwirbeln,
- 5 zum Kreuzbein verwachsenen Kreuzwirbeln und
- 18 - 21 Schweifwirbeln

zusammen.

Zwischenwirbelscheiben, Gelenke und zahlreiche Bänder verbinden und fixieren die Wirbel. Die Brustwirbel sind gelenkig mit den Rippen verbunden. Man unterscheidet
- 8 Trage - oder wahre Rippen (mit dem Brustbein verbunden),
- 10 falsche oder Atmungsrippen (ihre Knorpel bilden den Rippenbogen).

An den Brust-, Lenden- und Kreuzwirbeln befinden sich nach oben gerichtete Dornfortsätze. Bis zum 15. Brustwirbel sind die Dornfortsätze schwanzwärts geneigt, der 16. Brustwirbel steht senkrecht, alle folgenden Dornfortsätze sind kopfwärts gerichtet. Die Wirbel sind durch Bänder (wichtigstes Band: Nackenband) miteinander verbunden. Daraus ergibt sich eine Brückenkonstruktion der Wirbelsäule mit den Gliedmaßen als Stützpfeiler. Dadurch kann der Rücken des Pferdes wesentlich mehr Lasten tragen als der anderer Tiere.

Die einzelnen Abschnitte der Wirbelsäule sind in unterschiedlichem Maß beweglich. Hals- und Schwanzwirbel sind in alle Richtungen stark beweglich, während Brust- und Lendenwirbel sowohl seitlich als auch rücken- und bauchwärts nur gering beweglich sind. Das Kreuzbein ist völlig versteift (beachte: Längsbiegung des Pferdes beim Reiten von gebogenen Linien!)

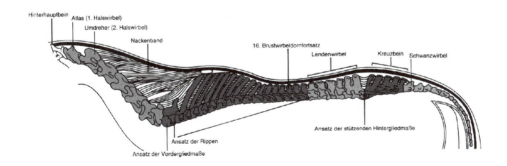

## Muskulatur

Beim Pferd können 250 paarige und einige unpaarige Muskeln unterschieden werden, die durch Kontraktion als Beuger, Strecker, Ein- oder Auswärtszieher, Dreher, Spanner oder Schließer wirken. Die Verbindung des Muskels mit dem Knochen erfolgt über Sehnenfasern. Fast jede Bewegung des Körpers ist auf die Tätigkeit mehrerer Muskeln zurückzuführen. Jede Bewegung kann durch eine Gegenbewegung wieder rückgängig gemacht werden.

Die Leistungsfähigkeit der Skelettmuskeln nimmt mit dem Training zu (überschwelliger Reiz (starke Belastung) erhöht die Leistungsfähigkeit), Überbeanspruchung kann zum Reißen des Muskels führen (z.B. Muskelfaserriss).

Jede Muskelarbeit erzeugt Wärme. Schwitzen bei schwerer Arbeit ist Ausdruck dafür; ca. 80 % der Körperwärme werden durch Muskelkontraktionen erzeugt (⇨ Wärmefreisetzung).

Fortgesetzte Arbeit ermüdet den Muskel. Die Ermüdung entsteht durch die Anhäufung von Stoffwechselschlacken (z.B. Milchsäure/Laktat), die während der Belastung nicht abgebaut werden können. Die Regeneration erfolgt dann in den Ruhepausen.

Die Lösungsphase zu Beginn des Reitens gewährleistet, dass sich die Muskulatur langsam erwärmt und besser durchblutet wird.

Aufbau einer Reiteinheit:
- 10 min Schrittphase,
- 10 - 20 min Lösungsphase,
- 20 - 30 min Arbeitsphase,
- 10 min Erholungsphase („Trockenreiten").

## GLIEDMAßEN

Die Funktion der Vorder- und Hintergliedmaße ist unterschiedlich. Die Vordergliedmaße besitzt hauptsächlich eine Stütz- und Auffangfunktion, die Hintergliedmaße eine Schubfunktion. Die Stützfunktion der Vordergliedmaße wird durch die bindegewebig-muskulöse Verbindung der Schulterblätter am Brustkorb sowie durch die Gliedmaßenachse Fesselkopf-Vorderfußwurzelgelenk-Ellbogengelenk ermöglicht, während die Hintergliedmaße über das Becken zur Übertragung der Schubkräfte mit der Wirbelsäule direkt verbunden ist. Die Winkelung, Stabilität und Belastbarkeit der hinteren Gliedmaße ist mitentscheidend für die Leistungsfähigkeit des Pferdes (Hankenbeugung).

## Sehnen

Die Sehnen sind Ausläufer der Muskeln mit Übergang zum Knochen, bestehend aus vielen Sehnenfaserbündeln.
Die Sehnenfaser besitzt eine
- hohe Zugfestigkeit,
- geringe Dehnbarkeit (max. 4 % Verlängerung).

Die Zerreißfestigkeit der Sehne ist trainierbar. Übersteigt die Belastung die Elastizitätsgrenze, zerreißen die Sehnenfasern, Sehnenfaserbündel oder die ganze Sehne. *Eine Überdehnung der Sehne gibt es nicht!*

## Gelenke

Gelenke sind bewegliche Verbindungen zweier oder mehrerer Knochen, die einander mit überknorpelten Flächen berühren oder durch eine Gelenkkapsel und Bänder miteinander verbunden sind. Die Gelenkhöhle ist mit Gelenkschmiere (Synovia) ausgefüllt, die die Knorpelschichten ernährt und die Reibung zwischen den Gelenkflächen reduziert. Der Gelenkspalt ist haarfein.

# HAUT UND HUF

## Haut, einschließlich Haarkleid

- Schützt den Körper vor äußeren Einwirkungen (Hitze, Kälte, Nässe, Eindringen von Parasiten, Bakterien, Viren, mechanische Einflüsse usw.).
- Regelt die Körpertemperatur (durch Haare, Talg- und Schweißdrüsen, Blutgefäße ⇨ dienen der Wärmeregulierung; durch Erweiterung oder Verengung der Blutgefäße kann die Wärmeabgabe über das zentrale Nervensystem gesteuert werden).
- Normale Körpertemperatur im Ruhezustand:
  ausgewachsenes Pferd: 37,5° - 38,0° C,
  Fohlen: 37,5° - 38,5° C.
  Bei schwerer körperlicher Arbeit kann bei Pferden die Körpertemperatur auf 41° C ansteigen.
- Wechsel des Haarkleides als Anpassung an den jahreszeitlichen Wechsel der Außentemperaturen.
- Funktion als Sinnesorgan wird durch Rezeptoren für Temperatur, Druck, Spannung und Schmerz ermöglicht. Die Empfindlichkeit einzelner Hautbezirke ist verschieden (z.B. Lippen hohe Sensibilität durch Tasthaare).

○ Das Haarkleid besteht aus den die Farbe bestimmenden Fellhaaren, den Wollhaaren und den Langhaaren (Stirnschopf, Mähne, Schweif) sowie den Tasthaaren um Maul, Nüstern und Augen.

○ Die Farbe der Haare richtet sich nach dem Pigmentgehalt.

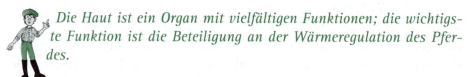 *Die Haut ist ein Organ mit vielfältigen Funktionen; die wichtigste Funktion ist die Beteiligung an der Wärmeregulation des Pferdes.*

## Huf

Hornartige Hautgebilde sind die Hufkapsel, der Sporn an der Rückseite des Fesselgelenkes und die Kastanie (Vorderfußwurzelgelenk/Sprunggelenk Innenseite).

An der Hufkapsel können folgende Abschnitte unterschieden werden:
- Hufsaum
- Hufkrone
- Hufwand
- Hufsohle
- Hufstrahl
- Hufballen

Daneben gehören neben der Hornkapsel das Hufbein, das Strahlbein und der von der Hornkapsel eingeschlossene Teil des Kronbeins zum Huf.

### Für DRA III - II

Die Elastizität des Hufes bei Belastung wird als **Hufmechanismus** bezeichnet (Verbindung des Hufbeines über die Wandlederhaut mit der Hornkapsel).

Bei Belastung spreizt sich der Huf im Bereich der Trachten, flacht sich die Aufwölbung der Sohle ab und sinkt die Krone durch Zug an der Wandlederhaut ein, während die untere Hälfte der Vorderwand fast bewegungslos bleibt. Eine Behinderung des Hufmechanismus (z.B. durch Vernageln des Hufeisens) führt stets zu einer Lahmheit.

Bewegung der Hufkapsel bei Belastung

Der Hufbeschlag dient in erster Linie der Verhinderung zu starker Abnutzung des Hufhorns, da das Hufwachstum nur 8 - 10 mm/Monat beträgt, andernfalls der Korrektur. Beim Beschlag werden die Nägel in die weiße Linie eingeschlagen.

Die Hornbeschaffenheit ist im Bereich des Kronsaumes, des Strahles und des Ballens weich elastisch, im Bereich der Sohle und der Wand fest. Die Farbe des Horns variiert von Gelb bis Weiß, Schwarz oder streifig.

Zwischen einem regelmäßigen Vorder- und Hinterhuf bestehen Unterschiede in der Hufform: Der Vorderhuf ist eher rund, der Hinterhuf eiförmig, die Vorderwand bildet mit dem Erdboden am Vorderhuf einen Winkel von 45° - 50°, am Hinterhuf einen Winkel von 50° - 55°, d.h. der Hinterhuf ist steiler gestellt als der Vorderhuf.

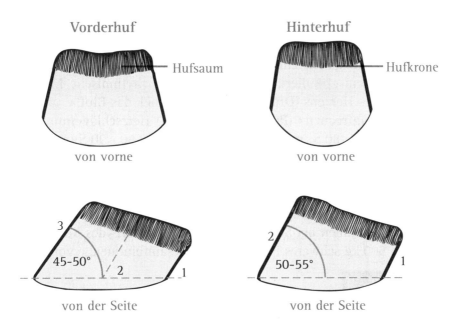

Verhältnis Vorderwand : Trachte
Vorderhuf 3 : 1          Hinterhuf 2 : 1

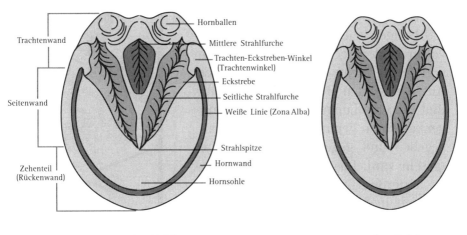

von der Sohle          von der Sohle

# HERZ-KREISLAUF-SYSTEM, ATMUNGSORGANE

Zwischen der Atmung und dem Herz-Kreislauf-System besteht eine enge Verknüpfung, da Veränderungen des Sauerstoff- und Kohlendioxidgehaltes im Blut regulierend auf das Atem- und Kreislaufzentrum wirken.

## Herz-Kreislauf-System

Das Kreislaufsystem besteht aus den Blutgefäßen, dem Lymphgefäßsystem und den Organen zur Bildung und zum Abbau der Blutzellen. Im Blutgefäßsystem zirkuliert, angetrieben durch rhythmische Muskelkontraktionen des Herzens (Druck- und Saugpumpe), das Blut.
Die Herzschlagfrequenz (Puls) beträgt 28 - 40 Herzschläge/min in Ruhe (beim Fohlen ca. 80 S./min) ⇨ Vergleich Mensch: 60 - 90 S./min in Ruhe.
Das Blut besteht aus dem Plasma, den roten und weißen Blutzellen und den Blutplättchen. Zu den zahlreichen Funktionen des Blutes gehören u.a. Sauerstoff-/Kohlendioxidtransport (Atmung), Nährstofftransport (Ernährung), Wärmeübertragung, Abwehr gegen Infektionen usw.
Das Gesamtvolumen bei Säugetieren beträgt $1/14 - 1/13$ des Körpergewichtes ⇨ ein 500 kg schweres Pferd hat eine Gesamtblutmenge von 40 - 50 l.

### Für DRA III - II

○ **Darstellung des Blutkreislaufes:**
Das Herz besteht aus je zwei Kammern und Vorhöfen, die durch Scheidewände und ventilartige Klappen voneinander getrennt sind.
Aus der linken Herzkammer wird das sauerstoffreiche Blut über die Aorta in die Organe des Körpers gepumpt. Aus den Organen kehrt das mit Kohlendioxid ($CO_2$) angereicherte Blut über die Hohlvenen in den rechten Vorhof und von dort in die rechte Herzkammer zurück. Aus der rechten Herzkammer wird das Blut über die Lungenarterie in die Lungenkapillaren gepumpt, wo das $CO_2$ abgegeben und gegen Sauerstoff ausgetauscht wird. Das mit Sauerstoff angereicherte Blut fließt dann über die Lungenvene in den linken Vorhof und weiter in die linke Herzkammer. Dort beginnt der Kreislauf von neuem.

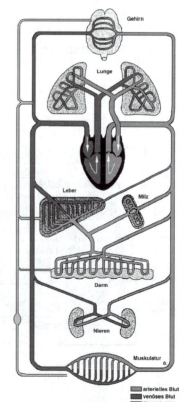

## Atmungssystem

Das Atmungssystem sorgt für die ununterbrochene Versorgung des Körpers mit Sauerstoff, für die Weitergabe an das Blut, für die Übernahme des Kohlendioxids aus dem Blut und für ihren Abtransport. Der Gasaustausch erfolgt über die Lungenbläschen.

Die Luft gelangt über die Nasenlöcher in die durch die Nasenmuscheln in drei Gänge (oberer, mittlerer, unterer Nasengang = Atmungsgang) unterteilte paarigen Nasenhöhlen. Hier wird die Luft gereinigt, befeuchtet und erwärmt. Dann gelangt die Luft weiter durch den Kehlkopf und die Luftröhre in die Bronchien und in die Lungenbläschen der Lunge.

Die Atemfrequenz beträgt beim erwachsenen Pferd 8 - 16 Atemzüge/min, bei körperlicher Anstrengung kann sie auf bis zu 80 - 100 Atemzüge/min steigen.

Vergleich Mensch: in Ruhe 10 - 18 Atemzüge/min
                     bei Anstrengung: 20-jähriger: 40 - 50 Atemzüge/min
                                    Kind: 70 Atemzüge/min

Zu den **Atemschutzreflexen** gehören das Prusten, Niesen und Husten. Sie dienen der Sekret- und Fremdkörperentfernung aus den Atmungsorganen.

## PAT-Werte

Die PAT-Werte ermöglichen einen schnellen Überblick hinsichtlich der körperlichen Verfassung des Pferdes. Sie stehen für
- P = Puls
- A = Atmung
- T = Temperatur

Die PAT-Werte werden z.B. bei Verfassungsprüfungen (vorgeschrieben bei Vielseitigkeitsprüfungen [Zwangspause], Distanzritten, vor allen Championaten in allen Disziplinen) kontrolliert. Sie sind Kriterien dafür, ob ein Pferd weiterhin an einer Prüfung teilnehmen kann oder disqualifiziert wird.

| Werte | im Ruhezustand | | bei großer Anstrengung |
|---|---|---|---|
| **Puls** | | | |
| Pferd | 28 - 40 | Herzschläge/min | bis zu 220 |
| Fohlen | ca. 80 | Herzschläge/min | |
| **Atmung** | | | |
| Pferd | 8 - 16 | Atemzüge/min | bis zu 80 - 100 |
| Fohlen | 24 - 30 | Atemzüge/min | |
| **Temperatur** | | | |
| Pferd | 37,5 - 38,0° C | | maximal 41° C |
| Fohlen | 37,5 - 38,5° C | | |

# Nervensystem, Sinnesorgane

Das *Nervensystem* steuert zentral das Zusammenwirken der unterschiedlich funktionierenden Organe. Das Zentrale Nervensystem (ZNS), bestehend aus Gehirn und Rückenmark, erhält Reize über die Sinnesorgane (Innenreize durch Zustandsänderungen im Körper und aus der Umwelt stammende Außenreize) und sendet Impulse an die Peripherie (Skelettmuskulatur, Eingeweidesystem), wo entsprechende Reaktionen ausgelöst werden.

Daneben besteht ein Nervensystem (sog. autonomes Nervensystem) zur Regelung von Funktionen, die der bewussten Kontrolle entzogen sind, wie Verdauung, Atmung, Stoffwechsel, Körpertemperatur usw.

Zu den elementaren Funktionen des Nervensystems gehört die Vermittlung von Reflexen. Reflexe sind automatisierte Reaktionen auf innere oder äußere Reize: z.B. Lid-, Husten-, Pupillenreflex, Sehnenreflex (beim Menschen Kniesehnenreflex) u.a.

Die *Sinnesorgane* sind auf die Aufnahme und Weitergabe bestimmter physikalischer und chemischer Reize an das Nervensystem abgestimmt. Zu den Sinnesorganen gehören die Organe zur Aufnahme von Temperatur, Druck und Schmerz (Tastsinn) sowie die Geschmacks-, Geruchs-, Seh- (optische Reize), Gehör- (akustische Reize) und Gleichgewichtsorgane (statico-dynamische Reize). Die Geschmacks- und Geruchsempfindlichkeit ist beim Pferd außerordentlich hoch entwickelt, das Gehörorgan Aufgrund der Schalltrichterfunktion der Ohren sehr empfindlich.

## Sehvermögen

Der ungleiche Abstand von Hornhaut zu Netzhaut ermöglicht das Sehen bei unterschiedlicher Entfernung durch Erhöhen und Erniedrigen der Blickrichtung und nicht nur das Sehen durch Änderung der Linsenkrümmung.

Die *seitliche Anordnung der Augen* am Kopf kann variieren. Je enger die Augen zusammenstehen, desto kleiner ist das gemeinsame Blickfeld beider Augen (ca. 60° - 90°). Das räumliche Sehen ist mehr oder weniger erschwert. Bei gesenkt gehaltenem Kopf hat das Pferd ein Gesichtsfeld von fast 360°. Der Pflanzenfresser ist damit in der Lage, einen größeren Ausschnitt seiner Umwelt gleichzeitig zu überblicken und so einen nahenden Feind frühzeitiger zu erfassen.

Die *Anpassungsbreite* an starke Helligkeit und tiefe Dunkelheit ist beim Pferd größer als beim Menschen. Die *Anpassungszeit* (Adaptation) scheint bei raschen Helligkeitsveränderungen jedoch verlängert zu sein.

Das *Farbsehen* erfolgt mit einer anderen Intensität als beim Menschen.

Die Farbbereiche gelb und grün werden intensiver gesehen als blau und rot (⇨ Pferd ist Steppentier).

Die *Bewegungssehschärfe* ist beim Pferd wesentlich besser ausgebildet als beim Menschen. Selbst kleinste, kurzzeitige Bewegungen können erkannt werden. Oft ist dies ein Grund zum Scheuen, ohne dass der Reiter die Ursache bemerkt hat (⇨ Pferd ist Fluchttier).

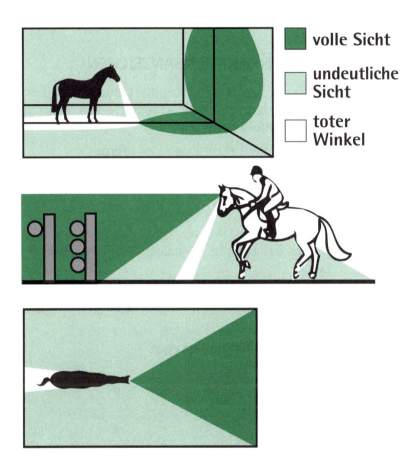

Volle Sicht:          Sehen mit beiden Augen, räumliches und scharfes Bild.
Undeutliche Sicht: Unscharfes Bild, kleinste Bewegungen können wahrgenommen werden.
Toter Winkel:       Dieser Bereich kann nicht eingesehen werden.

# Erkrankungen (und erste Hilfe bei Pferden)

Für den Reiter ist es wichtig, über Kenntnisse zu verfügen, die es ihm ermöglichen festzustellen, ob ein Pferd krank ist oder eine Tierarztbehandlung erforderlich ist.

*Bei ernsthaften Erkrankungen ist sofort der Tierarzt zu verständigen. Zu langes Zögern hat schon oft zu nicht mehr reparablen Schäden geführt (z.B. Kolik ⇨ Darmverschlingung).*

## Erste Krankheitsanzeichen

Wer sein Pferd, um das er sich kümmert, gut kennt, kann oft schon an kleinen äußerlichen Veränderungen oder geänderter Verhaltensweise des Pferdes erkennen, ob das Pferd krank ist.

**Anzeichen für eine mögliche Erkrankung des Pferdes:**
- Das Pferd frisst nicht ⇨ direkt Fieber messen.
- Das Pferd säuft nicht (bei Selbsttränken schwer festzustellen).
- Das Pferd ist unruhig (Scharren, Wälzen).
- Es ist apathisch (desinteressiert).
- Das Fell des Pferdes ist struppig, glanzlos; der Fellwechsel verzögert sich.
- Das Pferd scheuert sich.
- Die Augen des Pferdes haben einen matten, traurigen Ausdruck (Augen sind Spiegel der Seele).
- Das Pferd kann sich nicht richtig bewegen.
- Es ist unwillig bei der Arbeit.

*Alle aufgeführten Erkrankungen können auch beim Basispass Pferdekunde abgefragt werden.*

# ERKRANKUNGEN

## Lage erkennbarer Veränderungen

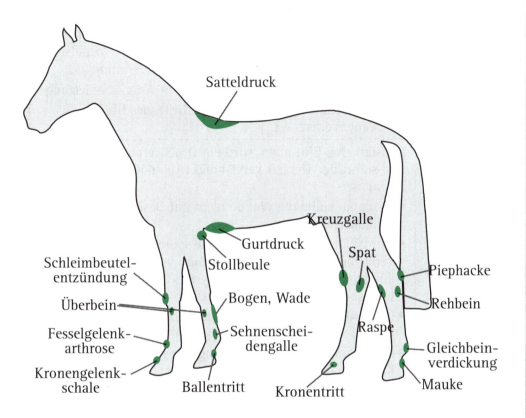

## Erkrankungen der Haut

| | Wunden |
|---|---|
| Krankheitsbild | Oberflächliche Verletzungen (Schürfwunden) oder Durchtrennung der Haut durch äußere Einwirkung, z.B. Schneiden; es besteht die Gefahr der Wundinfektion (z.B. Wundstarrkrampf), des Blutverlustes bei Gefäßdurchtrennung<br>• hellrotes, schnelles, pulsierendes Blut ➡ Arterienverletzung<br>• dunkelrotes, träges, gleichmäßig fließendes Blut ➡ Venenverletzung |
| Behandlung | Bei stärkeren Blutungen wird ein Druckverband angelegt und sofort der Tierarzt verständigt (Abbinden nicht durch Laien)<br>• bis dahin sollte die Wunde nicht mit Desinfektionsmitteln behandelt werden<br>• einmal angelegte Druckverbände sollten auf der Wunde verbleiben, bis der Tierarzt kommt - auch wenn sie bereits durchgeblutet sind. Über den bereits angelegten Verband wird solange ein weiterer Druckverband angelegt.<br>• Überprüfung des Tetanus-Impfschutzes bzgl. Wundstarrkrampf<br>• die endgültige Wundversorgung, die Behandlung und die Kontrolle der Heilung muss durch den Tierarzt erfolgen |
| Vorbeugung | • im Stall und in der Halle auf scharfe Kanten achten und sofort beseitigen<br>• nur auf geeignetem Untergrund reiten<br>• Umzäunungen von Weide und Paddock pferdegerecht bauen<br>• Hindernisse auf Funktionstüchtigkeit und Sicherheit überprüfen<br>• Stollen nach jedem Reiten herausdrehen<br>• Pferdebeine durch Bandagen bzw. Gamaschen schützen |

| | Pilzerkrankungen |
|---|---|
| Krankheitsbild | Pilzerkrankungen sind ansteckend und können als:<br>• runde haarlose Flecken, Knötchen oder Blasen auftreten |
| Behandlung | • vom Tierarzt verabreichte Mittel auf die Stellen auftragen<br>• Sattel, Zaumzeug, Decken, Putzzeug und Stall desinfizieren |
| Vorbeugung | • Pferde täglich gründlich reinigen<br>• Putzzeug, Ledersachen und Decken regelmäßig reinigen |

|  | Einschuss |
|---|---|
| Krank-<br>heitsbild | Wundinfektion, die häufig bei scheinbar belanglosen Wunden an der einzelnen Gliedmaße auftritt; sie wird warm und schwillt stark an |
| Behand-<br>lung | Tierarzt rufen, damit sich die Infektion nicht weiter ausbreitet und das Bein möglichst schnell abschwillt |
| Vorbeu-<br>gung | • Beine mit Gamaschen schützen<br>• die Beine vor allem nach Ausritten gründlich reinigen<br>• auf kleine Verletzungen – z.B. durch Dornen – hin untersuchen und ggfs. desinfizieren |

|  | Druckstellen (Satteldruck/Gurtdruck) |
|---|---|
| Krank-<br>heitsbild | Schwellungen, die durch schlecht sitzende Sättel oder Decken, scheuernde Gurte u.ä. entstehen<br>• zunächst entsteht Druckempfindlichkeit<br>• die Haare brechen, dann werden haarlose Stellen sichtbar<br>• nach der Abheilung wachsen nach einigen Wochen weiße Haare nach |
| Behand-<br>lung | • Ursache abstellen!!!<br>• Schwellungen kühlen |
| Vorbeu-<br>gung | • Sattel- und Gurtlage immer gut reinigen<br>• regelmäßig die Sattelunterlage und den Gurt wechseln<br>• rechtzeitig nachgurten |

|  | Mauke |
|---|---|
| Krank-<br>heitsbild | Mauke ist ein nässendes Ekzem an den Extremitäten, die Haut bricht auf und es kommt zu Entzündungen |
| Behand-<br>lung | • vorsichtig gründlich reinigen<br>• mit entsprechenden Salben vom Tierarzt nachbehandeln<br>• der Abheilungsprozess kann sehr langwierig sein |
| Vorbeu-<br>gung | • gründliche Reinigung der Extremitäten nach jedem Reiten<br>• Fesselbeuge trocken halten<br>• bei Weidegang nicht den Behang entfernen bzw. kürzen<br>• Ansteckungsgefahr |

# Erkrankungen des Hufes

| | Strahlfäule |
|---|---|
| Krankheitsbild | Fäulnisvorgänge im Huf, wobei sowohl Horn- als auch Strahlfäule auftreten können; die Fäulnis führt zu einem übelriechenden Geruch und wird durch Bakterien ausgelöst |
| Behandlung | reinigen und danach einen mit 4 %igem Jodoformäther getränkten Wattebausch in die Strahlfurche eindrücken |
| Vorbeugung | • Einstreu möglichst trocken halten<br>• Hufe täglich reinigen<br>• richtige Ernährung |

| | Ballentritt, Kronentritt |
|---|---|
| Krankheitsbild | Offene Verletzungen an Kronen oder Ballen;<br>Ursachen:<br>• Eigenverletzungen, besonders schwere Verletzungen werden vor allem durch Stollen verursacht<br>• Aufreiten anderer Pferde |
| Behandlung | bei tieferen Verletzungen oder Beschädigung des Kronsaumes Behandlung durch den Tierarzt notwendig<br>• Weiterbehandlung nach Anweisung des Arztes |
| Vorbeugung | • darauf achten, dass niemand aufreitet<br>• Ballen und Krone durch Sprungglocken schützen<br>• Transport ohne Stollen |

| | Nageltritt |
|---|---|
| Krankheitsbild | Eindringen eines spitzen Gegenstandes in die Sohle; Verletzung von Huflederhaut, Hufbein, tiefe Beugesehne usw. möglich |
| Behandlung | Sofort Tierarzt benachrichtigen und<br>• wenn möglich Fremdkörper bis zum Eintreffen des Arztes im Huf belassen<br>• ansonsten Einstichstelle markieren und Eindringrichtung merken, weitere Behandlung muss durch den Tierarzt erfolgen |
| Vorbeugung | • nach Reparaturarbeiten im Stall oder auf der Weide Schrauben, Nägel etc. gründlich aufsammeln<br>• nur auf geeignetem Boden reiten |

| | Hufrehe |
|---|---|
| Krankheitsbild | Die Rehe ist eine ausgedehnte, nicht eitrige Entzündung der Huflederhaut.<br>Anzeichen: Besonders auffallend ist die Trachtenfußung und das weite Vorsetzen der Vorderbeine im Stand bei tief untergestellten Hinterbeinen; sie kann sich innerhalb weniger Std. entwickeln und zu einer Absenkung des Hufbeins führen; in hochgradigen Fällen ist ein Ausschuhen möglich.<br>Es gibt verschiedene Ursachen, z.B.:<br>• Eiweißüberfütterung, z.B. zu Beginn der Weidesaison<br>• Überbeanspruchung auf hartem Boden<br>• fehlerhafter Beschlag, d.h. zu starkes Kürzen/Brennen, Vernageln<br>• Vergiftung, Nachgeburtsverhaltung |
| Behandlung | sofort Tierarzt anrufen, Pferde auf weichen Boden stellen |
| Vorbeugung | Ursachen vermeiden |

| | Hufrollenerkrankung |
|---|---|
| Krankheitsbild | Beteiligt an der Hufrollenerkrankung sind Strahlbein, tiefe Beugesehne, Schleimbeutel des Hufgelenkes.<br>Oft tritt die Krankheit schleichend auf und ist zunächst nur an den stumpfen Gangarten auf hartem Boden feststellbar; im späten Stadium tritt häufig eine hochgradige Lahmheit auf. |
| Behandlung | • medikamentöse Heilung nicht möglich, nur vorübergehende Schmerzfreiheit<br>• durch einen Spezialbeschlag kann evtl. der Verlauf der Krankheit verlangsamt und der Bewegungsablauf erleichtert werden<br>• operativ kann ein Nervenschnitt durchgeführt werden, danach ist jedoch nur eine eingeschränkte Nutzung möglich bzw. muss u.U. auf eine weitere Nutzung gänzlich verzichtet werden. |
| Vorbeugung | • evtl. kann ein frühzeitiger Spezialbeschlag und vermehrte Bewegung ohne Belastung (Weide) den Krankheitsverlauf verzögern<br>• ein erblicher Einfluss wird diskutiert<br>• Überbelastung vermeiden |

# Erkrankungen der Knochen

| | Gelenkentzündung - Gallen |
|---|---|
| Krankheitsbild | Die auf einer Entzündung beruhende vermehrte Bildung von Gelenkflüssigkeit u. Sehnenscheidenflüssigkeit in der Gelenkkapsel heißt Galle.<br>• Ursachen z.B.: Überbelastung, Prellung, Verrenkung, Stellungsanomalie<br>• Ursachen für eitrige Entzündung z.B.: Forkenstich |
| Behandlung | Bei eitrigen Entzündungen sofort Tierarzt benachrichtigen. |
| Vorbeugung | • Umsicht bei der Stallarbeit<br>• Überbelastung vermeiden |

| | Arthrose - chronische Gelenkentzündung |
|---|---|
| Krankheitsbild | Arthrose führt u.U. zur Zerstörung des Gelenkknorpels und einer Verformung des Gelenkes z.B. an den Randwülsten; die Krankheit verläuft schleichend und Lahmheiten treten oft erst nach Monaten oder Jahren auf.<br>Die bekanntesten Arthrosen sind Schale und Spat.<br>• Schale: chronische Krongelenkentzündung, sichtbar durch Aufwölbung des Kronsaumes im vorderen Bereich des Hufes<br>• Spat: Sprunggelenkarthrose, kann durch die Spatprobe (Beugen des Sprunggelenkes und direktes Antraben im Anschluss) festgestellt werden<br>• Gelenkmäuse: Sonderform der Arthrose, es kommt hierbei zur Loslösung von kleinen Knorpelteilen/Knochenteilen |
| Behandlung | • arthroseartige Veränderungen sind irreparabel<br>• während der entzündlichen Phasen können Medikamente vorübergehende Schmerzfreiheit bewirken<br>• Spezialbeschläge können ebenfalls - durch Stellungsveränderung - eine Erleichterung im Bewegungsablauf schaffen |
| Vorbeugung | • kontinuierlicher Aufbau der Pferde und langsame Gewöhnung an höhere Belastung<br>• Phasen höchster Belastung so kurz wie möglich halten |

# Erkrankungen der Sehnen und Bänder

|  | Entzündungen und Zerreißungen der Sehnen und Bänder |
|---|---|
| Krankheitsbild | • Entzündungen der Sehnen führen meist zu einer Lahmheit; es zeigt sich eine warme Verdickung der Beugesehnen (auch Wade oder Sehnenbogen genannt)<br>• bei Zerreißungen der Bänder entsteht abnorme Beweglichkeit oder Stellung des Gelenkes<br>• bei Zerreißungen der tiefen Beugesehne oder des Fesselträgers kommt es zu einem starken Durchtreten im Fesselkopf ➡ Niederbruch<br>Ursachen: übermäßige Dehnung und Anspannung infolge von Ermüdung, Greifen, tiefen Bodenverhältnissen |
| Behandlung | Bei Zerreißungen und Entzündungen sofort Tierarzt benachrichtigen.<br>• die Heilungsaussichten sind sehr ungünstig<br>• Pferd nicht mehr bewegen; weitere Behandlung: Boxenruhe, Verbände, Einreibungen, Spezialbeschlag<br>• bei Entzündungen geht die Lahmheit oft schnell vorbei, jedoch muss dennoch eine lange Trainingspause eingehalten werden, damit keine Rückfälle eintreten |
| Vorbeugung | • Aufwärmphase lang genug gestalten<br>• Belastung langsam aufbauen<br>• nach stärkeren Belastungen Tage mit nur leichter Arbeit einlegen<br>• nicht in zu tiefem oder auf rutschigem Boden reiten<br>• Massage der Sehne vor und nach dem Reiten mit einer festen Bürste<br>• Abfühlen der Beine/Sehnen vor und nach dem Reiten<br>• Beschlag, Beschlagsintervalle |

|  | Schleimbeutelentzündung |
|---|---|
| Krankheitsbild | Schleimbeutel dienen der Polsterung zwischen Knochenvorsprüngen und Haut - entzünden sie sich, entstehen beulenartige Verdickungen,<br>• Ursachen: Gegenschlagen, Druck<br>• Schleimbeutelverdickung am Ellbogenhöcker ➠ Stollbeuge<br>• Schleimbeutelverdickung am Sprunggelenkshöcker ➠ Piephacke<br>• Schleimbeutelverdickung am Widerrist |
| Behandlung | • unbedingt Ursache abstellen<br>• medikamentöse Behandlung kann zu einer schnelleren Rückbildung führen |
| Vorbeugung | • Stollen immer nach dem Reiten herausdrehen<br>• Pferde, die im Stall zu Aggressivität oder Futterneid neigen, nicht nebeneinander stellen<br>• spezielle Bauweise der Boxenwände (schräge Boxenwände) oder<br>• Gummimatten mit Abstand zur Wand aufhängen |

|  | Sehnenscheidenentzündung – „Sehnenscheidengalle" |
|---|---|
| Krankheitsbild | Durch Entzündungen bildet sich in den Sehnenscheiden vermehrt Flüssigkeit; wird die Entzündung chronisch, so füllen sich die Sehnenscheiden so stark, dass es zu einer sog. „Sehnenscheidengalle" oberhalb der Gleichbeine kommt.<br>• Ursachen: z.B. Gegenschlagen, Überanstrengung, Quetschung, Ernährungsfehler ➠ zu viel Eiweiß<br>• es muss nicht zu einer Lahmheit kommen, oft ist die Galle nur ein Schönheitsfehler |
| Behandlung | • als Erstes Ursachen abstellen |
| Vorbeugung | • Ursachen vermeiden, s.o. (Massage)<br>• Beine schützen mit Gamaschen/Bandagen mit Unterlagen<br>• evtl. Ernährungsfehler ➠ abstellen<br>• evtl. Stellungsfehler ➠ korrigierender Hufbeschlag |

## Erkrankungen der Muskulatur

| | Lumbago |
|---|---|
| | Die Krankheit ist unter vielen verschiedenen Namen bekannt:<br>• Feiertagskrankheit<br>• Kreuzverschlag<br>• schwarze Harnwinde<br>• Nierenverschlag |
| Krankheitsbild | Die Krankheit führt zu einer Schädigung der Muskulatur (Rücken/Hinterhand) und kann in schlimmen Fällen zum Tod führen.<br>• Anzeichen:<br>  – starkes Schwitzen<br>  – Zittern<br>  – Einknicken in der Hinterhand<br>  – Versteifung der Hintergliedmaßen<br>  – braun/schwarze Verfärbung des Harns<br>• Ursachen:<br>  – Stehtage ohne Futterreduktion<br>  – Überanstrengung<br>  – Überfütterung |
| Behandlung | • sofortige Tierarztbehandlung einleiten;<br>• Pferd nicht bewegen<br>• warm eindecken |
| Vorbeugung | • keine Stehtage einlegen<br>• Fütterung immer dem Arbeitspensum anpassen |

# Erkrankungen des Verdauungsapparates

| | Zähne – Zahnspitzen (Hakenbildung) |
|---|---|
| Krankheitsbild | Durch unvollständige, seitliche Mahlbewegungen kann es im Backenzahnbereich zu der sog. Hakenbildung kommen, es entstehen an den äußeren Kanten der Oberkieferzähne und an den innenliegenden Kanten der Unterkieferzähne messerscharfe Grate; sie können Zungen- und Backenschleimhautverletzungen hervorrufen und zur Bildung eines Scherengebisses führen.<br>• Ursachen:<br>– Alter des Pferdes<br>– ungenügende Kautätigkeit/Abrieb durch zu wenig Raufutter<br>• Anzeichen:<br>– Kaustörungen<br>– Abmagerung<br>– Verdauungsstörungen<br>– erkennbar an kleinen Futterklumpen in der Krippe |
| Behandlung | bei den ersten Anzeichen Tierarzt rufen und Haken entfernen lassen |
| Vorbeugung | regelmäßige – alle 6 Monate – Kontrolle des Gebisses |

| | Schlundverstopfung |
|---|---|
| Krankheitsbild | Trockenes, hastig aufgenommenes, schlecht eingespeicheltes, wenig gleitendes Futter kann in der Speiseröhre infolge von Quellung stecken bleiben:<br>• Folge ➡ Verdickung der Speiseröhrenmuskulatur<br>• dadurch ➡ Schlundverstopfung<br>• dramatische Folge der Verstopfung ➡ Futterteilchen können in die Luftröhre gelangen<br>• Hauptursache ➡ nicht eingeweichte Rübenschnitzel |
| Behandlung | sofortige Behandlung durch den Tierarzt notwendig |
| Vorbeugung | • Rübenschnitzel lange genug einweichen!<br>• Äpfel zerkleinern |

| | Kolik |
|---|---|
| Krank-heitsbild | Alle krankhaften Veränderungen im Magen- u. Darmbereich, die zu Schmerzen führen, werden als Kolik bezeichnet; es gibt auch Nierenkoliken.<br>Die Anzeichen können unterschiedlich sein:<br>• Fressunlust • Umschauen zum Bauch<br>• Aufziehen des Leibes • unter den Bauch schlagen<br>• Teilnahmslosigkeit • starke Unruhe<br>• häufiges Liegen • Schwitzen<br>• häufiger Harnabsatz • ängstlicher Blick, Flehmen<br>• Kratzen • Gähnen<br>• heftiges Hinwerfen und Wälzen<br>Kolikarten bzw. Ursachen:<br>• Magenüberladung<br>• Verstopfung<br>• Versandung des Blinddarms<br>• Aufblähung<br>• Darmkrampf<br>• Verstopfung von Darmarterien (durch Wurmlarven)<br>• Darmverschluss (durch wandernde Parasitenlarven) |
| Behandlung | • schon bei den ersten Anzeichen einer Kolik muss sofort der Tierarzt verständigt werden ➡ Koliken können zum Tode führen<br>• bis zum Eintreffen des Tierarztes:<br>  – Futter entfernen<br>  – Puls, Atmung, Wasseraufnahme und Harnabsatz kontrollieren<br>  – gegebenenfalls Eindecken<br>  – Pferd evtl. aus der Box nehmen und führen<br>  – je nach Kolik kann eine Operation notwendig werden |
| Vorbeugung | • Pferde regelmäßig bewegen<br>• nach den Mahlzeiten mindestens eine Stunde im Stall belassen<br>• Futterqualität beständig kontrollieren<br>• Futterration nach den Ansprüchen des Pferdes gestalten<br>• regelmäßig Wurmkuren durchführen, mindestens 4 x pro Jahr<br>• bei Weidegang: entsprechende Weidepflege, z.B. Kotabsammeln |

# Erkrankungen der Atemwege

| | Influenza |
|---|---|
| Krankheitsbild | Die Influenza (Pferdegrippe) wird durch bestimmte Influenzaviren hervorgerufen.<br>Anzeichen:<br>• hohes Fieber<br>• trockener, starker Husten<br>• klarer Nasenausfluss |
| Behandlung | Tierarzt anrufen, Pferde schonen und für viel Frischluft sorgen |
| Vorbeugung | die regelmäßige Schutzimpfung – nach vorheriger korrekt durchgeführter Grundimmunisierung – senkt deutlich die Gefahr für die Pferde, an Influenza zu erkranken |

| | Bronchitis - akut |
|---|---|
| Krankheitsbild | Bronchitis = Entzündung der Bronchialschleimhaut<br>Ursachen:<br>• Erkältungen (Influenza) mit nachfolgender Infektion durch<br>  – Bakterien<br>  – Viren<br>• Einatmen von<br>  – Staub<br>  – Schimmelpilzen<br>• fehlgeschluckte Nahrung<br>• Allergien z.B. gegen Heu (Pollen), Staub, Pilze, Bakterien |
| Behandlung | • Atemwegserkrankungen müssen sehr ernst genommen werden<br>• bei dem Verdacht einer Erkrankung sollte der Tierarzt benachrichtigt werden<br>• bis zur Ausheilung dürfen die Pferde nur leicht bewegt werden, sie dürfen sich nicht anstrengen bzw. anfangen zu schwitzen |
| Vorbeugung | • Stroh und Heu beständig auf Schimmelbefall überprüfen<br>• Heu anfeuchten<br>• Pferde nicht nass in den Stall stellen<br>• Zugluft vermeiden<br>• Überanstrengungen vermeiden<br>• für gutes Stallklima sorgen (Luftfeuchtigkeit usw.) |

|  | Bronchitis - chronisch |
|---|---|
| Krank-heitsbild | Werden entzündliche Erkrankungen der Bronchialschleimhaut nicht behandelt oder nicht sorgfältig ausgeheilt, so entsteht die chronische Bronchitis (die Bronchien verschleimen).<br>Anzeichen:<br>• Hustenreiz - quälend und trocken<br>• wesentliche Atembeschwerden |
| Behandlung | sehr langwierig, Pferde schonen und für gute Belüftung der Bronchien mit Frischluft sorgen (Schrittausritte, Weide, evtl. Luftveränderung) |
| Vorbeugung | • jede Atemwegserkrankung ernst nehmen und durch den Tierarzt behandeln lassen<br>• Pferde nach akuten Erkrankungen lange genug schonen<br>• für ein gutes Stallklima sorgen |

## Parasitäre Erkrankungen

| | Parasitäre Erkrankungen |
|---|---|
| Krankheitsbild | Parasitenbefall tritt sehr häufig bei Pferden auf; es gibt verschiedene Parasitenarten, die das Pferd als Wirt benutzen:<br>• Verdauungsbereich<br>  – Magendasseln, Magenbremsen (Larven der Fliege)<br>  – Spulwürmer (Würmer und ihre Larven)<br>  – Blutwürmer (Würmer und ihre Larven)<br>  – Zwergfadenwürmer (Würmer und ihre Larven)<br>  – Bandwurm (Wurm und Larven)<br>Parasitenbefall kann zu verschiedenen Begleiterkrankungen führen, z.B. Kolik, Abmagerung, Blutarmut, Erkrankungen der verschiedenen Magen- und Darmbereiche; schädigend sind nicht nur die ausgewachsenen Parasiten, sondern besonders die teilweise durch den ganzen Körper wandernden Larven.<br>• Hautbereich<br>  – Milben - dringen in die Haut ein, es entsteht starker Juckreiz<br>  – Zecken - dringen in die Haut ein, übertragen Infektionskrankheiten (z.B. Piroplasmose) |
| Behandlung | • Entnahme von Kotproben, um den genauen Parasitenbefall diagnostizieren zu können<br>• Wurmkuren - mit entsprechenden Nachbehandlungen (kommt auf die Parasitenart an)<br>• Entfernung von Zecken und Milben |
| Vorbeugung | • Weide<br>  – Pferdedung mindestens einmal wöchentlich entfernen<br>  – gemischte Beweidung mit Rindern – Larven werden von dem Verdauungsapparat der Rinder abgetötet<br>• regelmäßig Wurmkuren durchführen<br>  – vor der Weidesaison 2-mal im Abstand von einem Monat, damit auch die im Körper befindlichen Larven abgetötet werden<br>  – insgesamt 4 x pro Jahr (auch bei Stallhaltung) |

# Für Pferde giftige Pflanzen

### Roter Fingerhut
100-200 g frische Blätter ➡ tödlich

Anzeichen:
- Kolik
- Durchfall
- Schwanken, Lähmung
- Störung der Herztätigkeit
- Herzstillstand

### Beeren-Eibe
100-200 g Nadeln ➡ tödlich innerhalb von 5 Min.

Anzeichen:
- Magen-Darmentzündung
- Nierenschädigung
- Herz- und Atmungsgift

### Gemeiner Buchsbaum
750 g Blätter ➡ tödlich in kurzer Zeit

Anzeichen:
- Durchfall
- Krämpfe
- Lähmung des Zentralnervensystems

### Herbstzeitlose
ca. 500 mg der Pflanze ➡ tödlich innerhalb von 1-3 Tagen

Anzeichen:
- Appetitlosigkeit
- Benommenheit
- Lähmung

### Schwarzes Bilsenkraut
180-360 g giftig ➡ nicht tödlich

Anzeichen:
- erhöhte Atmung
- Tobsucht
- Durst
- Verstopfung
- Lähmung

### Gemeiner Goldregen
Wurzeln, Samen, Blüten giftig
200 g Samen ➡ tödlich innerhalb von 2-3 Std.

Anzeichen:
- Erregung
- Schwindel
- Bewegungsstörung
- völlige Lähmung
- Schweißausbruch
- Krämpfe

### Bingelkraut
frische Pflanze giftig

Anzeichen:
- Blutharnen
- Durchfall
- Leberschädigung
- Hufrehe
- schiefe Halshaltung

### Sumpf-Dotterblume
geringe Giftwirkung, getrocknet nicht giftig

Anzeichen:
- Kolik
- Nierenentzündung
- Krämpfe

### Sumpf-Schachtelhalm
insgesamt giftig ➠ tödlich nach Stunden oder Tagen

Anzeichen:
- „Taumelkrankheit"
- Schreckhaftigkeit
- Ängstlichkeit
- Schwanken
- Taumeln
- Zusammenstürzen

### Schwarze Tollkirsche
180 g trockenes Kraut und Blätter ➠ giftig
180 g trockene Wurzeln ➠ tödlich

Anzeichen:
- Pupillenerweiterung
- Trockenheit im Mund
- Verstopfung
- Kolik
- erhöhte Puls- und Atemfrequenz
- Mattigkeit
- Schwäche

### Weiße Robinie
Rinde, Blätter und Laub giftig

Anzeichen:
- Entzündung der Darmschleimhaut
- Kolik
- Schwanken, Lähmung
- Raserei
- Kaukrämpfe
- Benommenheit

### Adlerfarn
Pflanze giftig
➠ Tod im Koma

Anzeichen:
- „Taumelkrankheit"
- Schreckhaftigkeit
- Ängstlichkeit
- Schwanken
- Taumeln
- Zusammenstürzen

> Besteht der Verdacht, dass ein Pferd giftige Pflanzen gefressen hat, muss sofort der Tierarzt gerufen werden. Einige Pflanzen können tödliche Wirkung haben. Eine Probe der Pflanze kann für die Erkennung und Behandlung hilfreich sein.

# GEWÄHRSMÄNGEL

Nach der „Kaiserlichen Verordnung" von 1899 (gesetzliche Fehlerfreiheit) muss

- der Verkäufer eines Pferdes innerhalb einer 14-tägigen **Gewährsfrist** dem Käufer einstehen, dass sich keine der in der Verordnung aufgeführten 6 Hauptmängel: Dummkoller, Rotz, Koppen, Kehlkopfpfeifen, periodische Augenentzündung, Dämpfigkeit, zeigen;
- der Käufer spätestens bis zwei Tage nach Ablauf der Gewährsfrist den Mangel dem Verkäufer schriftlich anzeigen – **Anzeigefrist** – und
- der Käufer spätestens innerhalb von 6 Wochen Klage erhoben oder Beweissicherung beantragt haben, wenn der Verkäufer das Pferd nicht zurücknimmt – **Verjährungsfrist** –.

## Die Gewährsmängel

- **Dummkoller**
  Allmähliche oder infolge akuter Gehirnwassersucht entstandene, unheilbare Krankheit des Gehirns, bei der das Bewusstsein des Pferdes herabgesetzt ist.

- **Rotz**
  Rotz ist eine durch den Rotzbazillus hervorgerufene, bösartige Seuche der Einhufer, die auch auf den Menschen übergreifen kann (anzeigenpflichtig – Tiere müssen getötet werden). Kennzeichnend ist das Auftreten von Knötchen und Geschwüren in den Atemwegen, der Lunge und der Haut. Die Übertragung erfolgt direkt durch den Nasenausfluss und den Eiter der Hautgeschwüre über die Verdauungs- und Atemwege.

- **Dämpfigkeit**
  Chronische unheilbare Atemwegserkrankung der Lunge und/oder des Herzens. Kennzeichen: Dampfrinne.

- **Koppen** (Krippensetzen, Aufsetzen, Freikoppen, Luft-, Windschnappen)
  Das Koppen ist eine Spielerei/Untugend, die als eine mit einem hörbaren Geräusch (Rülpslaut) verbundene Öffnung des Schlundkopfes definiert wird. Das Krippensetzen oder Aufsetzen ist die häufigste Form des Koppens. Bei Anspannung der Muskeln an der Unterseite des Halses kann ein rülpsender Kopperton und das Abschlucken von Luft beobachtet werden. Das Freikoppen wird ohne Aufsetzen mit hörbarem Kopperton ausgeführt.

- **Kehlkopfpfeifen**
  Durch einen chronischen und unheilbaren Krankheitszustand des Kehlkopfes (Lähmung, chronische Kehlkopfentzündung) oder der Luftröhre (Einengung) verursachte und durch ein hörbares Geräusch gekennzeichnete Atemstörung; eine Stimmbandverkürzung kann Abhilfe schaffen.
- **Periodische Augenentzündung (Mondblindheit)**
  Entzündliche Veränderung des Auges, die durch innere Einwirkung entsteht und bis zur Erblindung führen kann; die Entzündungen treten periodisch immer wieder auf.

## IMPFUNGEN

Ab dem 1. Januar 2000 gilt für alle Turnierpferde/-ponys die Vorschrift zur Impfung gegen Influenzavirusinfektion. Für alle an LP (Kat. B und A) teilnehmenden Pferde/Ponys müssen gültige Equidenpässe mitgeführt werden. Für alle an WB (Kat. C) teilnehmenden, nicht gemäß § 16 als Turnierpferd/-pony eingetragenen Pferde/Ponys muss zumindest ein Impfpass mitgeführt werden. In dem Equiden- bzw. Impfpass wird durch Eintrag eines Tierarztes, der nicht Besitzer des Pferdes/Ponys ist, bestätigt, dass als Grundimmunisierung drei Impfungen gegen Influenzavirusinfektion durchgeführt wurden.

Der Abstand zwischen der ersten und zweiten Impfung sollte, abhängig von der Art des gewählten Impfstoffes, mindestens 4 Wochen (28 Tage), maximal 8 Wochen (56 Tage) betragen. Die dritte Impfung muss im Abstand von 6 Monaten (+/- 28 Tage) zur zweiten Imfpung erfolgt sein. Wiederholungsimpfungen gegen Influenzavirusinfektion müssen im Abstand von 6 Monaten (+/- 90 Tage) erfolgen.

Eine Impfung gegen Herpesviren wird empfohlen. Die Tetanusimpfung gilt als selbstverständlich.

Ein Turnierstart ab 1. Januar 2000 ist möglich, wenn im Equiden- bzw. Impfpass nachgewiesen ist,:

1. dass die ersten beiden Impfungen der Grundimmunisierung durchgeführt wurden,
2. dass die dritte Impfung gegen Influenzavirusinfektion 14 Tage vor dem Turnierstart erfogte.

Pferde/Ponys, die bereits vor der Ausstellung des Equidenpasses über einen ordnungsgemäßen Impfschutz inklusive Impfpass verfügen, müssen im Equidenpass durch Übertrag nachweisen, dass mindestens die letzten zwei Wiederholungsimpfungen im Abstand von 6 Monaten (+/- 90 Tage) erfolgt sind.

Voraussetzung für einen ordnungsgemäßen Impfschutz ist die Impfung mit Impfstoffen, die die jeweils aktuellsten Impfantigene enthalten.

# ZUCHT

## BEURTEILUNG VON PFERDEN

Die Beurteilung eines Pferdes oder Ponys beginnt mit dem richtigen Ansprechen. Dazu zählen das Feststellen des Erscheinungsbildes, des Geschlechts, der Farbe und der Abzeichen, die Identifizierung des Brandzeichens/der Rasse und die Bestimmung des Alters.

- Erscheinungsbild: Futterzustand, Gesamtbild.
- Geschlecht: Hengst, Wallach, Stute.
- Farben: Es werden verschiedene Farben des Pferdes unterschieden. Die Einordung richtet sich nach der Farbe des Deckhaares und der Schutzhaare (Mähne, Schweif und Behang).

| Farbe | Deckhaar | Schutzhaare | Farbnuancen |
|---|---|---|---|
| Fuchs | rot | fuchsfarben oder hell, keine schwarzen Haare | Fuchs<br>Hellfuchs<br>Dunkelfuchs |
| Rappe | schwarz | schwarz | keine außer weißer Abzeichen |
| Brauner | braun | Beine und Schutzhaare vorwiegend schwarz | Hellbrauner<br>Brauner<br>Dunkelbrauner<br>Schwarzbrauner |
| Schimmel (meist dunkel geboren) | schwarz-weiß | schwarz-weiß | Fuchsschimmel<br>Hellfuchsschimmel<br>Dunkelfuchsschimmel<br>Rappschimmel<br>Braunschimmel<br>Hellbraunschimmel<br>Dunkelbraunschimmel |
| Albinos | weiß, farbstofffrei | weiß | |
| Isabell<br>Unterart: Palomino | gelb, grau, wildfarben<br>golden | hell<br><br>leuchtend weiß | |
| Falbe | gelb-grau | Beine und Schutzhaare schwarz | |
| Schecke | zusammenhängende Farbflecken in allen Farben | verschiedene Farben | Fuchsschecken<br>Braunschecken<br>Rappschecken<br>Schimmelschecken |
| Tiger | beliebig, verschieden große rundliche oder längliche Flecken | alle Farben | Fuchstiger<br>Brauntiger<br>usw. |

# Abzeichen

Als Abzeichen werden verschieden gestaltete, weiße Haarstellen am Körper des Pferdes unterschieden. Unechte Abzeichen sind weiße Haarstellen, die durch Verletzungen entstehen, z.B. bei Satteldruck.

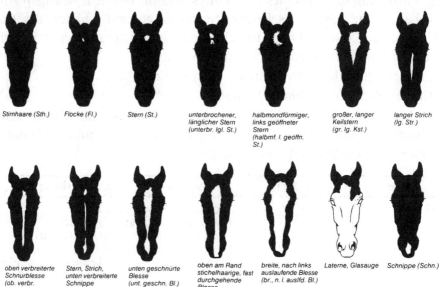

Stirnhaare (Sth.) — Flocke (Fl.) — Stern (St.) — unterbrochener, länglicher Stern (unterbr. lgl. St.) — halbmondförmiger, links geöffneter Stern (halbmf. l. geöffn. St.) — großer, langer Keilstern (gr. lg. Kst.) — langer Strich (lg. Str.)

oben verbreiterte Schnurblesse (ob. verbr. Schnurbl.) — Stern, Strich, unten verbreiterte Schnippe (St., Str., unt. verbr. Schn.) — unten geschnürte Blesse (unt. geschn. Bl.) — oben am Rand stichelhaarige, fast durchgehende Blesse (ob. a. Rd.stichelh. fast dchg. Bl.) — breite, nach links auslaufende Blesse (br., n. l. auslfd. Bl.) — Laterne, Glasauge — Schnippe (Schn.)

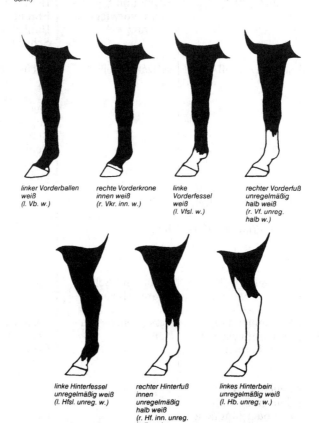

linker Vorderballen weiß (l. Vb. w.) — rechte Vorderkrone innen weiß (r. Vkr. inn. w.) — linke Vorderfessel weiß (l. Vfsl. w.) — rechter Vorderfuß unregelmäßig halb weiß (r. Vf. unreg. halb w.)

linke Hinterfessel unregelmäßig weiß (l. Hfsl. unreg. w.) — rechter Hinterfuß innen unregelmäßig halb weiß (r. Hf. inn. unreg. halb. w.) — linkes Hinterbein unregelmäßig weiß (l. Hb. unreg. w.)

## Brandzeichen

Der Fohlenbrand gibt Aufschluss darüber, aus welchem Zuchtgebiet das Pferd stammt. Das Brandzeichen befindet sich bei den deutschen Landespferdezuchten auf dem linken Hinterschenkel. Der Nummernbrand befindet sich unter dem Zuchtverbandsbrand und setzt sich aus der 6. und 7. Ziffer der Lebensnummer zusammen. Er dient zur eindeutigen Identifizierung des Pferdes.

Gemeinsames Rahmenzuchtziel für das deutsche Reitpferd
(1975 beschlossen)

⇒ Oberbegriff für die Pferde der regionalen Warmblut-Zuchtgebiete.

⇒ Gezüchtet wird ein edles, großliniges und korrektes Reitpferd mit schwungvollen, raumgreifenden, elastischen Bewegungen, das aufgrund seines Temperaments, seines Charakters und seiner Rittigkeit für Reitzwecke jeder Art geeignet ist.

⇒ Man unterteilt die verschiedenen Pferderassen in folgende Gruppen:
  - Rennpferde: Arabisches Vollblut (ox), Englisches Vollblut (xx), Traber;
  - Reitpferde: Trakehner, Araber (Anglo-Araber, Araber-Herkunft), Deutsches Reitpferd (z.B. Westfalen, Hannoveraner, Oldenburger usw.)
  - Ponys und Kleinpferde: z.B. Haflinger, Deutsches Reitpony, Welsh, Connemara, Island, Fjord, Shetland;
  - Kaltblut: z.B. Schwarzwälder Fuchs, Mecklenburger Fuchs, Süddeutsches Kaltblut;
  - Spezialrassen/Sonstige Rassen: z.B. Friesen, Andalusier, Lippizaner, Quarter Horse.

## Altersbestimmung

Die Bestimmung des Alters ist notwendig, um Wert und Brauchbarkeit eines Pferdes richtig einzuschätzen. Stichtag für die Altersberechnung ist der 1. Januar. In der Landespferdezucht gelten alle in der Zeit vom 1. Januar bis 31. Oktober eines Jahres geborenen Fohlen als am 1. Januar des Geburtsjahres geboren, für alle vom 1. November bis 31. Dezember geborenen Fohlen ist der Stichtag der 1. Januar des folgenden Jahres.

Beim jungen Pferd sind die Linien des Kopfes weich und verwischt, beim ausgewachsenen Pferd sind sie schärfer, der Kopf erscheint länger und schmaler. Ab ca. 12 Jahren fallen die Augengruben ein und die Knochenlinien treten schärfer hervor, ab ca. 14 Jahren bekommt das Pferd graue Haare in der Gegend der Augenbögen.

○ Zahnalterbestimmung:
  Das Pferd besitzt je
  - 6 Schneidezähne im Ober- und Unterkiefer (Zangen-, Mittel- und Eckzähne) = 12 Schneidezähne,
  - je 6 vordere Backenzähne = 12 vordere Backenzähne (Prämolaren),
  - je 6 hintere Backenzähne = 12 hintere Backenzähne (Molaren), die nicht wechseln.
  - Die Hakenzähne (je 2 im Ober- und Unterkiefer) stehen zwischen den Schneide- und Backenzähnen als sekundäres männliches Geschlechtsmerkmal ➪ Hengst/Wallach: 40 Zähne, Stute: 36 Zähne.

Zur Altersbestimmung dienen Durchbruch, Wechsel und Abnutzung der Zähne (Kundenschwund, Formveränderung der Schneidezahnreibefläche, Veränderung der Zahnrichtung der Schneidezähne).
Die Kunden sind schwarz gefärbte, scharf abgegrenzte Vertiefungen der Kaufläche.

| Zähne | Durchbruch | Wechsel | Kundenschwund unten / oben |
|---|---|---|---|
| Zangen | 6 Tage | 2½ Jahre | 6 Jahre / 9 Jahre |
| Mittelzähne | 6 Wochen | 3½ Jahre | 7 Jahre / 10 Jahre |
| Eckzähne | 6 Monate | 4½ Jahre | 8 Jahre / 11 Jahre |
| Prämolare | 6 Tage | | |
| 1. | | 2½ Jahre | |
| 2. | | 3½ Jahre | |
| 3. | | 4$^{11}$/2 Jahre | |
| Backenzähne | | | |
| 1. | 2½ Jahre | | |
| 2. | 3½ Jahre | | |
| 3. | 4½ Jahre | | |
| Hakenzähne | 3 - 4 Jahre | | |

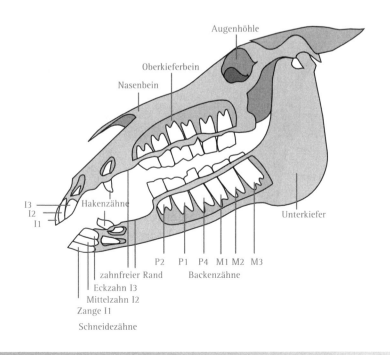

# Beurteilung eines Pferdes

Bei der Beurteilung wird das Exterieur, der Gang und das Interieur unterschieden. Die Beurteilung erfolgt im Stand und im Gang an der Hand und/oder unter dem Sattel.

## Exterieur – Körperbau

○ Das Pferd wird eingeteilt in: Vorhand, Mittelhand, Hinterhand.

Zur Vorhand gehören:
- Kopf
  - Auge
  - Nüstern
- Hals
- Brust
- Vorderbeine

Zur Mittelhand gehören:
- Rumpf
  - Widerrist
  - Rücken
  - Nierenpartie

Zur Hinterhand gehören:
- Kruppe
- Hinterbeine
- Schweif

○ Gewünscht wird ein harmonisches Reitpferd: Es soll großlinig sein und über viel Boden stehen = Rechtecktyp.

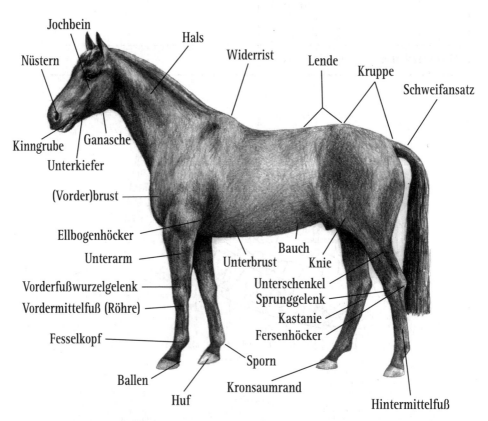

- Grundlage für ein harmonisches Reitpferd:
  - langer Hals,
  - lange, schräggelagerte Schulter mit langem Oberarm,
  - langer Widerrist,
  - genügend langer Rücken,
  - eine Hinterhand mit langem Hebelwerk und günstiger Winkelung der einzelnen Knochen zueinander.
- Stockmaß: Entfernung vom Boden bis zur höchsten Stelle des Widerristes.
- Bandmaß: Mit einem Bandmaß, das leicht am Körper anliegt, wird die Höhe vom Boden bis zur höchsten Stelle des Widerristes gemessen.

*Die Beurteilung des Pferdes soll die allgemeine Qualität bestimmen und keine Suche nach Fehlern sein, die oft keinen Einfluss auf die Leistungsfähigkeit haben. Häufig ist das Interieur für die Leistungsfähigkeit und den Wert des Pferdes wichtiger als einzelne Mängel im Körperbau.*

## Gang

Die Beurteilung des korrekten Ganges sowie des Antrittswillens erfolgt unter dem Reiter im Schritt, Trab und Galopp (zusätzlich bei Isländern im Pass und/oder Tölt) und an der Hand im Schritt und Trab (zusätzlich bei Isländern im Pass und/oder Tölt) sowie im Freilaufen. Die Bewegungen sollen taktmäßig, raumgreifend, schwungvoll (im Schritt schwunglos) und ernergisch/fleißig sein.

## Interieur

Dem Interieur des Pferdes kommt eine besondere Bedeutung zu. Nur ein Pferd, welches über gute innere Eigenschaften verfügt, wird auf Dauer leistungsfähig sein. Zu den wichtigsten inneren Eigenschaften gehören:
- Leistungsbereitschaft – Temperament – Gesundheit – Konstitution,
- Intelligenz – Leistungsveranlagung (Begabung/Talent),
- Gutmütigkeit – Ehrlichkeit,
- Regenerationsvermögen nach größeren Anstrengungen,
- Futterverwertung.

## Beurteilungstechnik

Die Musterung im Stand erfolgt auf geradem, festem Boden, wobei der Beurteiler und das von ihm 4 - 5 m entfernt stehende Pferd auf gleicher Ebene stehen. Die Beurteilung an der Hand erfolgt auf der Dreiecksbahn (z.B. bei Körungen, Zuchtschauen) oder auf einer Geraden (z.B. bei Reitpferdeprüfungen).

**Auf der Dreiecksbahn**
- im Stand
- in der Bewegung
  - vom Beurteiler weg
  - von der Seite
  - auf den Beurteiler zu

**Auf einer Geraden**
- im Stand
- in der Bewegung
  - vom Beurteiler weg
  - auf den Beurteiler zu

15 - 20 m

15 - 20 m

15 - 20 m

Halt

Beurteiler

Wende

Beurteiler

Halt

# Fragen zu Gesundheit/Zucht

1. Benenne richtig!

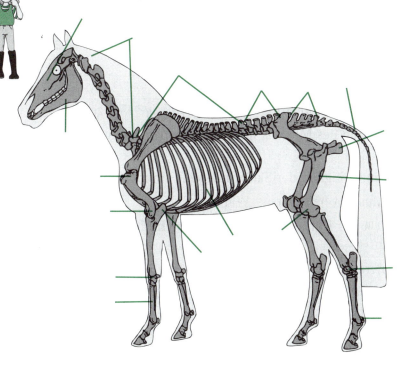

2. In wie viele Abschnitte ist die Wirbelsäule unterteilt? Nenne die Anzahl der Wirbel innerhalb der einzelnen Abschnitte!

___

___

___

3. Was ist der Unterschied zwischen den wahren und den Atmungsrippen?

___

___

4. Was bedeutet Brückenkonstruktion der Wirbelsäule?

___

___

5. In welchem Zusammenhang steht die Beweglichkeit der Wirbelsäule mit der reiterlichen Längsbiegung des Pferdes?

    _____

    _____

    _____

6. Welche Aussagen zur Muskulatur sind richtig? Kreuze an!
    ① Verbindung des Muskels mit dem Knochen erfolgt über Sehnenfasern
    ② Leistungsfähigkeit der Skelettmuskeln nimmt durch Training zu
    ③ jede Muskelarbeit erzeugt Wärme
    ④ ca. 40 % der Körperwärme werden durch Muskelkontraktionen erzeugt
    ⑤ Regeneration erfolgt während der Belastung
    ⑥ Lösungsphase zu Beginn des Reitens gewährleistet langsame Erwärmung und bessere Durchblutung der Muskulatur

7. *Nenne Funktionen der Haut!*

    _____

    _____

    _____

8. *Welche sechs Abschnitte können an der Hufkapsel unterschieden werden? Liste auf!*

    _____

    _____

    _____

9. *Was versteht man unter Hufmechanismus?*   **Für DRA III - II**

    _____

    _____

10. Welche Abfolge des Blutkreislaufes ist richtig? **Für DRA III - II**

   ① rechte Herzkammer – Lungenarterie – Lungenvene – linker Vorhof – linke Herzkammer – Aorta – Hohlvenen – rechter Vorhof

   ② linke Herzkammer – Aorta – Hohlvenen – rechter Vorhof – rechte Herzkammer – Lungenarterie – Lungenvene – linker Vorhof

   ③ linker Vorhof – rechter Vorhof – rechte Herzkammer – linke Herzkammer

   ④ Aorta – Hohlvenen – linker Vorhof – linke Herzkammer – rechter Vorhof – rechte Herzkammer – Lungenarterie – Lungenvene

11. Beschreibe den Weg der Luft bis in die Lunge!

   _____
   _____
   _____
   _____
   _____

12. Wozu dienen die Atemschutzreflexe Prusten, Niesen und Husten?

   _____
   _____
   _____

13. Welche Pflanze ist für Pferde giftig? Kreuze an!

   ① Löwenzahn

   ② Gras

   ③ Brennessel

   ④ Eibe

   ⑤ Luzerne

*14. Setze die richtigen PAT-Werte ein!*

| Werte | im Ruhezustand | bei großer Anstrengung | |
|---|---|---|---|
| Puls Pferd | | | Herzschläge/min |
| Fohlen | | | Herzschläge/min |
| Atmung Pferd | | | Atemzüge/min |
| Fohlen | | | Atemzüge/min |
| Temperatur Pferd | | | |
| Fohlen | | | |

*15. Warum hat das Pferd bei gesenkt gehaltenem Kopf ein Gesichtsfeld von fast 360°?*

_____

_____

_____

*16. Kennzeichne die Sichtmöglichkeiten des Pferdes!*

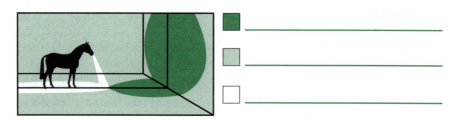

*17. Welche äußeren Anzeichen können auf eine Erkrankung des Pferdes hinweisen?*

_____

_____

_____

_____

*18. Liste einige Erkrankungen beim Pferd auf!*

_____

_____

_____

_____

_____

*19. Welche Krankheit kann nach mehreren Ruhetagen auftreten?*
- ① Spat
- ② Kolik
- ③ Kreuzverschlag
- ④ Hufrolle
- ⑤ Husten

*20. Was ist Kolik? Welche Anzeichen sind typisch? Was muss man tun?*

_____

_____

_____

_____

_____

*21. Woran erkennt man Satteldruck und wie kann man ihn verhindern?*

_____
_____
_____

*22. Worauf ist beim Kauf eines Pferdes besonders zu achten?*

_____
_____
_____

*23. Welche Erkrankungen gehören zu den gesetzlichen Fehlern (Gewährsmängel)? Kreuze richtig an!*

① Spat, Hufrolle, Kehlkopfpfeifen, Dummkoller, Rotz, Druse

② Kehlkopfpfeifen, Dummkoller, Hufrehe, periodische Augenentzündung, Dämpfigkeit, Koppen

③ Dämpfigkeit, Dummkoller, periodische Augenentzündung, Kehlkopfpfeifen, Koppen, Rotz

④ Dämpfigkeit, periodische Augenentzündung, Kehlkopfpfeifen, Dummkoller, Rotz, Arthrose

*24. Definiere kurz die ausgewählten Mängel!*

_____
_____
_____
_____
_____
_____
_____

25. Erkläre kurz folgende Erkrankungen!

Mauke: _____

_____

Einschuss: _____

_____

Spat: _____

_____

Piephacke: _____

_____

Schale: _____

_____

Hufrollenentzündung: _____

_____

Hufrehe: _____

_____

Strahlfäule: _____

_____

Bronchitis: _____

_____

Gallen: _____

_____

26. Wann sollen Wurmkuren erfolgen, um den Wurmbefall zu minimieren?

_____

_____

27. Wie viele Impfungen müssen durchgeführt werden, damit ein Pferd/Pony ab dem 1. Januar 2000 an Turnieren teilnehmen kann? Kreuze an!

① 4 Impfungen (Grundimmunisierung und Wiederholungsimpfung)

② 2 Impfungen (Grundimmunisierung und Wiederholungsimpfung)

③ 1 Impfung (Grundimmunisierung und Wiederholungsimpfung)

④ 3 Impfungen (Grundimmunisierung und Wiederholungsimpfung)

28. Was gehört zum Ansprechen und Identifizieren eines Pferdes?

_____

_____

29. Welche Farben werden bei Pferden unterschieden und welche charakteristischen Merkmale gibt es?

_____

_____

30. Zeichne folgende Abzeichen ein!

Flocke | oben verbreiterte Schnurblesse | großer langer Keilstern | Schnippe

rechte Vorderkrone innen weiß | linke Vorderfessel weiß | linke Hinterfessel unregelmäßig weiß | linkes Hinterbein unregelmäßig weiß

*31. Trage unten die richtigen Zahlen ein!*

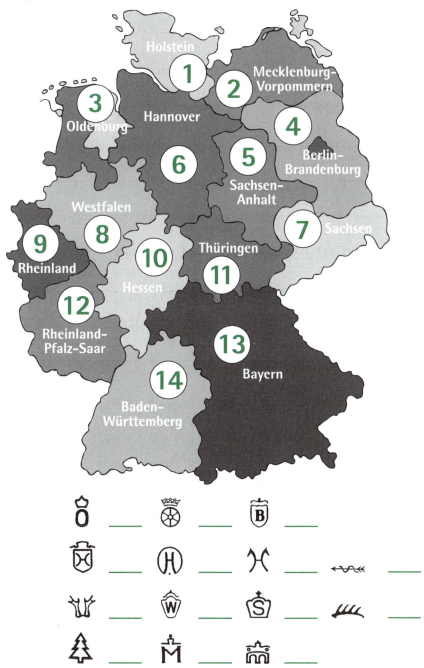

*32. Welche Rassegruppen werden unterschieden?*

_____

_____

_____

33. Wie viele Zähne hat ein ausgewachsenes Pferd?

_____

34. Um das Alter des Pferdes zu bestimmen, greift man auf die Zahnalterbestimmung zurück. Welche Merkmale dienen der Altersbestimmung und warum?

_____

_____

_____

35. Was gehört zur Vorhand, Mittelhand und Hinterhand?

Vorhand: _____

Mittelhand: _____

Hinterhand: _____

36. Benenne richtig!

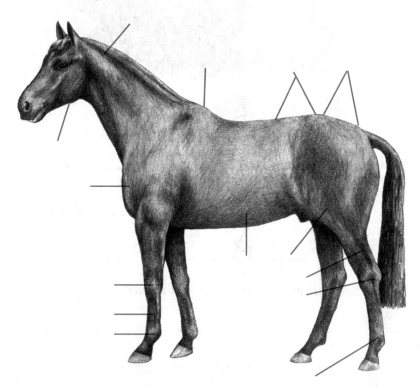

*37. Wie soll ein harmonisches Pferd beschaffen sein?*

_____

_____

_____

_____

_____

_____

*38. Was gehört zu den wichtigsten inneren Eigenschaften? Kreuze an!*
   ① Intelligenz/Begabung
   ② Leistungsbereitschaft/Temperament/Gesundheit/Konstitution
   ③ Gutmütigkeit/Ehrlichkeit
   ④ Regenerationsvermögen nach größeren Anstrengungen
   ⑤ Futterverwertung

*39. Setze richtig ein!*

Die Beurteilung des Pferdes soll die allgemeine _____ be-stimmen und _____ Suche nach _____ sein, die oft keinen Einfluss auf die _____ haben. Häufig ist das _____ für die Leistungsfähigkeit und den _____ des Pferdes wichtiger als einzelne _____ im Körperbau.

(Fehlern, Interieur, Leistungsfähigkeit, keine, Mängel, Qualität, Wert)

# UNFALLVERHÜTUNG/ERSTE HILFE

## UNFALLVERHÜTUNG

### Was kann sie bewirken?

Bei der Unfallverhütung geht es nicht um das Auswendiglernen von Grundsätzen, sondern um eine Anleitung zum möglichst sicheren Umgang mit dem Pferd, die in die Praxis umgesetzt wird.
Frisch erworbene Kenntnisse, z.B. über das Anbinden eines Pferdes, können **nicht** zur Sicherheit beitragen, wenn der Reiter
- aus Gewohnheit,
- im Vertrauen darauf, dass noch nichts passiert ist,
- aus Bequemlichkeit etc.

sein Pferd trotzdem wieder an einer ungeeigneten, gefährlichen Stelle im Stall anbindet.

## SICHERHEIT DURCH RICHTIGEN UMGANG MIT DEM PFERD

### Annäherung an das Pferd

Pferde sind schreckhaft! Wenn man sich einem Pferd nähert, sollte man es ruhig und deutlich ansprechen. Nie von hinten oder direkt von vorne sich dem Pferd nähern, sondern von vorne-seitlich ⇨ so erschreckt sich das Pferd nicht, wenn sich ihm jemand nähert.

### Führen des Pferdes

Wer sein Pferd gut kennt, kann es mit Halfter und Strick führen, ansonsten sollte man grundsätzlich auf Trense führen.

Als **Faustregel gilt:** An der linken Seite des Pferdes in Schulterhöhe gehen, mit der rechten Hand das Pferd führen! Niemals vor dem Pferd gehen und nie den Führstrick um die Hand wickeln (große Verletzungsgefahr)!

Soll das Pferd gewendet werden, wird es rechtsherum – vom Führenden weg – geführt, um ein Hineinspringen des Pferdes in den Führenden zu verhindern. Werden mehrere Pferde hintereinander geführt, muss ein Sicherheitsabstand von mindestens 2 Pferdelängen (5 m) eingehalten werden, denn sonst könnte das Vorderpferd durch einen Huftritt den Führenden oder das Pferd verletzen. Türen müssen immer ganz geöffnet und enge Durchgänge vermieden werden. Wird ein Pferd auf die Weide geführt, so muss es mit dem Kopf erst in Richtung Ausgang gedreht und dann stehen gelassen werden, bevor der Strick gelöst wird.

Hilfszügel dürfen erst vor dem Aufsteigen und nicht bereits beim Führen in die Halle/auf den Platz angelegt werden, da sonst die Gefahr des Steigens und Sturzes des Pferdes besteht, wenn sich dieses erschreckt. Auch müssen die Steigbügel beim Führen hochgezogen werden, sodass sie nicht verrutschen können, um die Gefahr des Hängenbleibens bzw. des Erschreckens beim Herunterrutschen der Bügel zu vermeiden.

## Anbinden des Pferdes

Das richtige Anbinden des Pferdes ist für die Sicherheit sehr wichtig.

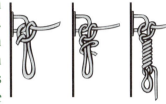

Die Strickbefestigung sollte leicht lösbar sein (Panikhaken) ⇨ Sicherheitsknoten (s. Abb.). Zu langes Anbinden kann zum Herübertreten über den Strick führen, zu kurzes Anbinden löst häufig Panik aus. Im Bereich des Pferdes sollten sich keine Gegenstände befinden, die umkippen oder herunterfallen können (⇨ Panikgefahr, wenn die Gegenstände umkippen/herunterfallen).

 *Pferde werden immer am Halfter und niemals am Trensenzaum angebunden. Sie dürfen auch nicht an Türen oder beweglichen Gegenständen angebunden werden.*

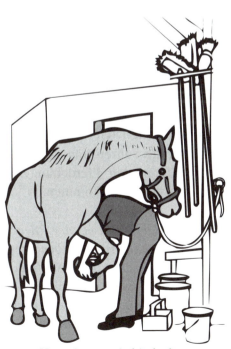

Ungeeigneter Anbindeplatz

## Pflege des Pferdes

Bei der Pferdepflege sollte ausreichend Raum vorhanden sein! Deshalb das Pferd nach Möglichkeit nicht in der Box putzen, damit es den Pfleger nicht aus Aggressivität, Angst u.v.m. an die Boxenwand drücken kann.

Bevor die Hufe aufgehoben werden, tastet der Pfleger das Pferd mit der flachen Hand am Körper in Richtung Gliedmaßen ab. Beim Auskratzen der Hufe steht er seitlich und winkelt alle Gelenke des Pferdesbeines an. Wenn möglich, sollte der Pfleger immer vorne um das Pferd herumgehen. Während des Putzens wird die Mimik und Gestik des Pferdes ständig beobachtet, um Reaktionen frühzeitig erkennen zu können.

## Verladen des Pferdes

**Voraussetzungen:** Zugfahrzeug und Pferdehänger müssen in einem einwandfreien Zustand und für die Zuglast zugelassen sein. Die Verladeklappe und der Hängerboden sollten mit einem rutschfesten Material ausgestattet sein.

**Sicherheitsmaßnahmen beim Verladen sind:**

- Beim Verladen immer Ruhe bewahren.
- Bei Problempferden zwei Longen als Einsteigehilfe benutzen, ggf. Trennwand breit stellen.
- Immer erst die rückwärtige Abschlussstange einhängen und die Verladeklappe schließen, bevor das Pferd angebunden wird.
- Beim Anbinden nicht den Finger durch den Anbindestrick stecken.
- Das Entladen erfolgt in umgekehrter Reihenfolge – erst den Anbindestrick lösen, bevor die Klappe heruntergelassen wird.
- Beim Ausladen darauf achten, dass das Pferd nicht seitlich von der Klappe herunterrutscht und dass die Verschlusshebel weggesteckt sind.
- Die Pferdebeine sollten mit geeigneten Gamaschen geschützt werden.
- Ruhiges und vorausschauendes Fahren trägt wesentlich dazu bei, dass Pferde immer wieder willig in den Pferdehänger gehen und keine Schäden während des Transportes vorkommen.

*Beim Umgang mit dem Pferd und bei der Pflege des Pferdes müssen Sicherheits- und Verhaltensregeln beachtet werden. Darüber hinaus ist stets dem Gesamtverhalten des Pferdes große Aufmerksamkeit zu widmen. Sonst kann es leicht zu Verletzungen kommen, vorwiegend zu Tritt- und Bissverletzungen. Etwa jede zehnte Verletzung im Reitsport passiert beim Umgang und bei der Pflege.*

## Sicherheit durch Kenntnis der Verhaltensweisen

Für denjenigen, der die typischen Verhaltensweisen und die Grundbedürfnisse des Pferdes kennt, sind viele Reaktionen des Pferdes vorhersehbar:

- Das Pferd ist ein **Fluchttier** ➪ es reagiert schreckhaft auf alles Fremde und kann mit Flucht reagieren.
- Das Pferd ist ein **Herdentier** ➪ es braucht Kontakt zu anderen Pferden. Das Pferd sucht die Gesellschaft von Artgenossen und lässt sich häufig vom Verhalten anderer Pferde beeinflussen.
- Das Pferd ist ein **Steppentier** ➪ es braucht viel Bewegung, da der Körper des Pferdes darauf eingestellt ist, über viele Stunden in Bewegung zu sein. Deshalb sind Stehtage zu vermeiden!

Diese Kenntnisse über die natürlichen Verhaltensweisen des Pferdes ermöglichen es, gefährliche Situationen abzuwenden bzw. von vornherein Unfälle zu vermeiden. In fast 85 % aller Reitsportunfälle wird „unberechenbares Verhalten des Pferdes" als (Mit-)Ursache eines Unfalles angegeben.

## Sicherheit durch qualifizierte Ausbildung

Wer in der Lage ist, auf sein Pferd korrekt einzuwirken und es sicher an die Hilfen zu stellen, hat in Gefahrensituationen sein Pferd besser unter Kontrolle. Dabei sind der geschmeidige ausbalancierte Grundsitz und die einfühlsame Hilfengebung Voraussetzung für eine harmonische Verständigung von Reiter und Pferd.

Außerdem sollte man sich immer fragen: Was kann ich und was kann ich noch nicht? Denn die richtige Selbsteinschätzung hinsichtlich des reiterlichen Könnens ist ein weiterer wichtiger Schritt zur Unfallverhütung. Fehleinschätzungen können gefährlich werden, z.B. beim Springen oder Ausreiten ➪ Beim Ausritt ins Gelände oder bei Springübungen muss ein erfahrener Reiter oder ein Reitlehrer anwesend sein!

In der Reitbahn gilt für alle die Bahnordnung, die in den Richtlinien für Reiten und Fahren, Bd.1 ausführlich erläutert wird. Die Regelung des Verhaltens in der Reitbahn trägt wesentlich zur Sicherheit von Reiter und Pferd bei.

Ebenso entzieht sich ein korrekt ausgebildetes, durchlässiges Pferd nicht so schnell der Einwirkung des Reiters. Darum sollte jeder Reiter, der Probleme mit seinem Pferd hat, sich an einen erfahrenen Ausbilder wenden.

*Eine gute reiterliche Ausbildung ist der erste Schritt zur Sicherheit!*

# Sicherheit durch geeignete Ausrüstung

Der Sattel muss gut passen. Die Gurtstrupfen müssen stabil und ohne Risse sein. Das Sattelschloss sollte gut geölt oder offen sein.

Die Reitkappe (Reithelm) muss
- eine 3- oder 4-Punkt-Sicherung haben,
- einwandfrei passen,
- immer aufgesetzt werden – auch beim Führen.

Die Reitstiefel müssen einen Absatz haben und ohne Profilsohle sein (gilt auch für Gummistiefel). Es können auch Jodhpur-Stiefeletten getragen werden. Sandalen und Turnschuhe sind für das Reiten nicht geeignet.

Die Reithose sollte
- elastisch und bequem sein,
- nicht hochrutschen,
- keine Falten werfen.

Die Steigbügel müssen
- breit und schwer sein,
- eine rutschfeste Gummieinlage haben.

Die Trense muss fachgerecht angepasst sein. Bei Benutzung eines Martingals müssen die Zügel einen Martingalschieber aufweisen. Das Martingal sollte einen Gummischieber haben.

(siehe auch ARAG-Faltblatt „Sicherheit im Sport – Unfallverhütung im Reitsport")

*Die beste und teuerste Ausrüstung kann zu einem Unsicherheitsfaktor werden, wenn sie nicht entsprechend gepflegt wird. Dies gilt besonders für die Lederteile, vor allem Zügel, Bügelriemen und Gurtstrupfen.*

# ERSTE-HILFE-MAßNAHMEN

Richtig ausgeführte erste Hilfe kann Leben retten. Deshalb ist es wichtig, dass die wichtigsten Maßnahmen bekannt sind. Dies gilt ebenso für Erwachsene wie für Kinder und Jugendliche.

## SOFORTMAßNAHMEN

○ Zuerst den Zustand des Verunfallten abklären ⇨ Merkwort **AHA**.

    A = **A**tmung kontrollieren,

    H = **H**erzschlag überprüfen – Puls ertasten,

    A = **A**nsprechbarkeit kontrollieren.

○ Setzen Atmung und Herzschlag aus, so sollte so schnell wie möglich eine Beatmung erfolgen ⇨ Merkwort **ABC**.

    A = **A**temwege freimachen,

    B = **B**eatmen (Mund zu Nase/Mund zu Mund),

    C = **C**ompression (Herzmassage).

    ⇒ Mit dem Handballen auf das Brustbein drücken.

    ⇒ 4 - 5 Herzmassagen, dann 1 Beatmung.

    ⇒ 12 - 15 Atemstöße pro Minute.

*Herzmassage keinesfalls ohne vorherige Übung anwenden, NOTARZT anrufen!!*

○ **Schock** = blasse und kalte Haut, schneller und kaum tastbarer Puls. Besteht kein Verdacht auf eine Wirbelsäulenverletzung ⇨ Schocklagerung (Oberkörper flach, Beine leicht erhöht).

○ **Muskelzerrungen/Prellungen**
oft bei Stürzen vom Pferd ⇨ Merkwort **DRK**.

    D = **D**ruck durch Kompressionsverband (mittels Schaumgummiplatte und elastischer Binde),

    R = **R**uhigstellung (Hochlagerung); keine weitere Belastung,

    K = **K**ühlen mit Eis bzw. Kältekissen bis 10 Stunden.

*Keine Wärmeanwendung und Massage!*

## ○ Ohnmacht

Ist der Verunfallte bewusstlos, besteht die Gefahr des Erstickens. Dies kann durch die **stabile Seitenlage** verhindert werden.

⇒ Sicherung gegen Überrollen durch Anwinkeln des unteren Beines.

⇒ Der Kopf wird überstreckt und durch die Hand des oben liegenden Armes fixiert. Das Gesicht ist dabei bodenwärts geneigt, damit Blut oder Erbrochenes nicht in die Luftröhre gelangt (Tieflagerung des Kopfes).

Besteht der Verdacht auf eine Wirbelsäulenverletzung und kommt es nicht zum Erbrechen, sollte der Verunfallte bis zum Eintreffen der Sanitäter und des Notarztes nicht bewegt werden.

## WEITERE MAßNAHMEN

### ○ Blutstillung

Zur Blutstillung wird ein Druckverband angelegt und bei Gliedmaßenverletzungen die Gliedmaße hochgehalten. Reicht ein Druckverband nicht aus, wird ein weiterer darüber angelegt. Wunden werden abgedeckt, aber nicht mit Medikamenten behandelt (Infektionsvorbeugung).

### ○ Verrenkungen/Knochenbrüche

Die Ruhigstellung von Verrenkungen und Knochenbrüchen sollte nur von in der ersten Hilfe erfahrenen Personen durchgeführt werden!

*In jedem Reitstall muss sich ein vollständiger Verbandskasten befinden, der regelmäßig kontrolliert wird!*

### Checkliste - Erste Hilfe

✓ Zustand des Verunglückten feststellen!

✓ Wenn notwendig, lebensrettende Sofortmaßnahmen einleiten!

✓ So bald wie möglich Hilfe holen lassen!

✓ Unfallstelle absichern lassen!

# FRAGEN ZU UNFALLVERHÜTUNG/ERSTE HILFE

*1. Warum sind Halb-/Turnschuhe zum Reiten ungeeignet?*

① Der Fuß kann durch den Steigbügel rutschen und bei einem Sturz hängen bleiben;

② sie sehen nicht schön aus;

③ angeschnallte Sporen können Blasen an den Fersen verursachen.

*2. Sicherheit durch richtigen Umgang: Was ist zu beachten bei*

der Annäherung _____

_____

_____

dem Führen (aus dem Stall, an anderen Pferden vorbei usw.) _____

_____

_____

dem Anbinden _____

_____

_____

der Pflege _____

_____

_____

dem Verladen _____

_____

_____

3. Was ist beim Umgang mit dem Pferd im Stall zu beachten?

_____

_____

_____

4. Setze richtig ein!

Wer in der Lage ist, auf sein Pferd _____ einzuwirken und es _____ an die Hilfen zu stellen, hat in _____ sein Pferd besser unter _____. Dabei sind der _____ Grundsitz und die _____ Hilfengebung Voraussetzung für eine harmonische Verständigung von Reiter und Pferd. Außerdem ist die richtige _____ ein weiterer wichtiger Schritt zur _____. In der Reitbahn gilt für alle die _____, denn die Regelung des Verhaltens in der Reitbahn trägt wesentlich zur _____ von Reiter und Pferd bei.

(Bahnordnung, korrekt, ausbalancierte und geschmeidige, Sicherheit, Gefahrensituationen, Selbsteinschätzung, Kontrolle, sicher, einfühlsame, Unfallverhütung)

5. Was bedeuten die folgenden Abkürzungen?

AHA _____

_____

ABC _____

_____

DRK _____

_____

6. *Wie sieht die Checkliste für die erste Hilfe aus?*
   *Bringe sie in die richtige Reihenfolge!*

   1. Unfallstelle absichern lassen!
   2. Zustand des Verunglückten feststellen!
   3. Wenn notwendig, lebensrettende Sofortmaßnahmen einleiten!
   4. Sobald wie möglich Hilfe kommen lassen!

   *Welche Reihenfolge ist richtig?*

   ① 1 - 2 - 3 - 4
   ② 2 - 4 - 3 - 1
   ③ 2 - 3 - 4 - 1
   ④ 4 - 2 - 3 - 1

7. *Ein Sturz vom Pferd lässt sich nicht immer vermeiden.*
   *Womit können schwerere Verletzungen vermieden werden?*

   ① Reitkappe mit 3- oder 4-Punkt-Befestigung, die einwandfrei passt
   ② geeigneter Reitanzug; Stiefel oder Stiefeletten müssen Absätze und dürfen keine Profilsohlen haben
   ③ Trense und Sattel müssen gut sitzen
   ④ die Ausrüstung des Pferdes muss gepflegt sein

# TIERSCHUTZ

## TIERSCHUTZ IM PFERDESPORT

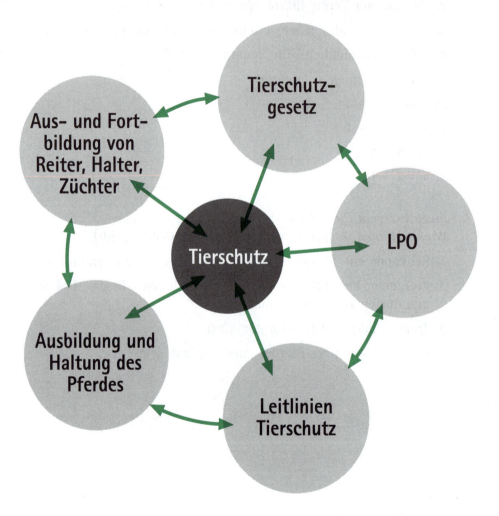

In früherer Zeit spielte das Pferd als Zug- und Reittier eine für die Menschen lebensnotwendige Rolle. Heute werden Pferde überwiegend für den Sport- und Freizeitbereich gehalten. Dies ist im Rahmen der gesetzlichen Bestimmungen erlaubt, jedoch sind an den Umgang mit den Pferden Anforderungen zu stellen, die die Verantwortung des Menschen gegenüber dem Pferd verdeutlichen.

Der Reitsport stand in den letzten Jahren oft im Kreuzfeuer der Kritik. Hiervon sind besonders der Leistungs-, aber auch der Breitensport und die Pferdehaltung betroffen. Durch die Diskussion um Ausbildungsmethoden sowie das Verhältnis Mensch–Pferd als gleichberechtigte Partner im Sport hat der Tierschutz einen neuen Stellenwert bekommen.

Tierschutz ist nicht nur im Turniersport und dem damit verbundenen Training gefragt, viele Verletzungen und andere Leiden entstehen im „ganz normalen täglichen Umgang" mit dem Pferd, so zum Beispiel:

○ durch unsachgemäßen Umgang mit dem Pferd, mangelhafte Pferdepflege und -haltung, z.B. schlechte Hufpflege, schlechte Einstreu;

○ durch mangelhafte Ausbildung des Reiters, z.B. falsche oder harte Hilfengebung aus Unkenntnis;

○ aus falsch verstandener Tierliebe, die aus jungen Pferden schon Korrekturpferde macht, z.B. sind Unarten oder Widersetzlichkeiten oft anerzogen;

○ durch nicht den Sicherheitsregeln entsprechende Einrichtungen, z.B. Stacheldrahtzäune, rutschige Stallgassen;

○ durch falsch oder schlecht sitzende Ausrüstungsgegenstände, z.B. Scheuerstellen am Kopf, Satteldruck.

Der verhaltens- und tierschutzgerechte Umgang mit Pferden bei der Ausbildung, beim Training und bei der Nutzung verlangt ein hohes Wissen und Können. Das Pferd ist nur dann in der Lage, seine angeborenen Anlagen voll zu entfalten, wenn seine artgemäßen Lebensanforderungen erfüllt werden und es sich mit seiner Umwelt – d.h. auch mit dem Menschen – in Einklang befindet. Dies zu erreichen, muss Ziel aller Ausbildung und Nutzung von Pferden sein. Voraussetzung dafür ist jedoch, dass das Pferd nicht „vermenschlicht", sondern seiner Art gemäß behandelt wird.

 *Eine umfassende Grundausbildung ist der beste Tierschutz.*

# GESETZE, REGELUNGEN

Ausführungen, die den Tierschutz betreffen, finden sich in den verschiedensten Regelwerken.

## Tierschutzgesetz (in der Fassung vom 25. Mai 1998)

- In § 1 des Tierschutzgesetzes heißt es:
  „Niemand darf einem Tier ohne vernünftigen Grund Schmerzen, Leiden oder Schäden zufügen."

- § 2 fordert:
  Wer ein Tier hält, betreut oder zu betreuen hat,
  1. muss das Tier seiner Art und seinen Bedürfnissen entsprechend angemessen ernähren, pflegen und verhaltensgerecht unterbringen,
  2. darf die Möglichkeit des Tieres zu artgerechter Bewegung nicht so einschränken, dass ihm Schmerzen oder vermeidbare Leiden oder Schäden zugefügt werden,
  3. muss über die für eine angemessene Ernährung, Pflege und verhaltensgerechte Unterbringung des Tieres erforderlichen Kenntnisse und Fähigkeiten verfügen.

- Verboten ist es nach § 3 des Tierschutzgesetzes
  - „einem Tier außer in Notfällen Leistungen abzuverlangen, denen es wegen seines Zustandes offensichtlich nicht gewachsen ist oder die offensichtlich seine Kräfte übersteigen, ...
  - einem Tier, an dem Eingriffe und Behandlungen vorgenommen worden sind, die einen leistungsmindernden körperlichen Zustand verdecken, Leistungen abzuverlangen, denen es wegen seines körperlichen Zustandes nicht gewachsen ist, ...
  - an einem Tier im Training oder bei sportlichen Wettkämpfen ... Maßnahmen, die mit erheblichen Schmerzen, Leiden oder Schäden verbunden sind und die die Leistungsfähigkeit von Tieren beeinflussen sowie an einem Tier bei sportlichen Wettkämpfen oder ähnlichen Veranstaltungen Dopingmittel anzuwenden, ...
  - ein Tier auszubilden oder zu trainieren, sofern damit erhebliche Schmerzen, Leiden oder Schäden für das Tier verbunden sind, ...
  - ein gebrechliches, krankes, abgetriebenes oder altes ... Tier, für das ein Weiterleben mit nicht behebbaren Schmerzen, Leiden oder Schäden verbunden ist, zu einem anderen Zweck als zur unverzüglichen schmerzlosen Tötung zu veräußern oder zu erwerben."

## Leitlinien „Tierschutz im Pferdesport"

Die Leitlinien geben Anhaltspunkte über den Umgang mit dem Pferd gemäß den Anforderungen des Tierschutzgesetzes und stellen das Anforderungsprofil hinsichtlich tierschutzgerechten Umgangs, Ausbildung und Trainings von Pferden dar.

## Leistungsprüfungsordnung (LPO)

Über 30 % der allgemeinen Bestimmungen der LPO befassen sich direkt oder indirekt mit dem Tierschutz, so z.B.:

- § 6 – spricht die Verpflichtung des Reiters „zu reiterlichem Verhalten gegenüber dem Pferd" aus.
- § 52 – ahndet unkorrektes Verhalten des Reiters (unreiterliches Benehmen) auf den Prüfungs- und Vorbereitungsplätzen.
- § 67 – beschäftigt sich mit den Pferdekontrollen, den Verfassungsprüfungen und den Medikationskontrollen. Die genaue Durchführung ist in den Durchführungsbestimmungen der LPO geregelt.
- §§ 68, 70 – regeln die Ausrüstung von Reiter und Pferd.

Die Rechtsordnung der LPO regelt die Ahndung von Verstößen gegen die Grundsätze sportlich-fairer Haltung gegenüber dem Pferd auf Turnieren, aber auch außerhalb des Turniersports.
Als Ordnungsmaßnahmen können
- Verwarnungen,
- Geldbußen,
- zeitliche oder dauernde Sperren

ausgesprochen werden.

Der Auszug aus dem Tierschutzgesetz und die „Potsdamer Resolution" zur reiterlichen Haltung gegenüber dem Pferd – eine Selbstverpflichtung, die alle Reiter, die an Turnieren teilnehmen, durch ihre Unterschrift auf der Anforderungskarte für den Reitausweis anerkennen müssen – finden sich im Anschluss an die Rechtsordung der LPO.

## Ausbildungsprüfungsordnung (APO)

Jeder, der im Pferdesport eine Prüfung – gleich welcher Art – ablegen möchte, muss laut APO Kenntnisse im Tierschutz vorweisen.

## Tierschutzvertrauensperson

Die Funktion der Tierschutzvertrauensperson wurde geschaffen, um die Einhaltung der gestellten Anforderungen hinsichtlich Haltung, Ausbildung, Ausübung des Reitsports etc. zu gewährleisten und die Notwendigkeit eines umfassenden Tierschutzes bewusst zu machen.

# FRAGEN ZU TIERSCHUTZ

*TIERSCHUTZ*

1. *Wie lautet § 1 des Tierschutzgesetzes sinngemäß?*

   _____

   _____

   _____

   _____

2. *Wie können Verletzungen im täglichen Umgang mit dem Pferd vermieden werden? Nenne einige Beispiele!*

   _____

   _____

   _____

   _____

   _____

   _____

   _____

3. *Über 30 % der allgemeinen Bestimmungen der LPO befassen sich direkt oder indirekt mit dem Tierschutz.*
   *Welche Paragraphen gehen u.a. darauf ein? Ergänze!*

   §____ beschäftigt sich mit Pferdekontrollen, Verfassungsprüfungen und Medikationskontrollen.

   §____ und §____ regeln die Ausrüstung von Reiter und Pferd.

   §____ spricht die Verpflichtung des Reiters „zu reiterlicher Haltung gegenüber dem Pferd" aus.

   §____ ahndet unkorrektes Verhalten auf den Prüfungs- und Vorbereitungsplätzen.

4. *In welchem Abschnitt der LPO ist die Ahndung von Verstößen gegen die Grundsätze sportlich-fairer Haltung geregelt?*

   ① Durchführungsbestimmungen

   ② Allgemeine Bestimmungen

   ③ Rechtsordnung

   ④ Besondere Bestimmungen

   ⑤ Ordnungsbestimmungen

5. *Wozu ist jeder Reitausweisbesitzer verpflichtet?*

   _____

   _____

`Ab DRA III`

# LPO/ORGANISATION/VERSICHERUNGSFRAGEN

## LPO

Mit dem Erwerb des Reitabzeichens Kl. IV besteht die Möglichkeit, einen Reitausweis zu beantragen und an Leistungsprüfungen auf Turnieren teilzunehmen. Jedoch ist auch ohne Reitausweis eine Turnierteilnahme – jedoch nur in Wettbeweben der Kat. C – möglich. Da Turniere nach den Regeln der Leistungsprüfungsordnung (LPO) ausgetragen werden, muss man sich mit den Vorschriften der LPO vertraut machen.

LPO bedeutet *Leistungsprüfungsordnung* und enthält alle Bestimmungen, die für die Durchführung von Leistungswettbewerben (WB) und Leistungsprüfungen (LP) erforderlich sind.

### GLIEDERUNG

Die LPO ist in 4 Teile gegliedert:

○ Teil A – **Allgemeine Bestimmungen**, u.a.
  - Grundbestimmungen ⇨ Voraussetzungen für die Beteiligung im Pferdeleistungssport,
  - Ausschreibungen, Nennungen, Ergebnisse,
  - Durchführung und Beaufsichtigung von WP und LP.

○ Teil B – **Besondere Bestimmungen**

○ Teil C – **Rechtsordnung** (mit dem Auszug aus dem Tierschutzgesetz) und **ethische Grundsätze**, u.a.
  - Allgemeine Bestimmungen,
  - Einsprüche,
  - Ordnungsmaßnahmen.

○ Teil D – **Durchführungsbestimmungen**, u.a.
  - Leistungsklassenkriterien und Dopingbestimmungen.

Die in den **besonderen Bestimmungen** aufgeführten Prüfungsarten sind nach Farben sortiert:
- Grün = Breitensportliche Wettbewerbe,
- Weiß = Basis- und Aufbauprüfungen,
- Blau = Dressurprüfungen,
- Rot = Springprüfungen,
- Gelb = Vielseitigkeits- und Geländeprüfungen,
- Weiß = Kombinierte Prüfungen,
- Braun = Fahrprüfungen.

Ebenso ist das **Aufgabenheft der FN** Bestandteil der LPO (Anforderungen und Kriterien im Deutschen Turniersport gem. LPO).

# Vorschriften der Allgemeinen Bestimmungen

## Einteilung der Kategorien (§§ 2, 3 LPO)

Es gibt verschiedene Kategorien, in denen Pferdeschauen (PS) und Pferdeleistungsschauen (PLS) durchgeführt werden können.

- PS der Kat. C (WB und LP Kl. E/A): Veranstaltungen mit mehr als 50 % Wettbewerben (WB) der Kat. C, Leistungsprüfungen (LP) der Kat. A sind nicht zugelassen; lokale Bedeutung.
- PLS der Kat. B (LP Kl. A/L/M): Veranstaltungen mit mindestens 50 % LP der Kat. B; regionale Bedeutung.
- PLS der Kat. A (LP Kl. M/S): Veranstaltungen mit mindestens 50 % LP der Kat. A; überregionale Bedeutung.

WB und LP unterliegen der Genehmigungspflicht durch die FN oder die zuständige Landeskommission.

## Die Turnierteilnahme ➪ Voraussetzungen des Reiters

- Reitausweis und Leistungsklassen (§§ 20, 63 LPO)

  Nur wer im Besitz eines Reitausweises ist, kann an LP der Kat. B und Kat. A teilnehmen. Mit der Prüfung zum Deutschen Reitabzeichen (DRA) Kl. IV besteht die Möglichkeit, einen Reitausweis der Leistungsklasse 6 zu beantragen. Damit ist der Reiter zur Teilnahme an WB der Kat. C und LP der Kat. B, Kl. A, berechtigt. Inhaber des DRA Kl. III (Bronzenes Reitabzeichen) werden bei Beantragung des Reitausweises automatisch in Dressur Lk 5/Springen Lk 5 eingestuft. Eine Rückstufung in die Leistungsklasse 6 ist nur auf Antrag möglich.
  
  Die Zugehörigkeit zu einer Leistungsklasse berechtigt je nach Einstufung zum Start in LP bestimmter Kategorien und Klassen (Startberechtigung):
  - Lk 0 (ohne Reitausweis): WB der Kat. C,
  - Lk 6: Kl. E, A (Kat. C/B),
  - Lk 5: Kl. A, L (Kat. B),
  - Lk 4: Kl. A - M (Kat. B), M (Kat. A),
  - Lk 3 u. 2: Kl. A - S (Kat. B/A),
  - Lk 1: Kl. L - S (Kat. B/A).
  
  Dabei entspricht nach § 73 LPO:
  - E = Eingangsstufe,
  - A = Anfangsstufe,
  - L = Leicht,
  - M = Mittelschwer,
  - S = Schwer.
  
  Eine Höherstufung kann in der jeweiligen Disziplin durch Turniererfolge (s.a. Durchführungsbestimmungen der LPO) bzw. durch Reitabzeichen-Prüfungen DRA Kl. III (Lk 5), DRA Kl. II – Silbernes Reitabzeichen – (Lk 4) oder DRA Kl. I – Silber mit Lorbeer – (LK 3) erfolgen.

○ **Altersklassen des Reiters (§ 17 LPO)**

WP und LP können hinsichtlich des Alters der Reiter gehandicapt werden:
- Junioren (JUN) – dürfen im laufenden Kalenderjahr höchstens 18 Jahre alt sein;
- Junge Reiter (JR) – müssen mindestens 19 Jahre, höchstens 21 Jahre im laufenden Kalenderjahr sein;
- Reiter (REI) - werden im laufenden Kalenderjahr mindestens 22 Jahre, aber höchstens 39 Jahre alt.
- Senioren (SEN) – werden im laufenden Kalenderjahr mindestens 40 Jahre alt.

○ **Ausrüstung der Reiter (§ 68 LPO)**

Die LPO legt die Ausrüstung der Reiter in den WB/LP fest.

*Anzug*
- Für Kat. B ist als vorschriftsmäßiger Reitanzug helle Stiefelhose (weiß/beige), Stiefel, gedeckter Rock (schwarze/blaue/weinrote/grüne Reitjacke), Hemd mit Plastron oder Krawatte und entsprechende Kopfbedeckung vorgeschrieben.
- Für Kat. C genügt bereits ein beliebiger, zweckmäßiger Reitanzug, Stiefel mit Stiefelhose oder Jodhpurhose mit Stiefeletten und entsprechende Kopfbedeckung.

*Junioren müssen in WB der Kat. C Reithelme mit Drei- oder Vierpunktbefestigung tragen, die bruch- und splittersicher sind. Für alle Reiter (JUN/JR/REI/SEN) ist in allen Springprüfungen aller Kategorien (auch beim Springen auf dem Vorbereitungsplatz) ein bruch- und splittersicherer Reithelm mit Drei- bzw. Vierpunktbefestigung vorgeschrieben.*

*Hilfsmittel*
Als Hilfsmittel sind in WB/LP Sporen und Gerten zugelassen. Die Gertenlänge darf in Dressurprüfungen 120 cm, in Springprüfungen 75 cm mit Schlag nicht überschreiten. Die Sporen müssen so beschaffen sein, dass sie keine Schnitt- oder Stichverletzungen hervorrufen, maximale Dornlänge 4,5 cm, für Ponyreiter maximal 3,5 cm Dornlänge erlaubt (gilt für Dressur-/Springprüfungen, auch für den Vorbereitungsplatz).

# Die Turnierteilnahme ⇨ Voraussetzungen des Pferdes

○ **Eintragung von Turnierpferden (§ 16 LPO)**

Um an Turnieren der Kat. B und A teilnehmen zu können, muss das Pferd/Pony bei der FN in eine der drei Listen für Turnierpferde eingetragen sein.
- **Liste I:** Deutsches Reitpferd und Deutsches Reitpony ⇨ Hier erfolgt die Eintragung, wenn ein der LPO entsprechender Pferdepass mit integriertem Abstammungsnachweis vorliegt.
- **Liste II:** Andere deutsche Pferde und Ponys ⇨ Eintragungsberechtigt sind Pferde/Ponys, für die ein Pferdepass mit integrierter Geburtsbescheinigung vorliegt.
- **Liste III:** Übrige Pferde und Ponys ⇨ Hier werden Pferde/Ponys eingetragen, die nicht in Liste I oder II eingetragen werden können.

Für WB der Kat. C brauchen die Pferde/Ponys nicht bei der FN eingetragen zu sein. Für die Eintragung von Turnierponys und deren Teilnahme an Pony-LP der Kat. B ist eine Messbescheinigung der zuständigen LK erforderlich.

○ **Teilnahmeberechtigung der Pferde (§ 64 LPO)**

Den verschiedenen Anforderungen an die Pferde in WB/LP entsprechend wird ein unterschiedliches Mindestalter gefordert. So liegt das Mindestalter in der Klasse A für Dressurprüfungen bei 4 Jahren, für Springprüfungen bei 5 Jahren. In Basis- und Aufbauprüfungen, wie z.B. die Reitpferdeprüfungen, liegt das Mindestalter bei 3 Jahren, in Dressur- und Springpferdeprüfungen der Klasse A bei 4 Jahren.

Die für die einzelnen WB/LP geltenden Rahmenbestimmungen sind in den besonderen Bestimmungen (Abschnitt B I-VIII) der LPO geregelt. Auf der gleichen PS/PLS sind Pferde/Ponys in WB/LP nur teilnahmeberechtigt in Kl. A und L, Kl. L und M oder Kl. M und S. Von dieser Regelung sind ausgenommen WB der Kat. C, Mannschafts-LP/WB und LP der Kat. A, sofern das Pferd/Pony von einem Teilnehmer der Leistungsklasse 5 oder 6 gestartet wird. Ponys sind in WB der Kat. C und LP der Kat. B zugelassen, wenn die Ausschreibung dies nicht ausdrücklich ausschließt.

○ **Ausrüstung der Pferde (§ 70 LPO)**

Die Ausrüstung der Pferde in den einzelnen WB/LP ist in der LPO festgelegt.

⇒ *Gebisse*

Die Bestimmungen der LPO besagen, dass die Mindestdicke der Gebisse, am Maulwinkel gemessen, 14 mm betragen muss. Erst ab Kat. A bzw. Vielseitigkeitsprüfungen Kl. M/S sind Ausnahmen erlaubt.

Die Mindestdicke der Unterlegtrense bei Kandarenzäumung beträgt 10 mm.

Alle erlaubten Gebisse sind in der LPO abgebildet, hier einige erlaubte Gebisse:

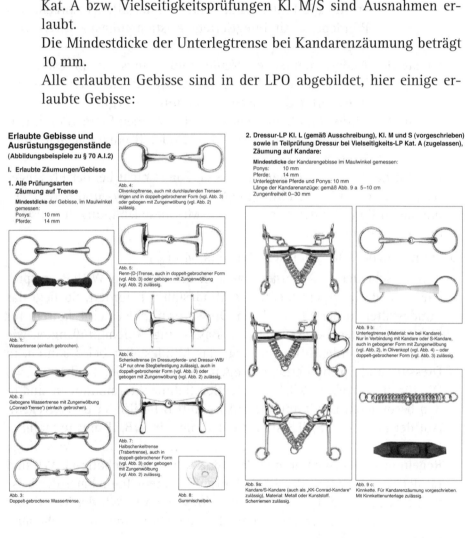

3. **Springpferde-, Geländepferde-, Jagdpferde- sowie Spring- und Gelände-LP Kat. B und A (zusätzlich zu 1.)**

Mindestdicke der Gebisse im Maulwinkel gemessen:
Ponys:  10 mm
Pferde:  14 mm
Länge der Pelhamzüge: max. 7 cm

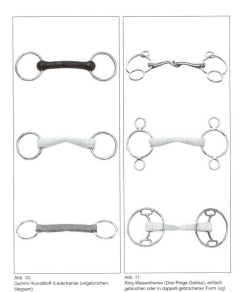

Abb. 10:
Gummi-/Kunststoff-/Ledertrense (ungebrochen, biegsam).

Abb. 11:
Ring-Wassertrense (Drei-Ringe-Gebiss), einfach gebrochen oder in doppelt-gebrochener Form (vgl. Abb. 3) oder gebogen mit Zungenwölbung (vgl. Abb. 2) oder ungebrochen-biegsam (vgl. Abb. 10) und/oder mit „KK-Conrad-Universal"-Gebissringen oder als „NATHE Schenkelringtrense" zulässig.

Abb. 12:
Springkandaren, einfach gebrochen oder in doppelt-gebrochener Form (vgl. Abb. 3) oder gebogen mit Zungenwölbung (vgl. Abb. 2) oder ungebrochen-biegsam (vgl. Abb. 10) zulässig.

Abb. 13:
Pelham, einfach gebrochen oder in doppelt-gebrochener Form (vgl. Abb. 3) oder gebogen mit Zungenwölbung (vgl. Abb. 2) oder ungebrochen-biegsam (vgl. Abb. 10) zulässig. Nur mit Zügel-verbindung (Steg) zulässig.

Abb. 14:
Kinnkette/-riemen, ggf. mit Kinnkettenunterlage zulässig. Bei Springkandaren- bzw. Pelham-Zäumung zugelassen, sofern ein englisches Reithalfter benutzt wird.

Abb. 15:
Gummi-Zungenstrecker (aufsteckbar).

4. **Spring-LP Kat. A, Teilprüfungen Gelände und Springen bei Vielseitigkeits-LP Kat. A sowie Jagdpferde-LP Kat. A:** Beliebige Zäumung mit Gebiss und/oder gebisslose Zäumung mit oder ohne Reithalfter.

➡ *Reithalfter*

Nach der LPO sind folgende Reithalfter zulässig:
- Hannoversches Reithalfter,
- Kombiniertes Reithalfter,
- Mexikanisches Reithalfter,
- Englisches Reithalfter,
- Bügel-Reithalfter.

Bei der Zäumung auf Kandare und für die Pelham- oder Springkandarenzäumung muss das Englische Reithalfter benutzt werden.

➡ *Hilfszügel*

Es ist in verschiedenen Prüfungen erlaubt, Hilfszügel zu benutzen.
- Spring- und Springpferdeprüfungen u.a. WB/LP über Hindernisse (Ausnahme Eignungsprüfung): Gleitendes Ringmartingal.
- Einfacher Reiterwettbewerb, Dressurreiterwettbewerb, Führzügelklasse, Longenreiterwettbewerb: Gleitendes Ringmartingal, einfache oder doppelte (Dreiecks-, Lauffer-) beidseitige Ausbindezügel, Stoßzügel.

# Richtverfahren (§ 58 LPO)

WB/LP können nach zwei Richtverfahren bewertet werden, entweder nach dem beobachtenden oder dem beurteilenden Richtverfahren.

**Beobachtendes Richtverfahren**
- Hindernisfehler
- Zeit
- u.a.

z.B. Standardspringprüfungen, Geschicklichkeitswettbewerbe

**Beurteilendes Richtverfahren**
- Beurteilung nach den Regeln der Reitlehre, Exterieurlehre usw., nach freiem Ermessen in Wertnoten ausgedrückt

z.B. Stilspringprüfungen, Dressurprüfungen, Reitpferdeprüfungen

Die Wertnoten im beurteilenden Richtverfahren entsprechen folgenden Wertnoten:

- 10 = ausgezeichnet
- 9 = sehr gut
- 8 = gut
- 7 = ziemlich gut
- 6 = befriedigend
- 5 = genügend
- 4 = mangelhaft
- 3 = ziemlich schlecht
- 2 = schlecht
- 1 = sehr schlecht
- 0 = nicht ausgeführt

Um platziert zu werden, muss der Reiter die Wertnote 5,0 und besser erhalten. Mit einer Wertnote unter 5,0 ist eine Platzierung ausgeschlossen.

# VORSCHRIFTEN DER BESONDEREN BESTIMMUNGEN

## Dressurprüfungen (§§ 400 ff LPO)

Die Dressurprüfungen sind in der LPO in nur 6 Paragraphen geregelt. Dies beruht darauf, dass in § 405 auf das Aufgabenheft der FN und die Richtlinien für Reiten und Fahren, Bd. 1 und 2, hinsichtlich der Anforderungen an das Reiten in Dressurprüfungen verwiesen wird. Dabei gilt das Aufgabenheft als Bestandteil der LPO.

- Richtverfahren

  In der Dressur findet ausschließlich das beurteilende Richtverfahren Anwendung, jedoch kann noch nach gemeinsamen (§ 402 A) oder getrennten (§ 402 B) Richtverfahren unterschieden werden.
  - *Gemeinsames Richtverfahren:* Gesamtleistung wird durch eine Wertnote zwischen 10,0 - 0 ausgedrückt.
  - *Getrenntes Richtverfahren:* Jede Lektion wird von jedem Richter einzeln im Notenbogen bewertet, die Einzelwertnoten werden zusammenaddiert. Dieses Richtverfahren ist ab der Klasse L zulässig.

- Abzüge

  In der Dressur können durch Verreiten Abzüge entstehen, die die folgende Tabelle verdeutlicht.

|  | Abzüge | |
|---|---|---|
|  | gemeinsames Richten | getrenntes Richten je Richter |
| Vom Reiter verschuldetes Verreiten | | |
| 1. Mal | 0,2 Punkte | 2 Punkte |
| 2. Mal | 0,4 Punkte | 4 Punkte |
| 3. Mal | 0,8 Punkte | 8 Punkte |
| 4. Mal | führt zum Ausschluss | |
| Verlassen des Vierecks mit allen Beinen | führt zum Ausschluss | |

# Springprüfungen (§§ 500 ff LPO)

Die verschiedenen Bestimmungen zu den Springprüfungen sind umfangreich in der LPO geregelt.

- **Hindernisausflaggung**
  Alle Hindernisse, die in einem Parcours gesprungen werden, müssen ausgeflaggt sein. Dabei befindet sich rechts vom Reiter die rote Flagge, links die weiße Flagge. Sprünge, die nicht zum Parcours gehören, werden durch Kreuzen der Flaggen gekennzeichnet.

- **Anforderungen (§ 504)**
  In den einzelnen Klassen werden unterschiedliche Anforderungen in Bezug auf die Höhe und die Breite der Sprünge gestellt. Die nachfolgende Tabelle zeigt die Abmessungen für Hoch- (Steil-) und Hoch-Weit-Sprünge (Oxer) in den Klassen E bis S in Metern:

|  | E | A | L | M/B | M/A | S* | S** |
|---|---|---|---|---|---|---|---|
| **Hoch-Sprünge** | | | | | | | |
| Mindesthöhe | 0,80 | 1,00 | 1,10 | 1,20 | 1,30 | 1,40 | 1,45 |
| Höchstabmessung | 1,00 | 1,10 | 1,20 | 1,30 | 1,40 | 1,50 | 1,55 |
| **Hoch-Weit-Sprünge** | | | | | | | |
| Mindesthöhe | 0,80 | 1,00 | 1,10 | 1,20 | 1,30 | 1,40 | 1,45 |
| Höchstabmessung | 1,00 | 1,10 | 1,20 | 1,30 | 1,40 | 1,50 | 1,55 |
| Höchstweite | 1,30 | 1,40 | 1,50 | 1,60 | 1,80 | 2,00 | 2,00 |
| Max. Wassergrabenweite | – | 2,50 | 3,00 | 3,50 | 4,00 | 4,10 | 4,30 |

- **Beurteilung und Richtverfahren**
  Beurteilt wird die Leistung von Reiter und Pferd zwischen Start- und Ziellinie, je nach Ausschreibung und Richtverfahren, z.B.
  - Springprüfung Kl. A nach § 501.A a1 ⇨ Beobachtendes Richtverfahren: die Platzierung wird durch Zusammenzählen der Strafpunkte ermittelt (Fehlerpunkte/Zeit);
  - Stilspringprüfung Kl. A nach § 520.3 a ⇨ Beurteilendes Richtverfahren: Von der Wertnote werden Strafpunkte abgezogen, der Reiter mit der höchsten Wertnote gewinnt.

Strafpunkte beim beobachtenden/
Punktabzüge beim beurteilenden Richtverfahren:

| beurteilend | | beobachtend |
|---|---|---|
| Wertnotenabzüge<br>0,5 | Abwurf | Fehlerpunkte<br>4 |
| 1,0<br>2,0<br>Ausschluss | Verweigern | 3<br>6<br>Ausschluss |
| 1,0<br>2,0<br>Ausschluss | Vorbeireiten | 3<br>6<br>Ausschluss |
| 1,0<br>2,0<br>Ausschluss | Volte | 3<br>6<br>Ausschluss |
| 2,0<br>2. Sturz<br>Ausschluss | Sturz | 8<br>2. Sturz<br>Ausschluss |
| 3,0 | Verweigern und Sturz | 11 |
| 2,5 | Abwurf und Sturz | 12 |
| 0,1<br>je<br>Sekunde | Zeitüberschreitung | ¹/₄<br>je<br>Sekunde |
| 6, 8 oder 10<br>Sekunden | Verweigern | 6, 8 oder 10<br>Sekunden |

○ Zeit

Nach einer Tabelle in der LPO (§ 504.4) wird errechnet, in welcher Zeit, abhängig von der Länge des Parcours und dem vorgeschriebenen Tempo, der Parcours bewältigt werden muss ⇨ **Erlaubte Zeit** (EZ). Für das Überschreiten der EZ erhält der Reiter Strafpunkte bzw. Strafsekunden. Das Überschreiten der **Höchstzeit** (das Doppelte der EZ) führt zum Ausschluss.

○ Ausschlüsse

Folgende Umstände führen zum Ausschluss:
- Überschreiten der HZ,
- nach Aufruf nicht innerhalb 60 Sek. am Start,
- nach dem Startsignal nicht innerhalb von 60 Sek. gestartet,
- Start vor dem Startsignal,
- Zeigen eines Hindernisses ohne vorherigen Ungehorsam,
- Springen eines nicht ausgeflaggten Hindernisses,
- Springen außerhalb der festgelegten Hindernis-Reihenfolge (Einschlagen eines falschen Parcours),
- Nichtabwarten des Freigabesignals nach vorherigem Abläuten (z.B. nach Verweigerung muss das Hindernis erst wieder aufgebaut werden),
- Verreiten ohne Korrektur,
- Springen eines Hindernisses von der falschen Seite,
- Verbotene „fremde Hilfe",
- längere Widersetzlichkeit des Pferdes (60 Sek.),
- unreiterliches Benehmen auf dem Prüfungs- oder Vorbereitungsplatz (vgl. § 52 LPO).

## Wie werde ich Turnierreiter?

① Erwerb des DRA IV, später dann Prüfung zum DRA III.
② Beantragung des entsprechenden Reitausweises Kl. 6 bzw. Lk D5/S5.
③ Eintragung des Pferdes in die entsprechende Liste der FN.
④ Rechtzeitige Abgabe der korrekten Nennung beim Veranstalter.
⑤ Rechtzeitige Meldung für die jeweilige Prüfung.

## ORGANISATION

`Ab DRA III`

Die Organisation des Pferdesports ist hierarchisch aufgebaut und wie folgt gegliedert:

- **Internationale Ebene:** Internationale Reiterliche Vereinigung (FEI)
- **Bundesebene:** Deutsche Reiterliche Vereinigung (FN) / Deutsches Olympiade-Komitee für Reiterei (DOKR)
- **Landesebene:** Landesverband mit Landeskommission
- **Kreisebene:** Kreisreiterverband
- **Gemeindeebene:** Reiterverein

# Verein

Zur Gründung eines Reitervereins sind mindestens 7 Mitglieder erforderlich. Es wird eine Satzung erarbeitet, die von der Mitgliederversammlung zu beschließen ist.

Die **Satzung** enthält
- Name, Sitz und Rechtsform des Vereins,
- Aufgaben des Vereins und Gemeinnützigkeit,
- Erwerb und Verlust der Mitgliedschaft,
- Organe (Vorstand und Mitgliederversammlung) und deren Aufgaben,
- Geltung der LPO.

Zu den **Aufgaben** des Reitervereins gehören:
- Ausbildung im Reiten, Fahren, Voltigieren,
- Gesundheits- und Jugendförderung,
- Durchführung von Veranstaltungen (z.B. Turniere, Jagden, Aus- und Wanderritte etc.),
- Förderung des Reitens in der freien Landschaft zur Erholung im Rahmen des Breitensports,
- Hilfe und Unterstützung bei der mit dem Sport verbundenen Pferdehaltung als Maßnahme zur Förderung des Tierschutzes.

Pflichten der Mitglieder eines Reitervereins im Sinne von LPO und Tierschutz

1. Die Mitglieder sind hinsichtlich der ihnen anvertrauten Pferde verpflichtet, stets – auch außerhalb von Turnieren – die Grundsätze des Tierschutzes zu beachten, insbesondere
   1.1 die Pferde ihren Bedürfnissen entsprechend angemessen zu ernähren, zu pflegen und artgerecht unterzubringen,
   1.2 den Pferden ausreichend Bewegung zu ermöglichen,
   1.3 die Grundsätze artgerechter Pferdeausbildung zu wahren, d.h. ein Pferd nicht unreiterlich zu behandeln, z.B. zu quälen, zu misshandeln oder unzulänglich zu transportieren.
2. Die Mitglieder unterwerfen sich der LPO einschließlich der Rechtsordnung. Verstöße gegen die dort aufgeführten Verhaltensregeln (§ 920 LPO) können mit Verwarnung, Geldbußen und/oder Sperren für Reiter und/oder Pferd geahndet werden.

Ein Mitglied kann aus einem Reiterverein ausgeschlossen werden, wenn es gegen die Satzung verstößt, das Vereinsinteresse schädigt oder ernsthaft gefährdet oder sich eines unsportlichen (s.o.) oder unkameradschaftlichen Verhaltens schuldig macht.

## Kreisreiterverband

Zusammenschluss der Reitervereine auf Kreisebene

**Aufgaben** sind z.B.
- Vereinsberatung,
- Durchführung von Aus- und Fortbildungsmaßnahmen (z.B. Förderlehrgänge für Junioren/Junge Reiter/Senioren),
- Abstimmung von Turnierterminen im Kreisgebiet,
- Vertretung der Vereine auf Kreisebene.

## Landesverband

Mitglieder sind alle Reitervereine im Land über die Kreis- oder Regionalverbände

**Aufgaben** sind z.B.
- Förderung des Pferdesports als Breiten- und Leistungssport,
- Ausrichtung der Landesturniere und Landesmeisterschaften,
- Aus- und Fortbildung von Amateurausbildern,
- Bildung und Betreuung von Landeskadern,
- Vertretung des Pferdesports im Landessportbund, insbesondere bezüglich Sportförderung und Sportversicherung,
- Durchführung von Beschlüssen der Deutschen Reiterlichen Vereinigung (FN),
- Vertretung der Mitgliederinteressen auf Landesebene,
- Herausgabe der Verbandszeitung.

## Landeskommission

Sie übernimmt die in der **APO** (Ausbildungsprüfungsordnung ⇨ regelt die einzelnen Ausbildungen, z.B. Leistungsabzeichen, Richter, Amateurausbilder u.a.) und **LPO** festgelegten **Aufgaben** wie z.B.:
- Aufsicht über Reitschulen und andere Ausbildungsstätten,
- Genehmigung und Beaufsichtigung der Turniere sowie der Sonderprüfungen (z.B. Reitabzeichenprüfungen),
- Aus- und Fortbildung von Turnierrichtern und Parcourschefs,
- Erlass von Richtlinien und „besonderen Bestimmungen" für ihren Bereich.

# Deutsche Reiterliche Vereinigung e.V. (FN)

1905 als „Verband der Halbblutzüchter" gegründet, 1957 in „Hauptverband für Zucht und Prüfung Deutscher Pferde" umbenannt, entstand 1968 die FN in ihrer heutigen Form mit Sitz in Warendorf.
Die FN besteht aus:

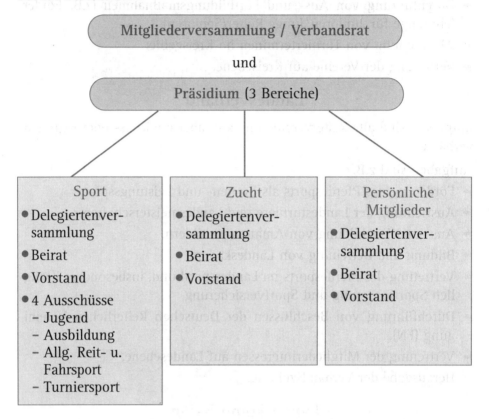

Mitgliederversammlung / Verbandsrat

und

Präsidium (3 Bereiche)

**Sport**
- Delegiertenversammlung
- Beirat
- Vorstand
- 4 Ausschüsse
  - Jugend
  - Ausbildung
  - Allg. Reit- u. Fahrsport
  - Turniersport

**Zucht**
- Delegiertenversammlung
- Beirat
- Vorstand

**Persönliche Mitglieder**
- Delegiertenversammlung
- Beirat
- Vorstand

**Mitglieder** der FN sind:
- die 16 Landesverbände der Reit- und Fahrvereine,
- Pferdezuchtverbände,
- DOKR (Deutsches Olympiadekomitee für Reiterei),
- DRFV (Deutscher Reiter- und Fahrerverband),
- DRV (Deutsche Richtervereinigung),
- persönliche Mitglieder.

Die FN ist ihrerseits Mitglied u.a.
- in der FEI (Internationale Reiterliche Vereinigung),
- im NOK (nationales Olympiadekomitee),
- im DSB (Deutscher Sportbund ⇨ Zusammenschluss der Sportfachverbände und Landessportbünde).

**Aufgaben** sind z.B.
- Erarbeitung der LPO und APO,
- Erarbeitung einheitlicher Richtlinien für die Ausbildung von Reitern, Fahrern und Voltigierern,
- Förderung des Reit-, Fahr- und Voltigiersports als Breitensport, Leistungs- und Hochleistungssport,
- Förderung der Pferdezucht,
- Förderung der Pferdehaltung, des Tierschutzes und des Naturschutzes,
- Vertretung des Reitsports gegenüber der Öffentlichkeit.

Mit der Wahrnehmung der Aufgaben im Hochleistungssport (u.a. Aufstellung, Betreuung und Fortbildung der Kader für internationale Wettkämpfe und Olympische Spiele) hat die FN das **DOKR** beauftragt.

## Internationale Reiterliche Vereinigung (FEI)

Gegründet 1921, ist die FEI der internationale Verband für die Reitsportdisziplinen Dressur, Springen, Vielseitigkeit, Fahren, Voltigieren und Distanzreiten mit Sitz in Genf. Mitglieder der FEI sind die nationalen Dachverbände des Pferdesports.

Die FEI organisiert den internationalen Turniersport und entwickelt, koordiniert und veröffentlicht das GR (Règlement Général) dafür.

# Versicherungsfragen rund ums Pferd

Ab DRA III

Jeder, der sich in irgendeiner Form mit dem Pferd beschäftigt – sei es als Reiter, Reitlehrer, Pferdepfleger oder Stallinhaber – muss sich der Risiken bewusst sein, die sich aus seiner Tätigkeit im Umgang mit Pferden ergeben.

Die Schäden, die entstehen können, sind zum Teil erheblich und übersteigen sehr oft das Zahlungsvermögen des Verursachers.

Ausreichende Versicherungen sind zum Schutze der Vereine und ihrer Mitglieder, der Pferdeeigner und aller Personen erforderlich, die Pferden, Reitern und Fahrern in den Reitsportanlagen und auf Straßen und Wegen begegnen.

Für Vereinsmitglieder sind einige dieser Risiken über einen so genannten „Sportversicherungs-Vertrag" durch die Landessportbünde abgesichert.

Rund ums Pferd sind drei verschiedene Versicherungsarten zu unterscheiden:

- Haftpflichtversicherung,
- Unfallversicherung,
- Tierversicherung.

## Haftpflichtversicherung

### Grundsätzliches

**Wer einen Schaden schuldhaft verursacht, haftet immer!**

Grundsätzlich gilt § 823 BGB:
„Wer einem anderen einen Schaden zufügt, ist dem Geschädigten zum Ersatz verpflichtet, wenn er diesen Schaden schuldhaft, d.h. vorsätzlich oder fahrlässig verursacht hat."

➡ Die Haftpflichtversicherung deckt immer nur Schäden gegenüber Dritten ab.
➡ Sie gilt nicht bei Schäden an den eigenen Pferden oder Berittpferden.
➡ Die Versicherung deckt normalerweise nicht Schäden an fremden Sachen, die sich im Betrieb des Versicherungsnehmers befinden (z.B. eingestallte Pensionspferde oder Sattelzeug des Kunden).

# Vereinshaftung
## (Haftpflichtversicherung der Reit- und Fahrvereinsmitglieder)

Die Haftpflichtversicherung der Sportverbände bezieht sich auf die Vereinsmitglieder, die Vereine und die Organe, die Kreis-, Bezirks-, Regional-, Provinzial- und Landesverbände.

Wer für einen Verein tätig wird, ist für diese Tätigkeit über die Sportbundversicherung haftpflichtversichert. Darunter fallen auch alle Schäden, die bei der Unterrichtserteilung im Auftrage des Vereins entstehen. Dabei muss die Lehr- und Aufsichtsperson, die vom Verein beauftragt wurde, befähigt sein, diese Tätigkeit auszuüben. Die Person (z.B. Reitlehrer) muss in der Regel keine Ausbilderprüfung abgelegt haben.

Die Vereinsmitglieder sind über ihren Verein bei folgenden Tätigkeiten haftpflichtversichert:

- bei der sportlichen Tätigkeit im Rahmen der Vereinsausbildung (Ausbildung in der Reithalle, auf dem Reitplatz, im freien Gelände, Einzel- und Gruppenausbildung),
- bei der Teilnahme an Vereinsveranstaltungen (Turniere, Distanzritte, Wanderritte, gesellige Veranstaltungen),
- bei der An- und Abfahrt auf den direkten Wegen zu und von den Veranstaltungen.

Außerdem kann auch der Verein selbst (als „juristische Person") haften:

- bei der Durchführung von satzungsgemäßen Veranstaltungen, z.B. Vorstands- und Mitgliederversammlungen, Sportveranstaltungen, Schulungen, Lehrgängen, Festlichkeiten, Festzügen,
- als Eigentümer, Mieter, Pächter und Nutznießer von Reitsportanlagen (Reitstall, Reithalle, Außenplatz, Reiterkasino in eigener Regie, Wiesen und Weiden, Parkplatz und Zufahrten),
- bei der Ausbildung von Vereinsmitgliedern.

# Pferdehalterhaftpflicht/Tierhalterhaftpflicht

Für die vom Pferd ausgehenden Gefahren gelten besondere gesetzliche Regelungen.
Grundsätzlich gilt für die Pferdehalterhaftpflicht, dass
➡ ein ursächlicher Zusammenhang zwischen typischer Tiergefahr und dem Schaden bestehen muss.
  *Beispiele:*
  - Ein Reiter pariert sein Pferd vor der roten Ampel durch. Das Pferd scheut vor einem sich hinten anschließenden PKW, stürmt in die Kreuzung und verursacht einen Schaden (z.B. prallen zwei PKW's zusammen).
    ⇨ Hier liegt „typisches tierisches Verhalten" vor (Durchgehen, Scheuen, Steigen, Schlagen, Beißen usw.).
  - Ein Reiter reitet bei Rot über die Kreuzung, weil er es eilig hat. Ein PKW des Querverkehrs kommt durch Bremsmanöver zu Schaden.
    ⇨ Kein „typisch tierisches Verhalten". Das Pferd war williges Werkzeug in der Hand des (schuldhaft handelnden) Reiters.
➡ der Schaden fremden Pferden, Personen oder Sachen zugefügt wurde (Dritten). Der Schaden an eigenen Pferden/eingestallten Pensionspferden ist immer ausgeschlossen.

# Tierhüterhaftpflicht

Dem Tierhüter obliegt die unmittelbare Beaufsichtigung des Pferdes. Als Tierhüter gilt derjenige, der für den Tierhalter die Aufsicht über das Pferd durch Vertrag übernimmt, wer also z.B. einen Stall zur Verfügung stellt oder das Pferd bereitet.

# Unfallversicherung

Neben den Schäden, die Dritten – also fremden Pferden, Personen oder Sachen – zugefügt werden, sollten auch die Schäden abgesichert sein, die einem selbst zustoßen.

## Unfallversicherung der Sportbund-Versicherung

Jedes Vereinsmitglied ist automatisch über seine Mitgliedschaft in einem Reiterverein durch den so genannten Versicherungsvertrag mit den Landessportbünden unfallversichert. Da die Versicherungsbeträge die entstandenen Schäden nur unzureichend abdecken, ist es sinnvoll, eine zusätzliche private Unfallversicherung abzuschließen.
Diese sollte folgende Schäden absichern:
- Invalidität,
- Teilarbeitsunfähigkeit,
- Erwerbsunfähigkeit.

## Gesetzliche Unfallversicherung (Berufsgenossenschaft)

In der gesetzlichen Unfallversicherung sind alle aufgrund eines Arbeits-, Dienst- oder Ausbildungsverhältnisses Beschäftigte ohne Rücksicht auf die Höhe ihres Entgeltes bei der jeweils zuständigen Berufsgenossenschaft (BG) pflichtversichert.

# Tierversicherung

Schäden am eigenen Pferd können nur über eine Tierlebensversicherung abgesichert werden. Maßgeblich für den Ersatz ist der Marktwert zum Zeitpunkt des Versicherungsfalles.

Drei Versicherungsmöglichkeiten sind zu unterscheiden:
- Tod: z.B. durch Unfall oder Blitz.
- Nottötung: Dieser Fall wird wie Tod behandelt. Voraussetzung ist aber, dass das Pferd nach menschlichem Ermessen in absehbarer Zeit (24 h) gestorben wäre.
- Unbrauchbarkeit:
  - als Reitpferd,
  - als Zuchtpferd, mangelnde Zuchttauglichkeit.
  
  Bei der Unbrauchbarkeit sind Wartezeiten zu beachten, wie z.B.
  - $\frac{1}{2}$ Jahr bei Unbrauchbarkeit wegen Dämpfigkeit,
  - $\frac{1}{4}$ Jahr wegen Lahmheit.

# Fragen zu LPO/Organisation/ Versicherungsfragen

1. In welche Abschnitte ist die LPO eingeteilt? Kreuze die richtige Reihenfolge an!

   ① Durchführungsbestimmungen, allgemeine Bestimmungen, besondere Bestimmungen, Rechtsordnung mit ethischen Grundsätzen

   ② Allgemeine Bestimmungen, besondere Bestimmungen, Rechtsordnung mit ethischen Grundsätzen, Durchführungsbestimmungen

   ③ Allgemeine Bestimmungen, besondere Bestimmungen, Durchführungsbestimmungen, Rechtsordnung mit ethischen Grundsätzen

   ④ Ethische Grundsätze, allgemeine Bestimmungen, besondere Bestimmungen, Rechtsordnung, Durchführungsbestimmungen

   ⑤ Allgemeine Grundsätze, besondere Bestimmungen, Rechtsordnung mit ethischen Grundsätzen, Durchführungsbestimmungen

2. Welche Gertenlänge ist beim Springen/bei der Dressur laut LPO erlaubt? Kreuze richtig an!

   Springen:　① 75 cm mit Schlag　　Dressur:　① 110 cm
   　　　　　② 75 cm ohne Schlag　　　　　　② 130 cm
   　　　　　③ 80 cm mit Schlag　　　　　　 ③ 120 cm
   　　　　　④ 80 cm ohne Schlag　　　　　　④ nicht definiert

3. In welchem Teil der LPO wird die korrekte Ausrüstung von Reiter und Pferd beschrieben?

   ① Teil B

   ② Teil A

   ③ Teil A und B

   ④ In den Durchführungsbestimmungen

4. Bis zu welcher Größe (Stockmaß) ist ein Pony in Ponyprüfungen startberechtigt?

   ① 150 cm

   ② 148 cm

   ③ 145 cm

5. *Wie wird in Springprüfungen das Einschlagen eines falschen Parcours (Nichteinhalten der vorgeschriebenen Reihenfolge der Hindernisse) bewertet?*

    ① 3 Strafpunkte

    ② 6 Strafpunkte

    ③ Ausschluss

6. *Wie viel mm muss das Trensengebiss lt. LPO, am Maulwinkel gemessen, mindestens betragen?*

    ① keine Mindestdicke vorgeschrieben

    ② 18 mm

    ③ 14 mm

    ④ 10 mm

    ⑤ 16 mm

7. *Welcher Ausrüstungsgegenstand ist in Springprüfungen aller Kategorien zwingend vorgeschrieben?*

    ① splitter- und bruchsichere Gerte

    ② splitter- und bruchsicherer Reithelm mit Drei- und Vierpunktbefestigung

    ③ Reithelm mit 2-Punktbefestigung

    ④ Zylinder

    ⑤ Vorderzeug

8. *Skizziere den hierarchischen Aufbau der organisierten Reiterei (5 Ebenen)!*

9. *Nenne Aufgaben der Deutschen Reiterlichen Vereinigung!*

   _____
   _____
   _____
   _____
   _____

10. *Welche Pflichten haben Mitglieder eines Reitervereins gem. LPO und Tierschutz?*

    _____
    _____
    _____
    _____

11. *Welche drei Versicherungsarten werden unterschieden?*

    _____
    _____
    _____

12. *Was gilt grundsätzlich für die Haftpflichtversicherung? Kreuze richtig an!*

    ① Die Haftpflichtversicherung deckt immer nur Schäden gegenüber Dritten ab.

    ② Sie gilt bei Schäden an den eigenen Pferden oder Berittpferden.

    ③ Wer einen Schaden schuldhaft verursacht, haftet immer.

    ④ Die Versicherung deckt normalerweise die Schäden an fremden Sachen, die sich im Betrieb des Versicherungsnehmers befinden (z.B. Sattelzeug des Kunden)

*13. Wer ist über die Sportbundversicherung haftpflichtversichert und was ist dabei zu beachten?*

_____

_____

_____

_____

*14. Wann haftet die Pferdehalterhaftpflicht/Tierhalterhaftpflicht? Was muss grundsätzlich gelten? Nenne ein Beispiel!*

_____

_____

_____

_____

_____

*15. Wer ist über die Unfallversicherung der Sportbund-Versicherung, wer über die gesetzliche Unfallversicherung versichert?*

Unfallversicherung der Sportbund-Versicherung:

_____

_____

_____

Gesetzliche Unfallversicherung:

_____

_____

_____

# ETHISCHE GRUNDSÄTZE

## WARUM ETHISCHE GRUNDSÄTZE?

Im Umgang mit dem Pferd zeigt sich, welches „Bild" der Reiter von dem Pferd/seinem Pferd hat. Dies erkennt der Betrachter u.a. daran, wie der Reiter mit seinem Pferd im Stall, beim Führen, beim Reiten etc. umgeht, aber auch daran, wie er von seinem Pferd bzw. von Pferden generell spricht. Ist das Pferd lediglich der „Bock" oder ist es „Partner", dem der Mensch mit Wertschätzung entgegentritt? Letzteres ist die Voraussetzung für ein langfristig harmonisches Verhältnis/Miteinander von Mensch und Tier.

Das Pferd muss Pferd bleiben, es darf nicht „vermenschlicht" werden. Dies muss der Reiter erkennen und sich darauf einstellen. Dabei wird die Beziehung zwischen Mensch und Pferd daran gemessen, wie der Mensch das Pferd behandelt.

Jeder Mensch, der mit Pferden umgeht, sollte sich verpflichtet fühlen, so viel wie möglich über das Pferd zu wissen und sich in hohem Maße für das Tier verantwortlich zu fühlen. Er sollte sich dabei an bestimmten Grundsätzen orientieren, die sich aus der jahrhundertelangen Erfahrung mit Pferden ergeben.

Die Entwicklungsgeschichte des Pferdes war und ist eng verbunden mit der sozialen, wirtschaftlichen und politischen Entwicklung der menschlichen Zivilisation. Es vollzog sich ein Wandel vom jagdbaren Wild und der reinen Zweckdienlichkeit zu humaneren Einstellungen, zum Kamerad Pferd im Krieg wie in Friedenszeiten bis hin zum modernen Gedanken des Sportkameraden. Mit der Domestikation (um 4.000 v. Chr.) wurde die Basis für die differenzierte Nutzung des Pferdes geschaffen. Damit einher ging jedoch auch der Verlust des natürlichen Lebensraumes, in dem das Pferd für seine Nahrungsbeschaffung, für sein Überleben selbst sorgen konnte.

Die heutigen Lebensbedingungen des Pferdes sind ausschließlich vom Menschen geschaffen und Ergebnis eines langen Zivilisationsprozesses. Der Mensch macht sich das Pferd zunutze und setzt es nach seinem Wunsch in der Zucht, im Freizeit- und Breitensport sowie im Leistungssport ein. In dem Maße, in dem der Mensch heute über das Pferd, seine Nutzung und seinen Fortbestand bestimmt, muss er sich stets seiner Verantwortung dem Pferd gegenüber bewusst sein.

 *Die Ethischen Grundsätze gelten für alle, die mit Pferden und Ponys zu tun haben!*

# DIE ETHISCHEN GRUNDSÄTZE UND IHRE BEDEUTUNG

*Ausführliche Erläuterungen enthält die Broschüre „Die ethischen Grundsätze des Pferdefreundes", die kostenlos bei der Deutschen Reiterlichen Vereinigung e.V. (FN), Warendorf, Tel. (0 25 81) 63 62 - 0, angefordert werden kann.*

**1** Wer auch immer sich mit dem Pferd beschäftigt, übernimmt die Verantwortung für das ihm anvertraute Lebewesen.

## Übernahme von Verantwortung

Für das Pferd Verantwortung zu übernehmen, bedeutet nicht nur die Verpflichtung zu artgerechter Haltung, Fütterung und medizinischer Versorgung, sondern auch, die Nutzung des Pferdes nach seiner Veranlagung und seinem Leistungsvermögen auszurichten.

Achtung und Respekt des Menschen vor seinem Sport-, Freizeit- und Arbeitspartner Pferd sowie Verständnis für das Pferd sind die Grundvoraussetzungen für ein harmonisches Verhältnis miteinander.

Der Mensch wird nicht an der bloßen Tatsache gemessen, dass er das Pferd als Teil der Schöpfung, als ein Stück Natur, als Freizeit,- Arbeits- und Sportpartner erhält, sondern vor allem daran, wie er diese Aufgabe erfüllt.

**2** Die Haltung des Pferdes muss seinen natürlichen Bedürfnissen angepasst sein.

## Anpassen an natürliche Bedürfnisse

Verantwortung für das Pferd zu übernehmen, setzt umfangreiche Kenntnisse über dessen natürliche Bedürfnisse und Verhaltensweisen voraus. Tierliebe allein reicht für die Betreuung eines Pferdes nicht aus.

Der gesamte Organismus des Pferdes ist auf Bewegung und kontinuierliche Futteraufnahme eingestellt. Pferde, die ganztägig auf der Weide gehalten werden, verbringen viele Stunden am Tag mit der Futteraufnahme und legen während dieser Zeit große Strecken zurück. Auch darf nicht vergessen werden, dass das Pferd in Schrecksituationen als Fluchttier reagiert. Die lebensnotwendigen Instinkte des einstigen Steppentieres haben den jahrtausendelangen Prozess der Domestizierung überdauert. Dabei kommt in der Haltung den Kenntnissen über die Bedürfnisse des Pferdes nach Bewegung, Licht, Luft und Sozialkontakten größte Bedeutung zu.

Der verantwortungsbewusste Pferdefreund – egal, ob Züchter, Pferdehalter oder Sportler – muss für ausreichende, möglichst tägliche Bewegung des Pferdes sorgen. Nur ganz wenige, unausweichliche Zwänge gebieten, von dieser Regel abzuweichen.

Zugleich muss das Pferd in einem gut belüfteten Stall untergebracht sein, dessen Klima gemäßigt den Außentemperaturen folgt. Dunkle Ställe ohne natürliche Lichtquellen sind ebenso abzulehnen wie isolierte Einzelboxen, die dem Bedürfnis des Herdentieres nach Kontakt zu den Artgenossen nicht entsprechen.

Die Fütterung des Pferdes soll sich individuell an der Haltungsform, dem Entwicklungsstand, der Konstitution sowie an dem Maß der Beanspruchung des Pferdes orientieren.

> **3** Der physischen wie psychischen Gesundheit des Pferdes ist unabhängig von seiner Nutzung oberste Bedeutung einzuräumen.

## Gesundheit hat oberste Bedeutung

Wirtschaftliche Interessen des Züchters, Aufzüchters und Hengsthalters dürfen nicht zu Lasten der Haltung und natürlichen körperlichen Entwicklung des jungen Pferdes gehen.

Auch für den Pferdesportler gilt: Das Streben des Sportlers nach Sieg und Platzierung muss hinter der Gesunderhaltung des Pferdes und der dafür nötigen Vorsorge zurückstehen.

Der Gesundheitsvorsorge und Gesunderhaltung des Pferdes muss auch der Freizeit- und Breitensportler höchste Bedeutung beimessen.

> **4** Der Mensch hat jedes Pferd gleich zu achten, unabhängig von dessen Rasse, Alter und Geschlecht sowie Einsatz in Zucht, Freizeit oder Sport.

## Alle Pferde gleich achten

Das Pferd verdient als Geschöpf Achtung und Respekt. Die Wertschätzung des Menschen dem Pferd gegenüber muss grundsätzlicher Natur sein und darf nicht abhängig gemacht werden von der äußeren Erscheinung, dem Alter, der Rasse sowie dem Ansehen in Zucht und Sport. Jedes Pferd hat den gleichen Anspruch auf fürsorgliche Pflege und pferdegerechte Haltung.

**5** Das Wissen um die Geschichte des Pferdes, um seine Bedürfnisse sowie die Kenntnisse im Umgang mit dem Pferd sind kulturgeschichtliche Güter. Diese gilt es zu wahren und zu vermitteln und nachfolgenden Generationen zu überliefern.

## Geschichte des Pferdes ist kulturgeschichtliches Gut

Wie kein anderes Tier hat das Pferd die Entwicklungsgeschichte der Menschheit beeinflusst. In seiner heutigen Form ist es nicht nur ein „Produkt" der Natur, sondern auch Ergebnis langer züchterischer Bemühungen der Menschen.

Es gilt daher, das Wissen um die Bedeutung des Pferdes und seiner Wesensmerkmale als wichtiges Kulturgut der Menschen zu verdeutlichen.

Dabei ist jeder einzelne, der sich mit dem Pferd beschäftigt, zu verantwortungsbewusstem Umgang mit dem Pferd verpflichtet.

**6** Der Umgang mit dem Pferd hat eine persönlichkeitsprägende Bedeutung, gerade für junge Menschen. Diese Bedeutung ist stets zu beachten und zu fördern.

## Persönlichkeitsprägende Bedeutung

Der Anfänger im Pferdesport lernt bei fachlicher Anleitung durch Lehrkräfte, Verantwortung für das ihm anvertraute Lebewesen zu übernehmen und die natürlichen Verhaltensweisen des Pferdes zu respektieren. Deshalb sucht der Reiter Fehler nicht zunächst beim Pferd, sondern bei sich. Mangelnde Selbstbeherrschung, Ungeduld und Aggressionen wirken sich negativ aus. Sie führen nachhaltig zu einer Störung der Harmonie zwischen Mensch und Pferd und können Schäden beim Pferd verursachen.

Die Erziehung zu Selbsterkenntnis und Selbstbeherrschung macht den pädagogischen Wert aus, den der Pferdesport für Menschen aller Altersklassen bedeutet. Dabei sind Toleranz und Rücksichtnahme Grundvoraussetzungen für die gemeinschaftliche Ausübung des Pferdesports.

> **7** Der Mensch, der gemeinsam mit dem Pferd Sport betreibt, hat sich und das ihm anvertraute Pferd einer Ausbildung zu unterziehen. Ziel jeder Ausbildung ist die größtmögliche Harmonie zwischen Mensch und Pferd.

### Ziel ist größtmögliche Harmonie

Solange der Mensch den Pferdesport ausübt, besteht die Verpflichtung zur Aus- und Fortbildung. Das Ziel der Ausbildung ist nicht das Beherrschen schwieriger Übungen, sondern die harmonische Übereinstimmung zwischen dem Menschen und seinem Pferd, unabhängig davon, ob das Pferd leistungs- oder breitensportlich orientiert eingesetzt wird.

Selbstkritik des Menschen ist im Umgang mit dem Pferd Voraussetzung für ein harmonisches Miteinander von Mensch und Pferd.

Fehlentwicklungen in der Gymnastizierung, Aus- und Fortbildung des Pferdes verursacht der Mensch. Vermeintliche charakterliche Mängel des Pferdes gehen oft auf falsche Behandlung des Pferdes zurück und dürfen zwar als Erklärung, aber nicht als Entschuldigung für das Scheitern einer Beziehung zwischen Mensch und Pferd herangezogen werden.

Probleme in der Ausbildung werden i.d.R. weniger durch angeborene Mängel verursacht als durch fehlerhafte Einwirkung des Reiters.

> **8** Die Nutzung des Pferdes im Reit-, Fahr- und Voltigiersport muss sich an seiner Veranlagung, seinem Leistungsvermögen und seiner Leistungsbereitschaft orientieren. Die Beeinflussung des Leistungsvermögens durch medikamentöse sowie nicht pferdegerechte Einwirkung des Menschen ist abzulehnen und muss geahndet werden.

### Orientierung an Veranlagung, Leistungsvermögen und Leistungsbereitschaft

Voraussetzung für alle sportliche Nutzung und deren Grenzen muss die erwiesene Eignung des Pferdes für den jeweiligen Zweck sein. Von einem Pferd Leistungen zu verlangen, die es nicht erbringen kann, widerspricht ethischem Bewusstsein und ist tierschutzwidrig.

Zur häufigsten mißbräuchlichen Leistungsmanipulation zählt die medikamentöse Beeinflussung, insbesondere das Doping. Während in Sportarten ohne den Partner Pferd Doping zunächst als Betrug des Sportlers an seinem Gegner und am Publikum beurteilt wird, ist Doping im Pferdesport vorrangig ein Verstoß gegen die Normen des Tierschutzes.

> **9** Die Verantwortung des Menschen für das ihm anvertraute Pferd erstreckt sich auch auf das Lebensende des Pferdes. Dieser Verantwortung muss der Mensch stets im Sinne des Pferdes gerecht werden.

## Verantwortung für das Lebensende

Am Ende einer Beziehung zwischen Mensch und Pferd beweist sich das Verantwortungsbewusstsein gegenüber dem Lebewesen Pferd. In der Abwägung zwischen Leid und Leben muss der Mensch auch diese letzte Entscheidung übernehmen.

Hat der Pferdebesitzer sich zur Tötung seines Pferdes entschlossen, ist er oder eine Person seines Vertrauens verpflichtet, den Verbleib des Pferdes bis zum Tode zu überwachen. Hierbei sind Transportumstände und die Art der Tötung so zu wählen, dass ein unnötiges Leiden des Pferdes vermieden wird.

**ETHISCHE GRUNDSÄTZE**

### 1. Pferde brauchen Menschen

Pferde sind auf uns Menschen angewiesen. Wir Pferdefreunde tragen die Verantwortung dafür, dass es jedem einzelnen Pferd gut geht – auch du.

### 2. Pferde müssen richtig versorgt werden

Pferde brauchen Wasser und Futter, Licht und Luft, viel Bewegung und Kontakt zu anderen Pferden. Wir Pferdefreunde sorgen dafür, dass es jedem Pferd gut geht – auch du.

### 3. Die Gesundheit geht vor

Gesundheit und Zufriedenheit des Pferdes sind wichtiger als Erfolge um jeden Preis. Uns Pferdefreunden geht das Wohl jedes einzelnen Pferdes vor – auch dir.

### 4. Alle Pferde sind wertvoll

Alle Pferde verdienen Pfle und Zuneigung, egal ob j oder alt, Weidepony oder nierpferd, Zuchthengst od ausgedientes Schulpferd. Pferdefreunde wissen, das le Pferde gleich gut behar werden müssen – auch du

### 5. Pferde und Menschen haben eine lange gemeinsame Geschichte

Zwischen Pferden und Menschen besteht seit Tausenden von Jahren eine enge Verbindung.
Wir Pferdefreunde sind bereit, vom enormen Wissen früherer Zeiten und fremder Kulturen über Pferde zu lernen – auch du.

### 6. Pferde sind gute Lehrer

Pferde spüren Ungeduld und Unbeherrsch heit. Sie belohnen Freundlichkeit und Ge Wir Pferdefreunde lernen gern von unser Pferden – auch du.

## ETHISCHE GRUNDSÄTZE

### 8. Leistungen dürfen nicht erzwungen werden

Pferde verfügen über unterschiedliches Talent und Leistungsvermögen. Wir Pferdefreunde respektieren die natürlichen Grenzen eines Pferdes und beeinflussen seine Leistungsfähigkeit nicht durch Gewalt, Zwang und Medikamente – auch du nicht.

### 7. Pferde und Menschen müssen miteinander lernen

Pferde und Menschen brauchen für den gemeinsamen Sport eine gute Ausbildung, die nie aufhört. Das wichtigste Ziel für uns Pferdefreunde ist die harmonische Verständigung mit dem Pferd – auch für dich.

### 9. Pferde haben ein Recht auf ein würdiges Lebensende

Pferde haben ein kürzeres Leben als Menschen. Auch am Lebensende lassen wir Pferdefreunde unser Pferd nicht im Stich und ersparen ihm unnötige Angst, Schmerzen und Qualen – auch du.

# FRAGEN ZU ETHISCHE GRUNDSÄTZE

1. Liste die ethischen Grundsätze in Kurzform auf!

   1. _____
   _____

   2. _____
   _____

   3. _____
   _____

   4. _____
   _____

   5. _____
   _____

   6. _____
   _____

   7. _____
   _____

   8. _____
   _____

   9. _____
   _____

2. Was bedeutet die Aussage „das Pferd muss Pferd bleiben"?

   _____
   _____
   _____

3. *Der Mensch hat für das ihm anvertraute Pferd Verantwortung zu übernehmen! Welche Aussagen treffen zu?*
   *Kreuze richtig an!*

   ① Verantwortung setzt umfangreiche Kenntnisse über die natürlichen Bedürfnisse und Verhaltensweisen des Pferdes voraus.

   ② Das Streben des Sportlers nach Sieg und Platzierung muss nicht hinter der Gesundheitsvorsorge und Gesunderhaltung des Pferdes zurückstehen.

   ③ Der verantwortungsbewusste Pferdefreund muss für ausreichende, einmal wöchentliche Bewegung des Pferdes sorgen.

   ④ Das Pferd muss in einem gut belüfteten Stall untergebracht sein, dessen Klima gemäßigt den Außentemperaturen folgt.

   ⑤ Die Fütterung hat individuell je nach Haltungsform, Entwicklungsstand, Konstitution sowie nach Maß der Beanspruchung des Pferdes zu erfolgen.

   ⑥ Der Mensch, der gemeinsam mit dem Pferd Sport betreibt, hat sich und das ihm anvertraute Pferd einer Ausbildung zu unterziehen.

4. *Im 8. Grundsatz geht es um die Orientierung an Veranlagung, Leistungsvermögen und Leistungsbereitschaft für die Nutzung des Pferdes. Wie darf auf keinen Fall das Leistungsvermögen beeinflusst werden und warum nicht?*

   _____
   _____
   _____
   _____
   _____

**ETHISCHE GRUNDSÄTZE**

# LÖSUNGEN

## PFERDEHALTUNG/FÜTTERUNG

1. a) Fluchtinstinkt,
   b) Sozialkontakte,
   c) Bewegungsbedürfnis, Futteraufnahme, Ansprüche an Licht, Luft, Temperatur.

2. ➩ Seite 11.

3. Artgerechte Haltung (Haltungsform, Pflege, Fütterung, Bewegung), Überwachung des Gesundheitszustandes, Fairness gegenüber Pferd bezügl. Umgang, Anforderungen und Erziehung unter Berücksichtigung der naturgegebenen Verhaltensweisen.

4. ➩ Seite 12.

5. ➩ Seite 14.

6. ➩ Seite 15.

7. Alle Antworten sind richtig.

8. *Deckhaar:* mit Striegel aufrauen, mit Kardätsche Staub entfernen, mit Bürste nicht bemuskelte Körperteile säubern, mit Tuch restlichen Staub abwischen.
   *Langhaar:* mit Mähnenbürste durchbürsten, mit Mähnenkamm durchkämmen.
   *Körperöffnungen:* mit Schwamm säubern.

9. ② ist richtig.

10. *Striegel:* Aufrauen/Massage.
    *Kardätsche:* Entfernen von Staub.
    *Tuch:* Glanz.
    *Schwämme:* Säuberung der Körperöffnungen.
    *Wurzelbürste:* Massage, Säuberung der nicht bemuskelten Körperteile.

11. Hufe auskratzen vor/nach dem Reiten, mit Wasser nach dem Reiten reinigen, Huffett, Hufteer.

12. ➩ Seite 16.

13. Futteraufnahme mit dem Maul, Zermahlung durch Backenzähne, dabei Einspeichelung, über Speiseröhre in Magen, chemische Zerlegung der Nahrung in Nährstoffe im Magen und im Dünndarm, Absorption der Nährstoffe, Zersetzung der Rohfaser im Dickdarm (Blinddarm und großer Grimmdarm), Kotbildung im kleinen Grimmdarm, Ausscheidung durch Mastdarm.

14. Mehr als 2-mal täglich, gleiche Zeit, genügend Zeit zum Fressen, genügend Wasserbedarf etc.

15. ② ist richtig.

16. Kleines Fassungsvermögen des Magens (ca. 15 l), deshalb nur Aufnahme und Verarbeitung kleinerer Mengen möglich, Futteraufnahme in der Natur mind. 14 - 16 Stunden/Tag.

17. ② ist richtig.

18. ➠ Seite 20.

19. ①, ②, ④, ⑤, ⑦ und ⑧ sind richtig.

# REITLEHRE

1. ➠ Seiten 30 und 31.

2. Stirnriemen der Kopfform angepasst, dicht unter den Ohren gut anliegend;
Backenstück kann durch Verschnallen der Länge des Kopfes angepasst werden;
Nasenriemen der Kopfform angepasst und entsprechend des Reithalfters geschnallt, ohne die Atmung des Pferdes zu beeinträchtigen;
Genickstück der Kopfform angepasst;
Kehlriemen so lang verschnallt, dass eine Handbreit zwischen Kehlriemen und Gamasche passt.

3. ①, ③ und ④ sind richtig.

4. Dressur-, Vielseitigkeits- und Springsattel.

5. Individuell angepasst, gleichmäßig aufliegend, tiefster Punkt in der Mitte des Sattels, genügend große Sattelkammer, um Druckstellen zu vermeiden.

6. ➠ Seite 34.

7. ①, ②, ③, ⑤ und ⑥ sind richtig.

8. Bandagen, Gamaschen, Springglocken, Streichkappen.

9. Bandagen ziehen sich bei Nässe zusammen und schnüren das Bein ein.

10. ② und ④ sind richtig.

11. ➠ Seiten 35 und 36.

12. Pferd beherrscht sicher Lektionen der Kl. L auf Trense, Reiter kann die typischen L-Lektionen auf Trense reiten, korrekter, ausbalancierter und losgelassener Sitz, vom Sitz unabhängige Zügelhilfen.

13. ①, ③ und ④ sind richtig.

14. ① ist richtig. (Mein bester Freund Anton kann einen heben, Cheers!)

15. *Gerade Linie:* Halbe/ganze Bahn, Länge der Bahn, Wechsellinien durch die halbe/ganze/Länge der Bahn.
    *Gebogene Linien:* Auf dem Zirkel geritten, Schlangenlinien, Volten.

16. ➡ Seite 40.

17. ➡ Seite 41.

18. ➡ Seite 42.
    Nur aus losgelassenem und ausbalanciertem Sitz können richtige Hilfen gegeben werden.
    Nur richtige und bewusst eingesetzte Hilfen führen zum Erreichen des reiterlichen Gefühls und damit zu einer verlässlichen Einwirkung.

19. *Dressursitz:* 2 Linien: Schulter-Hüfte-Absatz, Ellbogen-Zügelfaust-Pferdemaul, elastisches Mitschwingen in der Mittelpositur.
    *Leichter Sitz:* Steigbügelriemen 2 - 5 Loch kürzer als bei Dressursitz, Hüfte-Knie-Absatz tief, Zügelfäuste etwa eine Handbreit unterhalb des Mähnenkammes, Oberkörper vor der Senkrechten, Gesäß am bzw. über dem Sattel (je nach Ausprägung).

20. ①, ② und ③ sind richtig.

21. Verkrampfung der Muskulatur (z.B. durch Angst), Nichtmitschwingen in der Mittelpositur, fehlendes Bewegungsgefühl.

22. ➡ Seiten 49 und 50.

23. ② ist richtig.

24. Gewichts-, Schenkel- und Zügelhilfen.

25. ➡ Seite 51.

26. *Beidseitig belastend:* Aktivierung der Hinterhand (z.B. bei halben und ganzen Paraden).
    *Einseitig belastend:* zur Stellung und Biegung, beim Angaloppieren.
    *Entlastend:* zur Entlastung des Rückens, zum Lösen, bei jungen Pferden, beim Rückwärtsrichten.

27. *Vorwärts treibend:* am Gurt.
    *Vorwärts-seitwärts treibend:* Handbreit hinter Gurt, aktiv eingesetzt.
    *Verwahrend:* etwa Handbreit hinter Gurt, weniger aktiv als beim vorwärts-seitwärts treibenden Schenkel.

28. ② ist richtig.

29. *Annehmende Zügelhilfe:* Wird gegeben, indem je nach notwendiger Intensität die Zügelfaust für einen kurzen Moment vermehrt geschlossen oder, entsprechend stärker, das Handgelenk etwas nach innen gedreht wird.

    *Nachgebende Zügelhilfe:* Entweder nach der annehmenden Zügelhilfe durch Zurückgehen der Hände in die Grundhaltung oder aus der Grundhaltung heraus durch leichtes Öffnen und Vorgehen der Zügelfaust.

30. ➠ Seite 56.

31. ② ist richtig.

32. Überprüfung der Losgelassenheit des Pferdes, d.h. steht das Pferd richtig an den Hilfen.
    Ausführung: Pferd dehnt sich vorwärts-abwärts an das Gebiss heran unter Beibehaltung von Takt und Tempo, Dehnung, bis sich Pferdemaul auf Höhe der Buggelenke befindet, leichte Anlehnung bleibt bestehen.

33. a) Pferd mit Gewichts- und Schenkelhilfen von hinten nach vorne an das Gebiss bzw. Zügelhand herantreiben ⇨ sichere Anlehnung bei losgelassenem Pferd („Pferd kaut").
    b) *Stellung:* seitliches Wenden des Pferdekopfes im Genick (Mähnenkamm kippt).
    *Biegung:* Krümmung der Längsachse des Pferdes (Längsbiegung).
    c) Überprüfung der Selbsthaltung des Pferdes.

34. Stellen des Pferdes dient Vorbereitung auf bestimmte Übungen und Lektionen, die in der Regel Längsbiegung oder Richtungsänderungen verlangen und überprüft Nachgiebigkeit des Pferdes im Genick. Beim Reiten von 8-m- oder 6-m-Volten oder Traversalen wird deutlichere Biegung verlangt. Dabei wird gleichmäßige Längsbiegung nur erreicht, wenn das Pferd in sich gerade gerichtet ist.

35. ①, ②, ③, ⑤, ⑥ und ⑦ sind richtig.

36. ② ist richtig.

37. *Schritt* ist eine schwunglose Bewegung im 4-Takt in 8 Phasen.
    *Trab* ist eine schwungvolle Bewegung im 2-Takt in 4 Phasen.
    *Galopp* ist eine schwungvolle Bewegung im 3-Takt in 6 Phasen.
    *Rückwärtsrichten* ist eine schwunglose Bewegung im 2-Takt in 6 Phasen.

38. *Schritt:* Vorne rechts, hinten links, vorne links, hinten rechts, d.h. gleichseitig, aber nicht gleichzeitig.
    *Trab:* Diagonale Beinpaare fußen gleichzeitig auf und ab, dazwischen Augenblick der freien Schwebe.
    *Galopp:* Äußeres Hinterbein, gleichzeitig inneres Hinterbein und äußeres Vorderbein, inneres Vorderbein, Schwebephase.

39. Starker *Schritt:* Natürliche Nickbewegung des Pferdes bei leichter Genickkontrolle (keine Aufgabe der Anlehnung) zulassen, um raumgreifendes Schreiten zu ermöglichen.
    *Mittelschritt:* Nickbewegung geringfügiger, da Pferd vermehrt aufgenommen und in bestimmter Anlehnung schreitet.
    *Versammelter Schritt:* Keine Nickbewegung vorhanden durch vermehrte Hankenbeugung und fleißiges Unterfußen der Hinterbeine in Richtung unter den Schwerpunkt.

40. Pferd steht geschlossen, Reiter gibt vortreibende Hilfe bei annehmender/durchhaltender Zügelhilfe ⇨ Bewegungsimpuls nach vorne wird nach hinten (rückwärts) herausgelassen. Im Moment des Rückwärtstretens wird Reiter mit der Hand leicht, ohne die Anlehnung aufzugeben. Die treibende Einwirkung mit dem Schenkel beendet das Rückwärtsrichten.

41. *Zirkel:* bei X.
    *Durch die Bahn wechseln:* am Wechselpunkt.
    *Durch die Länge der Bahn wechseln:* bei X.
    *Schlangenlinien durch die Bahn:* beim Durchreiten der Mittellinie.

42. ①, ②, ③, ⑤ sind richtig.

43. *Seitengänge:* Vorwärts-Seitwärts-Bewegungen mit gleichmäßiger Längsbiegung in entsprechender Versammlung im Trab oder Galopp.
    *Schenkelweichen:* Lektion, bei der nur die Stellung, aber keine Biegung und Versammlung gefordert wird.

44. ②, ⑥ sind falsch.

45. Reiter belastet vermehrt inneren Gesäßknochen und fasst inneren Zügel nach, der Pferd stellt. Innerer Schenkel liegt am Gurt ⇨ Rippenbiegung, gleichmäßigen und fleißigen Vortritt des inneren Hinterbeins. Äußerer Schenkel verwahrend hinter dem Gurt ⇨ Vorwärts-Seitwärts-Bewegung des Pferdes. Äußerer, verwahrender Zügel gibt leicht nach und begrenzt Stellung des Pferdes. Beim Umstellen wird Pferd eine Pferdelänge geradeaus gerichtet. Neuer innerer Gesäßknochen wird belastet, neuer innerer Bügel vermehrt ausgetreten; gleichzeitig Nachfassen des neuen inneren Zügels sowie Stellung und Biegung des Pferdes in gewünschte Bewegungsrichtung.

46. ②, ③, ④, ⑥ sind richtig.

47. Oxer, Steilsprung, Triplebarre, Mauer, Wassergraben.

48. *Kombinationen:* 2 - 3 Hindernisse mit einem oder zwei Galoppsprüngen dazwischen.
    *Distanzen:* Weg zwischen zwei Hindernissen mit 3 - 6 Galoppsprüngen.

49. *3 Galoppsprünge:* 14,30 m - 15,00 m.
    *4 Galoppsprünge:* 17,90 m - 18,60 m.
    *5 Galoppsprünge:* 21,50 m - 22,50 m.
    *6 Galoppsprünge:* 25,00 m - 26,00 m.

50. Außenplatz, Sprungfolge Richtung Ausgang, vom Ausgang weg, unterschiedliche Bodenverhältnisse, Geländeneigung bergauf/bergab.

51. ➡ Seite 87.

52. ① *Anreitephase:* Aufmerksamkeit, Reaktionsvermögen, ausbalancierter und losgelassener Sitz, gut abgestimmte Einwirkung.
    ② *Absprungphase:* Richtiges Mitgehen in die Bewegung.
    ③ *Flug- und Landephase:* Ausbalanciertes Mitgehen ermöglicht dem Pferd effizienten Sprungablauf; geschmeidiges Anpassen an die Schwerpunktverlagerung.
    ④ *Phase des Weiterreitens:* Durch ausbalancierten Sitz und gutes Zusammenwirken der treibenden und verhaltenen Hilfen wird Kontrolle des Pferdes bezüglich Tempo und Haltung wieder hergestellt.

53. ② ist richtig.

54. Wenn sie verkehrssicher sind und von Personen begleitet werden, die hinsichtlich der körperlichen Konstitution und der reiterlichen Einwirkung dazu geeignet sind.

55. ①, ②, ③, ④, ⑤ sind richtig.

56. ① ist richtig.

57. Beschaffenheit der Wege, Witterungsverhältnisse, Übersichtlichkeit des Geländes, Ausbildungsstand von Reiter und Pferd.

58. ➡ Seite 100.

59. Trense (evtl. Kappzaum), Sattel/Gurt mit Unterlage, Ausbinde-, Laufferzügel, Longe, Longierpeitsche, Gamaschen/Bandagen.

60. ➡ Seite 101 und 102.

61. ➡ Seite 103.

62. *Takt:* räumliches und zeitliches Gleichmaß in den drei Grundgangarten.
*Losgelassenheit:* unverkrampftes An- und Abspannen der Muskulatur des Pferdes; schwingender Rücken, Reiter kommt zum Treiben und kann losgelassen und geschmeidig sitzen.
*Anlehnung:* stete, weich-federnde Verbindung zwischen Reiterhand und Pferdemaul, Pferd sucht die Anlehnung, Reiter gestattet sie.
*Schwung:* Übertragung des energischen Impulses aus der Hinterhand über den schwingenden Rücken auf die Gesamtvorwärtsbewegung des Pferdes.
*Geraderichten:* Einrichten der Vorhand auf die Hinterhand.
*Versammlung:* Vermehrtes Beugen der Gelenke der Hinterhand und damit eine Verlagerung des Körperschwerpunktes nach hinten.
*Bedeutung:* Takt und Losgelassenheit ergänzen sich gegenseitig. Durch verbesserte Losgelassenheit werden unruhige Pferde ruhiger, triebige Pferde fleißiger, die Rückentätigkeit verbessert, die Muskulatur aufgewärmt; Aktivierung des Durchschwingens der Hinterhand; Losgelassenheit ist Voraussetzung für Anlehnung, Schwung und Versammlung.
Anlehnung gibt dem Pferd die nötige Sicherheit, sein natürliches Gleichgewicht unter dem Reiter wiederzufinden und sich im Takt der Gangarten auszubalancieren.
Schwung nutzt den natürlichen Gang des Pferdes, fügt Losgelassenheit, Schub aus Hinterhand und Durchlässigkeit hinzu.
Geraderichten beseitigt „natürliche Schiefe", dient der Verbesserung der Durchlässigkeit, optimiert die Schubkraft und dient der Vorbereitung/Erreichen der Versammlung.
Versammlung dient der Vorbeugung von Verschleißerscheinungen an der Vorhand durch Schwerpunktverlagerung nach hinten.
Ziel ist ein durchlässiges, gehorsames Pferd.

63. Zufriedener Gesichtsausdruck; schwingender Rücken; geschlossenes, tätig kauendes Maul; pendelnder Schweif; Abschnauben.

64. Schenkelweichen, Übergänge, Reiten auf gebogenen Linien usw.

65. Durchlässigkeit ist das Ziel der gesamten Ausbildung. Ein Pferd ist durchlässig, wenn es die Hilfen des Reiters zwanglos und gehorsam annimmt. Es reagiert ohne Zögern auf treibende Hilfen und schwingt mit den Hinterbeinen aktiv durch und entwickelt genügend Schub. Gleichzeitig werden die Zügelhilfen vom Maul über Genick, Hals und Rücken bis in die Hinterbeine weitergeleitet, ohne durch Spannungen an einer Körperstelle blockiert zu werden. Ein Pferd, das sich in allen drei Grundgangarten jederzeit versammeln lässt, hat die höchste Stufe der Durchlässigkeit erzielt. Durchlässigkeit ist dann gegeben, wenn das Pferd auf beiden Händen gleichmäßig losgelassen und gehorsam auf vorwärts treibende, verhaltende und seitwärts wirkende Hilfen reagiert.

66. *Relativ:* Aufrichtung korreliert mit Beugung der Hanken.
    *Absolut:* Durch die Hand herbeigeführte Aufrichtung.

67. Reiten von großen gebogenen Linien, häufige Handwechsel, Übergänge, Schlangenlinien, Schenkelweichen, richtiges Treiben in Verbindung mit weicher Anlehnung, richtiger Einsatz diagonaler Hilfen, Außengalopp (L-Bereich).

68. Taktstörungen, eilige, laufende Bewegungen, gespannte Tritte/Sprünge, vermehrte Belastung der Vorhand, keine Rahmenerweiterung, hinten breit beim Zulegen.

69. Pferd beschreibt mit Vorhand eine kreisförmige Wendung um die Hinterhand im versammelten Galopp (6 bis 8 Galoppsprünge); in Bewegungsrichtung gestellt und gebogen; innerer Hinterfuß bewegt sich auf einem möglichst kleinen Kreis. Hinterhand des Pferdes nimmt vermehrt Last auf.

70. ③ und ⑥ sind falsch.

71. ①, ② und ④ sind richtig.

72. Begründer der europäischen Hippologie, Verhältnis Mensch/Pferd.

73. Begründer der modernen Dressurreiterei – allgemeine Ausbildungsprinzipien, Erfinder Schulterherein, Dominanz Gewichts- und Schenkel- über Zügelhilfen, Einführung des Dreipunkt-Balancesitzes, Wichtigkeit der äußeren Hilfen.

74. „Reite dein Pferd vorwärts und richte es gerade!"

75. ③ ist richtig.

76. Um die Jahrhundertwende von Friderico Caprilli.
    Frankreich: wenig Hand und viel Schenkel.
    Deutschland: Pferd musste am Zügel springen ⇨ Dressur-Springsitz.

# GESUNDHEIT/ZUCHT

1. ⇒ Seite 150.

2. 7 Hals-, 18 Brust- (8 wahre, 10 Atmungsrippen), 6 Lenden-, 5 Kreuz-, 18 - 21 Schweifwirbel.

3. *Wahre Rippen:* mit dem Brustbein verbunden.
   *Atmungsrippen:* Knorpel bilden Rippenbogen, nicht mit dem Brustbein verwachsen.

4. Wirbel sind durch Bänder miteinander verbunden, Rücken kann dadurch größere Lasten tragen als der anderer Tiere.

5. Beweglichkeit nimmt zur Hinterhand hin ab, Kreuzbein ist versteift ⇨ Pferd darf aufgrund der größeren Beweglichkeit der Halswirbel im Hals nicht stärker abgestellt und gebogen werden als es die Beweglichkeit der Brust- und Lendenwirbel erlaubt.

6. ①, ②, ③ und ⑥ sind richtig.

7. Schutzfunktion, dient der Wärmeregulierung, Haarwechsel als Anpassung an wechselnde Außentemperaturen, Sinnesorgan (Tastsinn).

8. Hufsaum, Hufkrone, Hufwand, Hufsohle, Hufstrahl, Hufballen.

9. Elastizität des Hufes bei Belastung.

10. ② ist richtig.

11. Nasenlöcher – Nasenhöhlen – Kehlkopf – Luftröhre – Bronchien – Lungenbläschen.

12. Sekret- und Fremdkörperentfernung.

13. ④ ist richtig.

14. ⇒ Seite 157.

15. Durch die seitliche Anordnung der Augen; Pflanzenfresser ist so in der Lage, größeren Ausschnitt seiner Umwelt zu überblicken und einen nahenden Feind frühzeitiger zu erfassen.

16. ⇒ Seite 159.

17. Mattes/glanzloses Fell, trübes Auge, Fressunlust, matter/apathischer Ausdruck, Unruhe, Desinteresse, usw.

18. Wunden, Pilzerkrankungen, Einschuss, Druckstellen, Mauke, Strahlfäule, Ballentritt, Kronentritt, Nageltritt, Hufrehe, Hufrollenerkrankung, Gallen, Arthrose, Schleimbeutelentzündungen, Sehnenscheidengalle, Lumbago, Hakenbildung, Schlundverstopfung, Kolik, Influenza, Bronchitis, parasitäre Erkrankungen.

19. ③ ist richtig.

20. Krankhafte Veränderungen im Magen- und Darmbereich.
Anzeichen: Fressunlust, Aufziehen des Leibes, Umschauen zum Bauch, starke Unruhe, Teilnahmslosigkeit, Schwitzen, Kratzen, heftiges Hinwerfen und Wälzen, unter den Bauch schlagen.
Maßnahmen: Sofort Tierarzt rufen! Führen und Pferd nicht wälzen lassen!

21. Schwellungen, die durch schlecht sitzende Sättel, Decken, scheuernde Gurte etc. entstehen ⇨ Druckempfindlichkeit, Haare brechen, danach haarlose Stellen sichtbar, Nachwachsen weißer Haare;
Sattel- und Gurtlage gut reinigen, regelmäßig Sattelunterlage und Gurt wechseln, rechtzeitig nachgurten.

22. Keine gesetzlichen Fehler; Gewährs-, Anzeige- und Verjährungsfrist.

23. ③ ist richtig.

24. *Dämpfigkeit:* Chronisch unheilbare Atemwegserkrankung der Lunge/des Herzens ⇨ Dampfrinne.
*Dummkoller:* Durch Gehirnwassersucht entstandene unheilbare Krankheit des Gehirns, Bewusstsein herabgesetzt.
*Periodische Augenentzündung (Mondblindheit):* Entzündliche Veränderung des Auges, periodisch auftretend.
*Kehlkopfpfeifen:* Atemstörung durch Lähmung des Kehlkopfes oder Einengung der Luftröhre (hörbares Atemgeräusch).
*Koppen:* Öffnung des Schlundkopfes mit hörbarem Geräusch verbunden (Rülpslaut) ⇨ Krippensetzen, Freikoppen.
*Rotz:* Seuche, anzeigenpflichtig, Pferde müssen getötet werden, Auftreten von Knötchen und Geschwüren in den Atemwegen, der Lunge und der Haut.

25. *Mauke:* Nässendes Ekzem an Beinen (Entzündung).
*Einschuss:* Wundinfektion, Bein wird warm und schwillt an.
*Spat:* Sprunggelenksarthrose (chronische Gelenksentzündung).
*Piephacke:* Schleimbeutelverdickung am Sprunggelenkshöcker durch Entzündung.
*Schale:* Chronische Krongelenksentzündung.
*Hufrollenentzündung:* Beteiligt sind Strahlbein, tiefe Beugesehne, Schleimbeutel des Hufgelenks.
*Hufrehe:* Entzündung der Huflederhaut, weites Vorsetzen der Vorderbeine im Stand, Hinterbeine untergestellt ⇨ bis zum Ausschuhen fortschreitend.
*Strahlfäule:* Fäulnisvorgänge im Huf, durch Bakterien ausgelöst.

*Bronchitis:* akut: Entzündung der Bronchialschleimhaut durch Erkältung, Allergien;
chronisch: Bronchien verschleimen, quälender Hustenreiz, Atembeschwerden.
*Gallen:* vermehrte Bildung von Gelenkflüssigkeit und Sehnenscheidenflüssigkeit in der Gelenkkapsel.

26. Vor der Weidesaison 2 x im Abstand von 1 Monat, um auch die im Körper befindlichen Larven zu töten; insgesamt 4 x pro Jahr (auch bei Stallhaltung).

27. ③ ist richtig.

28. Erscheinungsbild, Geschlecht, Farben, Abzeichen, Brandzeichen, Alter.

29. Fuchs, Rappe, Brauner, Schimmel, Albino, Isabelle, Falbe, Tiger, Schecke; z.B. Rappe: schwarzes Deckhaar, schwarzes Lang-/Schutzhaar
➡ Seite 179.

30. ➡ Seite 180.

31. ➡ Seite 181.

32. Rennpferde, Reitpferde, Ponys/Kleinpferde, Kaltblut, Spezialrassen.

33. Hengst/Wallach: 40 Zähne; Stute 36 Zähne; 12 Schneidezähne, 24 Backenzähne sowie Hengst/Wallach 4 Hakenzähne.

34. Durchbruch,
Wechsel (Schneidezähne und Prämolare zwischen 2 ½ - 4 ½ Jahre),
Kundenschwund (Unterkiefer 6 - 9 Jahre, Oberkiefer 9 - 11 Jahre).

35. *Vorhand:* Kopf, Hals, Brust, Vorderbeine;
*Mittelhand:* Rumpf mit Widerrist, Rücken, Nierenpartie, Bauch;
*Hinterhand:* Kruppe, Hinterbeine, Schweif.

36. ➡ Seite 184.

37. Rechtecktyp mit langem Hals, langer, schräg gelagerter Schulter mit langem Oberarm, langer in den Rücken hineinreichender Widerrist, genügend langer Rücken, Hinterhand mit langem Hebelwerk und günstiger Winkelung.

38. Alle Antworten sind richtig.

39. Die Beurteilung des Pferdes soll die allgemeine Qualität bestimmen und keine Suche nach Fehlern sein, die oft keinen Einfluss auf die Leistungsfähigkeit haben. Häufig ist das Interieur für die Leistungsfähigkeit und den Wert des Pferdes wichtiger als einzelne Mängel im Körperbau.

# UNFALLVERHÜTUNG/ERSTE HILFE

1. ① ist richtig.

2. *Annäherung:* ruhig und deutlich ansprechen, nie von hinten oder direkt von vorne, sondern von vorne-seitlich.
   *Führen:* an der linken Seite führen, nicht vor dem Pferd gehen, nie den Führstrick um die Hand wickeln; beim Wenden rechtsherum führen; zügig an anderen Pferden vorbei; hinter anderen Pferden 2 Pferdelängen (5 m) Abstand halten.
   *Anbinden:* Strickbefestigung leicht lösbar, nicht zu lang (Herübertreten) bzw. zu kurz (Paniksituation) anbinden, nie am Trensenzaum, an Türen oder beweglichen Gegenständen anbinden.
   *Pflege:* nicht in der Box putzen, Beobachten von Gestik und Mimik des Pferdes, vorne um das Pferd herumgehen.
   *Verladen:* Ruhe bewahren; bei Problempferden zwei Longen als Einsteigehilfe benutzen; erst rückwärtige Abschlussstange einhängen und Verladeklappen schließen, dann Pferd anbinden; Entladen in umgekehrter Reihenfolge; beim Ausladen Pferd nicht seitlich treten lassen, Verschlusshebel wegstecken; Schutz der Pferdebeine mit Transportgamaschen.

3. Ansprechen, ruhige Bewegungen, Beobachtung der Reaktionen, Abstandhalten von anderen Pferden.

4. Wer in der Lage ist, auf sein Pferd korrekt einzuwirken und es sicher an die Hilfen zu stellen, hat in Gefahrensituationen sein Pferd besser unter Kontrolle. Dabei sind der ausbalancierte und geschmeidige Grundsitz und die einfühlsame Hilfengebung Voraussetzung für eine harmonische Verständigung von Reiter und Pferd. Außerdem ist die richtige Selbsteinschätzung ein weiterer wichtiger Schritt zur Unfallverhütung. In der Reitbahn gilt für alle die Bahnordnung, denn die Regelung des Verhaltens in der Reitbahn trägt wesentlich zur Sicherheit von Reiter und Pferd bei.

5. *AHA:* Atmung kontrollieren, Herzschlag überprüfen, Ansprechbarkeit kontrollieren;
   *ABC:* Atemwege freimachen, Beatmen, Compression;
   *DRK:* Druck durch Kompressionsverband, Ruhigstellung, Kühlen.

6. ③ ist richtig.

7. Alle Antworten sind richtig.

## Tierschutz

1. „Niemand darf einem Tier ohne vernünftigen Grund Schmerzen, Leiden oder Schäden zufügen."
2. Sachgemäßer Umgang; sachgemäße Pferdehaltung, -pflege; korrekte Ausbildung des Reiters (korrekte Hilfengebung); den Sicherheitsregeln entsprechende Einrichtungen, z.B. Weiden mit Holz-/Förderbandzaun einzäunen; richtig angepasste Ausrüstungsgegenstände.
3. § 67; §§ 68, 70; § 6; § 52.
4. ③ ist richtig.
5. Anerkennung der „Potsdamer Resolution" und der LPO.

# LPO/Organisation/Versicherungsfragen

1. ② ist richtig.
2. ① beim Springen und ③ bei der Dressur sind richtig.
3. ② ist richtig.
4. ② ist richtig.
5. ③ ist richtig.
6. ③ ist richtig.
7. ② ist richtig.
8. ➡ Seite 225.
9. ➡ Seite 229.
10. Achtung der Grundsätze des Tierschutzes auch außerhalb von Turnieren, besonders im Bereich Pferdehaltung (Ernährung, Pflege, Unterbringung), Nutzung (ausreichend Bewegung), Pferdeausbildung.
11. Haftpflichtversicherung, Unfallversicherung, Tierversicherung.
12. ① und ③ sind richtig.
13. Ausbilder, der aber befähigt sein muss.
14. „Typisch tierisches Verhalten", Schaden muss Dritten zugefügt sein.
15. *Unfallversicherung der Sportbund-Versicherung:* jedes Vereinsmitglied. *Gesetzliche Unfallversicherung:* alle aufgrund eines Arbeits-, Dienst- oder Ausbildungsverhältnisses beschäftigten Personen.

# ETHISCHE GRUNDSÄTZE

1. ➨ Seiten 244 und 245.
2. Keine „Vermenschlichung".
3. ①, ④, ⑤ und ⑥ sind richtig.
4. Doping/Tierschutz.

# Verzeichnis des FN-Lehrmaterials

## Regelwerke

Richtlinien für Reiten und Fahren. Deutsche Reiterliche Vereinigung (Hrsg.):
- Bd. 1: Grundausbildung für Reiter und Pferd, 26. Auflage 1994.
- Bd. 2: Ausbildung für Fortgeschrittene, 12. Auflage 1997.
- Bd. 3: Grundausbildung für Voltigierer und Pferd, 11. Auflage 2000. (Wettkampfbestimmungen und Kürübungen integriert in der LPO 2000 bzw. für Voltigierer als Ergänzungssatz zur LPO 2000 lieferbar).
- Bd. 4: Haltung, Fütterung, Gesundheit und Zucht, 10. Auflage 1999.
- Bd. 5: Fahren, 6. Auflage 2000.
- Bd. 6: Longieren, 7. Auflage 1999.
- APO – Ausbildungs- und Prüfungs-Ordnung 2000. Deutsche Reiterliche Vereinigung (Hrsg.), 1. Auflage 1999.
- LPO – Leistungs-Prüfungs-Ordnung 2000. Deutsche Reiterliche Vereinigung (Hrsg.), 3. Auflage 2000.
- Aufgabenheft 2000 – Reiten – Nationale Aufgaben gem. LPO 2000. Deutsche Reiterliche Vereinigung (Hrsg.), 1. Auflage 1999.
- Inhalt Aufgabenheft 2000 – Reiten – Internationale Aufgaben gem. LPO 2000. Deutsche Reiterliche Vereinigung (Hrsg.), 1. Auflage 1999.
- Aufgabenheft 2000 – Fahren – gem. LPO 2000. Deutsche Reiterliche Vereinigung (Hrsg.), 1. Auflage 1999.
- Die Reitabzeichen der Deutschen Reiterlichen Vereinigung. Deutsche Reiterliche Vereinigung (Hrsg.) / Otte-Habenicht, Michaela, 1. Auflage 2000.
- Deutsches Reiter-Abzeichen – Fragen und Antworten zum Kleinen Reiterabzeichen / Reiterabzeichen Bronze / Reiterabzeichen Silber. Donner, Heinz-Dieter / Wallner, Konrad / Deutsche Reiterliche Vereinigung (Hrsg.), 7. Auflage 1997.
- Reiter-Pass-Fibel. Deutsche Reiterliche Vereinigung (Hrsg.), 13. Auflage 1999.
- Deutscher Reit-Pass – Fragen und Antworten. Deutsche Reiterliche Vereinigung (Hrsg.), 5. Auflage 2000.
- Kleines Hufeisen – Großes Hufeisen – Kombiniertes Hufeisen. So klappt die Prüfung. Das offizielle Prüfungsbuch der Deutschen Reiterlichen Vereinigung. Geschrieben von Isabelle von Neumann-Cosel, illustriert von Jeanne Kloepfer, 2. Auflage 2000.
- Kleines Hufeisen – Frage- und Antwortspiel. Gast, Ulrike / Rüsing-Brüggemann, Britta, 4. Auflage 1999.

## Lehrbücher und Ratgeber

- Die Deutsche Reitlehre – Teil 1: Der Reiter. Deutsche Reiterliche Vereinigung, 1. Auflage 2000.
- Die Brücke zwischen Mensch und Pferd. Verständigung • Auseinandersetzung • Zusammenarbeit. Pourtavaf, Ariane / Meyer, Herbert, 1. Auflage 1998.
- Das Pferdebuch für junge Reiter. Neumann-Cosel, Isabelle von, gezeichnet von Jeanne Kloepfer, fotografiert von Jean Christen, völlige Neuauflage 1999. Von der Deutschen Reiterlichen Vereinigung empfohlene Kinder- und Jugendreitlehre. Enthält den gesamten Unterrichts- und Prüfungsstoff für die Abzeichen „Kleines Hufeisen", „Großes Hufeisen", „Kombiniertes Hufeisen" und „Reit-Pass".

Editionpferd
- Handbuch „Jagdreiten". Ein Leitfaden für „Schleppjagd" und „Reitjagd ohne Hunde". Meutekatalog, Jagdordnung, Organisation, Brauchtum. Stegmann, Hubert / Dörken, Günther. 1. Auflage 1999.
- Physiotherapie für Pferde. Beobachtung, Massage, Dehnung, Anatomie. Kleven, Helle Katrine, 1. Auflage 2000. Auch als Video lieferbar!
- Erfolgreicher Reiten mit mentalem Training. Praktische Anleitungen, Konzentrationsübungen, Entwicklung mentaler Fähigkeiten. Schinke, Beverley u. Robert, 1. Auflage 1999.
- Doppellonge – eine klassische Ausbildungsmethode. Grundtechnik, Einsatzmöglichkeiten, Leistungsverbesserung. Gehrmann, Wilfried, 1. Auflage 1998. Auch als Video lieferbar!
- Pferdekauf heute. Kauf und Vertrag, Beurteilung, Gesundheit, Recht. Rahn, Dr. Antje / Fellmer, Eberhard, 1. Auflage 1996.
- Fahren lernen leicht gemacht mit mentalem Training. Grundlagen, Methodik, Ausrüstung, Wettbewerb. Hölzel, Dr. Petra und Dr. Wolfgang, 1. Auflage 1997.
- Balance in der Bewegung. Dietze, Susanne von, 3. Auflage 1999.
- Am Pulsschlag der Reitkunst. Seunig, Waldemar, 2. Auflage 1988.
- Quadrillenreiten. Idee, Gestaltung, Präsentation. Oese, Erich, Musikteil von Grillo, Gabriela, 1. Auflage 1992.
- Gymnasium des Pferdes. Steinbrecht, Gustav, Reprint der Ausgabe von 1884, 15. Auflage 1993.
- Wörterbuch der Reiterei und des Fahrsports / Dictionary of Equitation and Carriage Driving. Simon-Schön, Bianca, 4. Auflage 1999.
- Urlaub im Sattel, Freizeit in FN-anerkannten Ausbildungsstätten. Deutsche Reiterliche Vereinigung / Klimke, Dr. Reiner (Hrsg.), Neuauflage 1998.
- Die Fahrlehre. Lamparter, Christian, 8. Auflage 1996.

- FN-Handbuch Schulsport. Reiten und Voltigieren in der Schule. Deutsche Reiterliche Vereinigung (Hrsg.), 1. Auflage 1997.
- Voltigieren lernen – lehren. Gast, Ulrike / Rüsing-Brüggemann, Britta, 2. Auflage 1994.
- Sportlehre – Lernen, Lehren und Trainieren im Pferdesport. Deutsche Reiterliche Vereinigung (Hrsg.), 2. Auflage 1998.
- Pferdesportler fit gemacht. Chmiel, Claus, 2. Auflage 1997.
- Das Heilpädagogische Voltigieren und Reiten mit geistig behinderten Menschen. Kaune, Wilhelm, 3. Auflage 1999.
- Partnerschaftlich miteinander umgehen. Erfahrungen und Anregungen für Lehrer, Eltern, Reiter, Voltigierer sowie allen Fachleuten in Pädagogik und Therapie mit dem Pferd. Kröger, Antonius u.a., 1. Auflage 1997.
- Betriebswirtschaftslehre für Reitbetriebe, Reit- und Fahrvereine und Reit- und Fahrschulen. Deutsche Reiterliche Vereinigung (Hrsg.), 5. Auflage 1998.
- Die Beurteilung des Warmblutpferdes. Rau, Gustav, 4. Auflage 1999.
- Hinweise zum Konditionstraining der Military-Pferde. Springorum, Dr. Bernd, 4. Auflage 1999.
- Leitfaden für Notfallmedizin im Pferdesport. Ein Handbuch für Tierärzte. Dyson, Sue, 1. Auflage 1998.
- Anatomie des Pferdes. Dieses Buch vermittelt in einfacher Form notwendiges Wissen um den Körperbau, die Lebensfunktionen und die Bewegungsabläufe bei Pferden. Hertsch, Prof. Dr. Bodo, 2. Auflage 1992.

## Dokumentationen/ Bild- und Geschenkbände

- Geschichte des Reitens von der Antike bis zur Neuzeit. Otte, Michaela / Deutsche Reiterliche Vereinigung, 1. Auflage 1994.
- Reitende Studenten – Studierende Reiter. Kirchner, Hans, 1. Auflage 1992.
- Im starken Trab. Neckermann, Josef, 2. Auflage 1992.
- Voltigieren – Tradition und Zukunft. Ahsbahs, Björn / Rieder, Ulrike, 1. Auflage 1999.
- Göttinger Pferdetage '99. Bruns, Prof. Erich u.a., 1. Auflage 1999
- Aachen – Weltfest des Pferdesports 1898-1998. Aachen-Laurensberger Rennverein e.V. / Mielke, Rita / Stein, Wilhelm. 1. Auflage 1998.
- Die Kavallerieschule Hannover. Mossdorf, Carl Friedrich, 3. Auflage 1989.
- Unsere Pferde in der Freiheit. Ernst, Werner / Isenbart, Hans-Heinrich, 1. Auflage 1995.
- Faszination Fahren. Hermann, Erich / Bischof, Waltraut E., 1. Auflage 1995.
- Das Pferd im 20. Jahrhundert. 100 Jahre in 100 Interviews. Leeuwen, J.B.F. van.
- L'Année Hippique. Das intern Pferdesportjahr, 1999/2000.

## Lehrmaterial für Ausbilder

- Folienmappe*. Lehren und Lernen rund ums Pferd. Praktische Hilfen für den theoretischen Unterricht vom Kleinen Hufeisen bis zum Silbernen Reitabzeichen. Deutsche Reiterliche Vereinigung (Hrsg.),
3. Auflage 1999.
- FN-Handbuch Pferdesport*. Ratgeber für Vereine, Betriebe, Veranstalter und Ausbilder. Deutsche Reiterliche Vereinigung (Hrsg.), 4. Auflage 2000.
- FN-Ausbildervideos*. Ausbilden • Betreuen • Coachen im Pferdesport. Der Ausbilder erhält Anregungen und Hilfestellungen für die tägliche Arbeit eigenes Können und Erfahrungen situationsgerecht, individuell und pädagogisch an die Reitschüler weitergeben zu können. Teil 1: Der Ausbilder. Teil 2: Unterrichtspraxis. Teil 3: Prüfung und Wettkampf. Deutsche Reiterliche Vereinigung (Hrsg.), VHS-System, je ca. 22 Min.
- Ausbilden • Betreuen • Coachen im Pferdesport – Die Broschüre. Gast, Ulrike / Ahsbahs, Björn / Deutsche Reiterliche Vereinigung (Hrsg.), 1. Auflage 1999.
- Karteikasten. Reitenlehren Lernen. Hilfreiche Ideensammlung mit über 100 praktischen Unterrichtsvorschlägen. Gast, Ulrike u. Christiane / Rüsing-Brüggemann, Britta, 2. Auflage 1999.

\* wird direkt von der FN geliefert, nicht über den Handel erhältlich.

## Zucht/Haltung

- Deutsche Pferdezucht. Geschichte – Zuchtziele. Stenglin, Christian Frhr. von / Deutsche Reiterliche Vereinigung,
2. Auflage 1994.
- Jahrbuch Zucht. Deutsche Reiterliche Vereinigung (Hrsg.), jährlich 2 Bände.
- Züchterische Nutzung der Turniersportprüfung für Reitpferde. Meinardus, Dr. Heiko, 2. Auflage 1991.
- Aktuelle Aspekte der Ethologie in der Pferdehaltung. Deutsche Reiterliche Vereinigung/Zeeb, Dr. Klaus, 1. Auflage 1981.
- Pferdehaltung in Gruppen. Deutsche Reiterliche Vereinigung (Hrsg.),
2. überarb. Auflage 1989.
- Orientierungshilfen Reitanlagen- und Stallbau. Deutsche Reiterliche Vereinigung (Hrsg.), 9. Auflage 1999.
- Kennzeichnung von Pferden. FEI, 4. Auflage 1999.
- Der Huf und sein nagelloser Hufschutz. Hertsch, Prof. Dr. Bodo / Höppner, Stefanie / Dallmer, Helmuth,
1. Auflage 1997.
- Felduntersuchung während der Weideperiode zur Ernährung von Fohlenstuten und Saugfohlen sowie zum Wachstumsverlauf der Fohlen – Wissenschaftliche Publikation 17, Finkler-Schade, Christa,
1. Auflage 1999.

- Praxisorientierte Untersuchungen zur Fütterung und zum Wachstum von Warmblutfohlen nach dem Absetzen während der Stallhaltung – Wissenschaftliche Publikation 18, Hackländer, Rainer, 1. Auflage 1998.
- Integrierte Zuchtwertschätzung für Zuchtpferde – Wissenschaftliche Publikation 19, Velsen-Zerweck, Astrid von, 1. Auflage 1999.
- Entwicklung einer Eigenleistungsprüfung im Feld für Hengste unter Berücksichtigung der Turniersportprüfung – Wissenschaftliche Publikation 20, Brockmann, Axel, 1. Auflage 1999.
- Einfluß eines Trainings auf den Glykogengehalt und Glykogenverbrauch im M. glutaeus medius von Pferden – Wissenschaftliche Publikation 21, Kissenbeck, Silke, 1. Auflage 1999.
- WBSFH International Breeding Guide. 1999

## Lehrtafeln

- FN-Lehrtafeln, im Großformat 100 x 70 cm mit Aufhängevorrichtung. Deutsche Reiterliche Vereinigung (Hrsg.).
28 Tafeln mit den Themen:
  - Für Pferde giftige Pflanzen
  - Hufschlagfiguren
  - Zäumungen
  - Der Sitz des Reiters
  - Farben und Abzeichen
  - Lage erkennbarer Veränderungen
  - Exterieur
  - Vordergliedmaße/Hintergliedmaße
  - Eingeweide
  - Zahnalterbestimmungen
  - Auge und Sehvermögen
  - Skelett
  - Muskulatur
  - Hufe
  - Kreislauf
  - Atmungsorgane
  - Voltigieren/Pflichtübungen
  - Hindernisarten/Hindernistypen
  - Zweifache Kombinationen
  - Dreifache Kombinationen
  - Distanzen
  - Einspänner-Brustblattgeschirr
  - Einspänner-Kumtgeschirr
  - Zweispänner-Brustblattgeschirr
  - Zweispänner-Kumtgeschirr
  - Achenbachleine
  - Anspannungsarten
  - Verkehrssicherheit des Wagens

Die FN-Lehrtafeln sind auch als FN-Pferdetafeln DIN-A4-Mappen, Set 1, 2 und 3 (Format 29,7 x 21 cm) erhältlich.

## Videos

FN-Lehrfilmserie
- Teil 1: Der Sitz des Reiters
  Dieser Lehrfilm zeigt die vielfältigen Kriterien des Sitzes sowie die Sitzarten der verschiedenen Disziplinen und weist deutlich auf Fehlerquellen hin. VHS-System, ca. 33 Min.
- Teil 2: Der Weg zum richtigen Sitz
  Jedem Reitanfänger und allen Fortgeschrittenen werden in diesem Film die wichtigen Kriterien für Gleichgewicht, Losgelassenheit, Rhythmusgefühl, Freude an der Bewegungsharmonie und Sicherheit vermittelt. VHS-System, ca. 28 Min.
- Teil 3: Grundausbildung des Reiters im dressurmäßigen Reiten
  Die Grundlagen im dressurmäßigen Reiten werden ausführlich dargestellt und alle Kriterien zur Hilfengebung, sowie zur sicheren Verständigung zwischen Reiter und Pferd geschildert. VHS-System, ca. 26 Min.
- Teil 4: Grundausbildung des Reiters im Springreiten
  Dieser Film zeigt, wie das Springen sicher und unfallfrei erlernt und ausgeübt werden kann. Der Sitz mit seinen verschiedenen Ausprägungen der Entlastung wird erläutert, um jederzeit im Gleichgewicht zu sitzen und das Pferd an den Hilfen halten zu können. VHS-System, ca. 20 Min.
- Teil 5: Grundausbildung des Reiters im Geländereiten
  Das Reiten im Gelände bei verschiedenen Geländeformen, unterschiedlichen Bodenbeschaffenheiten, Überwinden von Naturhindernissen und das Verhalten des Pferdes in der Natur werden schrittweise und klar verständlich erläutert. VHS-System, ca. 29 Min.
- Teil 6: Fortgeschrittene Ausbildung im Springreiten
  Dieser Film erläutert Trainingsvoraussetzungen, dressurmäßige Grundlagen und Springgymnastik. Das Überwinden von Einzelhindernissen, Kombinationen und Hindernisfolgen wird leicht verständlich und anschaulich in Verbindung mit der Springtechnik erklärt. VHS-System, ca. 29 Min.

Diese Reihe wird fortgesetzt!

- Faszination Geländereiten
  Erfolg durch vielseitige Ausbildung. FN-Video der Deutschen Reiterlichen Vereinigung und des Bundestrainers der Vielseitigkeitsreiter, Martin Plewa. VHS-System, ca. 45 Min.
- FN-Lehrfilm Voltigieren
  Aufbauend auf den Richtlinien Band 3, Voltigieren werden besonders die Grund- und Pflichtübungen dargestellt. VHS-System, ca. 45 Min.
- Spielend reiten lernen – Anfängerausbildung für Kinder
  Dieser Lehrfilm spürt den Erwartungen und Wünschen der Kinder bei ihrer Begegnung mit dem Pferd nach und zeigt prak-

tische Unterrichtsmodelle für die Altersgruppe der Reitanfänger zwischen 5 und 10 Jahren. FN-Video von Isabelle von Neumann-Cosel-Nebe.
VHS-System, ca. 35 Min.

- In allen Sätteln gerecht – Grundausbildung für Kinder und Jugendliche
Diese Fortsetzung zum Lehrfilm „Spielend reiten lernen" verfolgt konsequent die weitere Ausbildungspraxis, vom Anfänger- bis zum Fortgeschrittenenunterricht. Der Grundgedanke, daß Reiten Spaß machen soll, zieht sich als roter Faden auch durch diesen Lehrfilm.
FN-Video von Isabelle von Neumann-Cosel-Nebe.
VHS-System, ca. 45 Min.

- Rund ums Pferd mit Nicole Uphoff
Nicole Uphoff stellt ihre Pferde persönlich vor. Sie erleben sie mit Grand Gilbert im Gelände, mit Rembrandt Borbet auf einer Grand-Prix-Prüfung und mit ihrem ersten eigenen Fohlen auf einer Fohlenschau.
VHS-System, ca. 45 Min.

- Faszination Pferd
Dieser Film will dem Menschen das Wesen, den Adel, den Stolz und die Schönheit des Pferdes näherbringen. Hauptthema ist deshalb nicht der Pferdesport, nicht Höchstleistungen unter dem Sattel, sondern die Freude, die der Umgang mit Pferden in der Freizeit vermittelt.
Isenbart, Hans-Heinrich,
VHS-System, ca. 45 Min.

- Doppellonge
Ein unverzichtbarer Lehrfilm über die Ausbildung an der Doppellonge von Dressur-, Spring- und Fahrpferden. Die Arbeit an der Doppellonge ist eine wertvolle Hilfe bei der Grundausbildung jüngerer Pferde, ihrer Förderung im höheren Bereich und zur Korrektur verschiedener Schwierigkeiten. Gehrmann, Wilfried,
VHS-System, ca. 50 Min.

- Physiotherapie für Pferde – Praktische Anleitung zur Massage und Dehnung
In einfachen Schritten wird ein Überblick über die Pferdeanatomie und die Grundlagen im Bewegungsablauf der Pferde gezeigt. Das Video gibt praktische Anleitungen für Massage- und Dehnungsübungen für die Extremitäten und den Nacken- und Rückenbereich, die jeder Reiter selber durchführen kann. Kleven, Helle Katrine, VHS-System, ca. 45 Min.

- Balance in der Bewegung
Ein guter Sitz ist der Schlüssel zur harmonischen Verständigung mit dem Pferd – Der Reitlehrer gibt Richtlinien für den korrekten Sitz vor. Aber gemessen an diesen anspruchsvollen Idealen sind perfekte Momente im Sattel rar. Dieser Film zeigt, wie Sitzprobleme entstehen, wo ihre Ursachen liegen und welche Möglichkeiten es zur Abhilfe gibt. Ein ausführlicher Abschnitt bietet Reitern aller Disziplinen auf jedem Ausbildungsstand eine Fülle von praktischen Anregungen zur Sitzschulung. Dietze, Susanne von,
VHS-System, ca. 45 Min.

## Kinderbücher

*Neu: Hufeisensachbücher für das Lesealter sowie für fortgeschrittene Leser!*

- Kleines Hufeisen – Großes Hufeisen. So klappt die Prüfung
  Das offizielle Prüfungsbuch der Deutschen Reiterlichen Vereinigung. Geschrieben von Isabelle von Neumann-Cosel, illustriert von Jeanne Kloepfer,
  2. Auflage 2000.
- Pferde – meine besten Freunde
  Geschrieben von Isabelle von Neumann-Cosel, illustriert von Jeanne Kloepfer,
  1. Auflage 1997.
- In der Reitschule
  Geschrieben von Susanne Kappmeier, illustriert von Jeanne Kloepfer, 1. Auflage 1997.
- Pferdepflege macht Spaß
  Geschrieben von Isabelle von Neumann-Cosel, illustriert von Jeanne Kloepfer,
  1. Auflage 1998.
- Kleine Ponys – große Pferde
  Geschrieben von Susanne Kappmeier, illustriert von Jeanne Kloepfer, 1. Auflage 1998.
- Im Stall und auf der Weide
  Geschrieben von Isabelle von Neumann-Cosel, illustriert von Jeanne Kloepfer,
  1. Auflage 1998.
- Reiterferien sind ein Traum
  Geschrieben von Susanne Kappmeier, illustriert von Silke Ehrenberger, 1. Auflage 1998.

- Dressur ist Gymnastik für Pferde
  Geschrieben von Isabelle von Neumann-Cosel, illustriert von Jeanne Kloepfer,
  1. Auflage 1999.
- Keine Angst vor Hindernissen
  Geschrieben von Isabelle von Neumann-Cosel, illustriert von Jeanne Kloepfer,
  1. Auflage 1999.

*Neu: Sachbilderbücher zum Vorlesen und für Erstleser!*

- Das Pferdebuch für Kinder
  Geschrieben von Isabelle von Neumann-Cosel, illustriert von Theora Krummel,
  2. Auflage 1999.
- Das Ponybuch für Kinder
  Geschrieben von Isabelle von Neumann-Cosel, illustriert von Theora Krummel,
  1. Auflage 1996.
- Das Buch vom Pferdepflegen für Kinder
  Geschrieben von Isabelle von Neumann-Cosel, illustriert von Theora Krummel,
  1. Auflage 1997.
- Das Buch vom Pferdestall für Kinder
  Geschrieben von Isabelle von Neumann-Cosel, illustriert von Theora Krummel,
  1. Auflage 1997.
- Das Buch vom Reiten lernen für Kinder
  Geschrieben von Isabelle von Neumann-Cosel, illustriert von Jeanne Kloepfer,
  1. Auflage 1997.

- Das Buch vom Voltigieren für Kinder
  Geschrieben von Ulrieke Rieder, illustriert von Silke Ehrenberger, 1. Auflage 1999.

*Beide Reihen werden fortgesetzt!*

- Das Pferdebuch für junge Reiter. Neumann-Cosel, Isabelle von, gezeichnet von Jeanne Kloepfer, fotografiert von Jean Christen, völlige Neuauflage 1999.

*Fordern Sie das neue Gesamtverzeichnis beim* **FN***verlag, Postfach 110363, 48205 Warendorf, Telefon (02581) 6362-154 an!*

Alle Titel sind über den Buchhandel und in Reitsportfachgeschäften erhältlich!